ちくま新書

柳田国男——知と社会構想の全貌

川田稔
Kawada Minoru

1218

柳田国男——知と社会構想の全貌【目次】

凡例

・読みやすさを考慮して、引用文は、旧漢字・旧かなづかいを現行のものに、カタカナ文をひらがな文に、また一部の漢字をひらがなに改めた。句読点についても一部加除した。

・柳田国男の文章は原則として『柳田国男全集』（筑摩書房）に拠っている。

・人名についても、旧漢字は現行のものに改めた。

・引用部の傍点は断りのない限り引用者によるものである。［］内は引用者による補足・説明、……は中略を示す。

はじめに

†独自の知と構想

柳田国男《やなぎたくにお》は、日本民俗学の創始者として知られている。

近代化以前における日本の生活文化の全体像を明らかにする。それが、彼の民俗学研究の課題だった。

当時の人々の生活は、近代化とともに西欧化されつつあったが、他面、近代化以前の伝統的な生活文化を色濃く残していた。

生活文化の西欧化された側面は比較的よく知られていた。だが、近代化以前の生活文化は、全体的な相互連関が分断され、その個々の意味が忘れ去られていく状況にあった。柳田は失われつつある伝統的な生活文化の全体像を、改めて描き出そうとしたのである。

そのために、文献資料に止まらず、広く民間伝承を収集・分析する新しい方法を確立した。民間伝承には、人々の風俗・習慣、口承文芸（伝説・昔話など）が含まれる。現在では考えられないことだが、当時民間伝承は、学問的資料としては、ほとんど無視されていた。

その意味で柳田は、一般の人々の実生活の全体とその歴史を学問的に把握しようとした、独創的《オリジナル》な研究者だったといえる。後述するように、その背後には、人々の生活をより良いものにしたい、との強い思いがあった。

昔のくらし、今のくらし、そして今後はどうなる？　私は何一つ書いても、少しでも再建日本の役に立つものをと心がけてきた。

（大西伍一『私の聞書き帖』慶友社、一九六八。柳田の発言）

また柳田は、近代日本の代表的な知識人・思想家の一人でもある。

その知的世界は、民俗学の領域のみならず、政治・経済・歴史・地理・教育など、人文科学一般に及んでいる。そして、そのような柳田の「知」は、日本社会の将来についての独自の「構想」（思想）に支えられていた。

国のあり方、社会のあり方についての構想が、柳田の広範な知的活動のバックグラウンドとなっていた。また逆に、その構想・思想それ自体が、彼の知的活動の果実でもあった。

この柳田の知と構想は、現在でもなお示唆的な内容をもっている。

そこで本書は、柳田国男の知的世界とそれを支えている構想を明らかにするとともに、その現代的射程を考えていきたいと思う。

†「学問救世」

現在、日本は大きな転換期にある。国際社会でのあり方が問われ、国内でも、政治や経済を含め社会のあり方全般について再検討の要がいわれている。

また同時に、社会における人と人との関係、自然と人間の関係のあり方が改めて問いなおされている。まさに人々の生き方や内面的なモラルが問題になっているのである。

柳田がその学問の主要部分を形成した第一次世界大戦後から第二次世界大戦にかけても、近代日本最大の転換期だった。彼自身そのような事態にどう対処するかという問題関心から、その知と構想の核心部分を形成していった。

そこから柳田もまた日本社会の将来のあり方を考え、人々の生きがいや内面的な倫理形成の問題に強い関心を向けている。

これらの問題をめぐる柳田の格闘と知的営為は、いうまでもなくその時代固有の刻印をもっている。だが、現在においてもなお、示唆するところは多いように思われる。

その頃柳田は、日本社会の将来について強い危機感をもっていた。

色々の偶然に支配せらるる人間世界では、進歩の途が常に善に向かっているものと、安心してはおられぬ……。（『木綿以前のこと』）

我邦《わがくに》目前の社会相［において］は、……人は皆たがいに争っている。欺き得べくんば欺かんとさえしている。この形勢をもって押し進むならば、末は谷底であることは疑いの余地がない。（『青年と学問』）

だが、他方で、柳田は人間の可能性を信じていた。

人は動物だが賢い動物である。考えて、どこまでもその社会を改造していける動物である。（『民間伝承論』）

そして、「学問救世」すなわち学問によって世を救いたいとの強い願いから、学問研究とその組織化に全力を投入していく。

では、柳田の知と構想はどのようなものだったのだろうか。

その内容に入る前に、まず、柳田の生涯の概略を簡単にみておこう。

序章　足跡と知の概観

1　渡欧以前──国家官僚の時代

†帝大入学まで

柳田は、一八七五年（明治八年）、兵庫県の神東郡辻川村、現在の神崎郡福崎町に生まれた。父松岡操《みさお》は、在村の医師であり、近隣では漢学者・国学者としても知られていた。兄弟に、歌人の井上通泰《みちやす》、日本画家の松岡映丘《えいきゅう》がいる。

柳田姓となったのは、大学卒業後に柳田直平大審院判事（現在の最高裁判事）の養嗣子となったことによる。

柳田九歳の頃、一家は母たけの郷里北条町（兵庫県）に転居している。父操の精神状態が不安定になり、継続的な収入をえる職業を営むことが困難な状態となっていたためである。柳田の回想によれば、操は一時期座敷牢に入れられており、ある時は空井戸にひそんでいるのを発見されたりしている。したがってこの頃の松岡家の生活はかなり苦しい状況にあった。

そのこともあり、柳田は一二歳で両親と別れ、利根川ぞいの茨城県布川《ふかわ》町で医師を開業した長兄鼎《かなえ》にひきとられる。その後、東京下谷の御徒町《おかちまち》に眼科医院を開いた次兄通泰のところに移り、そこから第一高等中学校（のち第一高等学校）に入学する。なお通泰は、はやくから郷里田原村の旧家井上家に養子に入り、大学卒業後開業していた。

　東京の第一高等中学校に入学後、柳田は兄の井上通泰の友人だった森鷗外の影響を受ける。また『文学界』などに詩作を発表して新体詩人として知られるようになる。その過程で、田山花袋《かたい》、島崎藤村《とうそん》、国木田独歩、上田敏などの文学者との交流がうまれ、ことに田山花袋との交友は長くつづいていく。

　この頃の柳田の詩作の主要な作品は、一八九七年（明治三〇年）発行の宮崎八百吉編『抒情詩』におさめられている。

　そのなかから代表的なものの一つを紹介しておこう。

たのしかりつるわが夢は
草生《おう》るはか《［墓］》となりにけり、
昔に似たるふるさとに
しらぬをとめ《［乙女］》ぞ歌ふなる、
さらば何しに帰りけん
を《［お］》さなあそびの里河の

汀《みぎわ》のいし［石］にこしかけて
世のわびしさを泣かむ為

（明治二九年）

だが東京帝国大学入学後まもなく柳田は詩作から離れる。しかし以後も「竜土会」「イプセン会」などで、花袋、独歩、藤村ら文学者との交流はつづいた。

藤村の叙情的なエッセイ「利根川だより」（『落梅集』）は、当時両親をひきとった兄鼎のもとへしばしば帰っていた柳田を訪ねたときのものである。

そこで柳田は、

布佐に着きたるは五時頃なりき。ここには松岡子の家あり。……「抒情詩」にかずかずのよき歌を歌せるこの友が燃え易く触れ易き天才の花おのづと談笑の間にあらわれて、すぐれたる西の国の詩人がうら若きころのことも思い合わされたり。

と描かれている（この頃兄鼎は布川の対岸の布佐に転居していた）。

なお、よく知られた藤村の「椰子の実」の詩は、柳田が大学時代に愛知県の伊良湖岬《いらござき》に滞在したときの体験をもとにしたものである。

†『遠野物語』と雑誌『郷土研究』の刊行

東京帝国大学法科大学で柳田はおもに農政学を学び、一九〇〇年（明治三三年）卒業と同時に農商務省に入省。農務局農政課に配属された。

その後、法制局参事官をへて貴族院書記官長となり、このポストを去るまでほぼ二〇年のあいだ国家官僚として勤務している。

その間、産業組合など農業団体との関係で講演や視察のため全国各地をまわり、また『時代ト農政』などいくつかの農政学関係の著作を発表する。農政課勤務時代からの農政や農村への関心からだった。

それとならんで、『後《のちの》狩《かり》詞記《ことばのき》』や『遠野物語』をはじめ、民間の古伝承や行事に関する著書や論考を書いている。これらは、九州の宮崎県椎葉《しいば》村を訪れたさいに山民の生活の実態にふれたのが一つの契機となったもので、後の民俗学研究につながっていく。

ことに『遠野物語』は、のちに評価が高まり、広く知られるようになる。

たとえば、作家三島由紀夫は、「ここには幾多の怖ろしい話が語られている。これ以上はないほど簡潔に、真実の刃物が無造作に抜き身で置かれている」と評し絶賛した。

参考までに、『遠野物語』収録の二話を記しておこう。

黄昏《たそがれ》に女や子どもの家の外に出ている者はよく神隠しにあうことは、他の国々と同じ。松崎村の寒戸《さむと》という所の民家にて、若き娘梨《なし》の樹の下に草履を脱ぎおきたるまま行方を知らずなり。

三十年あまり過ぎたりしに、ある日親類知音《ちいん》の人々その家に集まりてありし処へ、きわめて老いさらぼいてその女帰り来たれり。いかにして帰って来たかと問えば、人々に逢いたかりしゆえ帰りしなり。さらばまた行かんとて、ふたたび跡を留めず行き失せたり。

その日は風の烈しく吹く日なりき。（第八話）

土淵村の助役北川清という人の家は字火石《ひいし》にあり。……清の弟に福二という人は海岸の田の浜へ婿に行きたるが、先年の大海嘯《おおつなみ》に遭いて妻と子とを失い、生き残りたる二人の子と共に元の屋敷の地に小屋を掛けて一年ばかりありき。……

その日は霧の布《し》きたる夜なりしが、その霧の中より男女二人の者の近よるを見れば、女はまさしく亡くなりしわが妻なり。……名を呼びたるに、振り返りてにこと笑いたり。男はと見れば、これも同じ里の者にて海嘯の難に死せし者なり。自分が婿に入りし以前に互いに深く心を通わせたりと聞きし男なり。今はこの人と夫婦になりてありというに、子供は可愛くはないのかといえば、女は少しく顔の色を変えて泣きたり。
死したる人と物言うとは思われずして、悲しく情なくなりたれば足元を見てありし間に、男女は再び足早にそこを立ち退きて……見えずなりたり。追いかけてみたりしが、ふと死したる者となりし心付き、夜明けまで道中《みちなか》に立ちて考え、朝になりて帰りたり。（第九九話）

また、一九一三年（大正二年）からほぼ四年間、柳田は雑誌『郷土研究』をほとんど独力で発行した。そこに、農政論的視点からの農民生活についての論考とともに、一連の民間伝承に関する論考を執筆している。この雑誌をめぐる人的ネットワークが、のちに民俗学研究者を全国的に組織化するさいの一つのベースになっていく。

たとえば、のちに代表的な民俗学者の一人となる折口信夫《おりくちしのぶ》はこの雑誌に投稿し、柳田との交流が生まれる。すでに頻繁に書簡の交換をしていた南方熊楠《みなかたくまぐす》もしばしば寄稿している。南方は、和歌山県田辺《たなべ》在住の世界的な粘菌学者で、欧米の民族学・人類学にも詳しく、和漢洋の書籍や民俗に精通していた。柳田は、その世界的視野と大きな学問的力量にもかかわらず、家族や身辺的事情により田辺をはなれず苦難の道を歩んだ後半生を、「巨人が縛られたような状態」と評した。

柳田はこの『郷土研究』を中心に、人々の信仰生活やその他の民間伝承、およびそれに関わる農村生活の研究を推し進めた。それとともに、多様な地域での郷土研究者の育成、その全国的組織化などに力をそそいでいく。また、このような農村生活の研究、彼のいう「郷土研究」は、農民生活の現状と農業改革の現実的可能性を追求するという農政論的な問題関心にもつながるものだった。

しかしこの頃の民間伝承研究は、資料的には、もっぱら古書・随筆・地誌などでの断片的記述、自らの旅行中の見聞や『郷土研究』への投稿報告などに依拠していた。

その方法は、本居宣長や平田篤胤らの国学、菅江真澄《すがえますみ》や赤松宗旦《そうたん》などの伝統的な民間学の方法をベースに、フレイザーなどの一九世紀欧米エスノロジー（民族学）と、ゴムなどヨーロッパ・フォークロアの方法をくわえたものだった。

のちにみられるような「民俗学」独自の方法――現地調査によって各地の民間伝承を採取・資料化し比較検討する――は確立していなかった（なお、フォークロアも一般に民俗学と邦訳されるが、柳田のいう新しい学問としての「民俗学」とは性格を異にする）。

ちなみに、菅江は、江戸後期に信州・東北・北海道を遊歴し、『真澄遊覧記』などその地方の人々の生活様式や風俗習慣を膨大な記録にのこした人物。赤松は、利根川ぞいの地域のくらしや風習を記録した『利根川図志』の著者として知られる幕末の文人である（柳田が少年時代をすごした布川に住んでいた）。なお欧米のエスノロジーやフォークロア、とりわけフレイザーへの着目は、南方熊楠の影響によるところが大きかった。

†書記官長辞任と渡欧という転機

この時期の柳田のおもな関心は、農業政策、農業問題にあった。

当時地主制下にあった農民経営を、いかに自立的で合理的なものに育て上げるか。それによっていかに農業生産力を上昇させ、農工バランスのとれた国民経済を形成するか。そのため、日本農業の実状にあった改革がいかにして可能か。

柳田はその点を追求し、基本的には安定的な経営が可能な自作小農によって日本農業が担われるよう、様々な政策的提言をおこなっている。

だが、柳田の考え方は当時の農政主流からは外れており、その主張は容れられなかった。しかし、兄の井上通泰が、政界の実力者山県有朋の側近だった関係で、貴族院書記官長（現在の参議院事務総長）という要職につく。政策中枢からは外されるが、事務官僚として昇進を遂げたのである。この頃柳田は山県系官僚とみられていた。

しかし、一九一九年（大正八年）貴族院議長徳川家達《いえさと》との確執により貴族院書記官長を辞職。同時に、一九年間務めた官界を離れる。

書記官長辞職は、原敬首相（政友会総裁）に事実上強要されたものだった。原は山県有朋系の藩閥官僚勢力に対抗するため、貴族院への勢力拡大を意図していた。そこで徳川家達との政治的関係を重視し、二人の確執を徳川側に立って裁断したのである。

この出来事は、柳田にとって不本意なもので、かなりの屈辱であったらしい。たとえば、歴代の書記官長は慣例としてその執務室に肖像画を残すことになっていた。だが柳田は自身の肖像画について、それを長期にわたって拒否している。

翌年、東京朝日新聞社客員となり、東北、沖縄などへの旅行記を新聞紙上に掲載するなどしている。これらは、のちに『雪国の春』『海南小記』にまとめられる。

ことにこの時の沖縄への旅は、柳田にふかい印象をあたえた。晩年の著書『海上の道』で全面的に展開される、日本人の南洋起源の着想は、この時に明確となったようである。また、とりわけこの沖縄での見聞で、日本人の宗教意識の原型を把握するうえで重要な手がかりをえたと彼自身語っている。あとでみるように、この日本人の信仰の問題こそ柳田民俗学の中心課題の一つとなるものだった。

なお、のちに代表的な沖縄研究者となる伊波普猷《いはふゆう》は、この時柳田と面識をえ、そのアドバイスをうけながら、沖縄の古伝承「おもろ」の研究に本格的にとりくむようになる。

ただ、柳田の南方への関心はこの時に始まったものではない。すでに貴族院書記官長時代に、弟松岡静雄と日蘭通交調査会をつくり、オランダ領インドネシアとの交流をはかろうとしていた。松岡静雄は、軍人として海軍大佐にまでなったが、大正なかばに病気のため退役。その後いくつかの南洋諸島に関する民族誌的著作を書き、『日本古語大辞典』の編纂などをおこなっている。彼は、第一次大戦中、海軍将校としてドイツ領ミクロネシアに派遣されたのがきっかけで、南洋諸島に関わるようになり、現役中に日蘭通交調査会を創設したのである。

しかしこの時の柳田の関心はおもに、相対的に過剰な農業人口をインドネシアことにニューギニアに移民させようとするものであった。後述するように、柳田は農民経営の規模拡大をはかるべきだと考えていた。だが、それを実現するには、全国の総耕地面積の拡大とともに、ある程度農業人口を削減する必要があるとみていた。その農業人口の吸収先として、地方産業や都市の商工業とならんで、海外とりわけインドネシアを含め南洋諸島への移民を考えていたのである(これは、ハワイやアメリカ西海岸移民、ブラジル移民などに類するもので、近年一部で柳田について批判的に指摘されているような南方への軍事的政略的膨張を意図したものではない)。

したがって南洋諸島を対象とした民族学関係の著作をこの時期かなり読んでおり、じっさいにそれらの島々へ渡航することも計画していた。しかし書記官長辞職のあと朝日新聞社入社、そして渡欧と身辺の事情が大幅に変化し、日蘭通交調査会からは遠ざかっていくことになる。

すなわち、その次の年(一九二〇年)には、国際連盟事務次長となっていた新渡戸稲造《にとべいなぞう》のすすめで、連盟委任統治委員に就任。スイス・ジュネーブに赴任した。委任統治委員は、世界各地の国連管理下にある委任統治領に関わる問題をあつかう国際連盟委任統治委員会のメンバーである。

この渡欧が柳田にとって大きな転機となる。ヨーロッパ滞在中に柳田は、ジュネーブ大学の講義を聴講するとともにヨーロッパ各地を訪れている。そこで、当時の欧米人文社会科学の最先端の学問と本格的に接触する。ことに、マリノフスキー、ボアズ、リヴァースらの新しい文化人類学・民族学の流れや、デュルケーム、レヴィ＝ブリュル、モースらのデュルケーム学派から大きな刺激を受ける。このことは柳田のそれまでの学問に大きな飛躍をもたらすこととなる。

じつは柳田は、渡欧直後までは書記官長辞職の痛手から十分回復せず、なお失意の状態にあった。この頃の自分をふりかえって柳田は、「目的がなかった」、すなわち目的を失った状態だったとしている（「大正十一年日記」への後の書き込み）。

しかし、ヨーロッパにおいて新しい知的インパクトをうけ、それまでの自分の学問を、新たな方法でもう一度立て直そうとするのである。それがいわゆる柳田民俗学となっていく。

2 帰国後——柳田学の本格的形成

†民俗学研究の確立へ

一九二三年（大正一二年）一一月、柳田は、関東大震災の報をうけ、委任統治委員の職を辞し、急遽帰国する。そして、人々の生活の惨状をまのあたりにして、すぐに「本筋の学問のために起つ」との決意をする。

大正十二年九月一日の関東大震災のことはロンドンで聞いた。……小さな船をつかまえて、押しせまった暮れに横浜に帰ってきた。ひどく破壊せられている状態をみて、こんなことはしておられないという気持ちになり、早速こちらから運動をおこし、本筋の学問のために起つという決心をした。（『故郷七十年』）

そして帰国して間もなく、民俗学に関する第一回の談話会を自宅で開く。それとともに、日本民俗学の方法的確立と研究者の組織化にむけて力をそそいでいく。

まず、いわゆるフォークロアのみならず、民族学、歴史学、社会学、考古学、言語学などの諸科学にまたがる雑誌『民族』を創刊する。

そのさい柳田は、方法的なポイントとして、関連諸科学の成果の尊重、事実の採集と考察、比較研究、の三点をあげている。総合的な視野のなかから独自な学問としての日本民俗学をつくりあげようとしていたのである。

この時の編集人の一人だった岡正雄は、のちに石田英一郎とならんで日本の民族学・文化人類学の本格的創始者となる。編集人としては他に、田辺寿利《たなべすけとし》や有賀《あるが》喜左衛門《きざえもん》などがいた。田辺は、コントやデュルケームを中心とするフランス社会学の研究をベースにした有数の社会学者に、有賀は、農村社会学に新生面をひらく著名な研究者になっていく。彼らは岡を含め、この頃まだ二〇代後半から三〇代前半だった。柳田は意識的に様々な領域の若い研究者を育てようとしていたのである。

さらに柳田は、すでに沖縄旅行後につくっていた西南諸島研究を中心とする「南島談話会」を再開。また、アイヌ研究などを含む「北方文明研究会」、昔話研究の「吉右衛門《きっちょん》会」、そのほか「民俗芸術の会」「方言研究会」などを次々と創設していく。これらの集まりは、民俗学に関連する研究領域のもので、おもに会員の採訪報告や見聞の発表をもとに、互いに情報を交換しあうのが一般的だった。

また、民俗学に関わる講演活動も活発におこない、それらをおさめた『青年と学問』を一九二八年（昭和三年）に出版する。この『青年と学問』は、柳田の新しい学問についての考え方を全面的に展開したもので、柳田民俗学宣言ともいうべき重要な著作である。

このように柳田は、精力的に民俗学研究とそのための研究者のネットワークの形成をおしすすめていく。

その根底には、「学問救世」(『郷土生活の研究法』)すなわち学問によって世を救いたい、より良い社会にしていきたいとの強い願いがあり、それが柳田の知的活動の終生のモチーフとなる。

†柳田の問題意識

この頃の柳田の主要な問題意識は次の点にあった。

明治以降の近代化=西欧化によって、それまでの日本人の生活文化、生活のあり方が広範に解体しつつある。

その領域は、生産や流通、労働、衣食住の問題ばかりではない。人と人との関係のあり方や内面的な倫理規範、生きがいや価値観、世界観(世界の意味づけ)を含めた生活文化全体に及んでいる。しかも、それに代わるものがいまだ形成されていない。その方向さえ定かでない。

そこに一般の人々の直面している生活上の困難の最も根本的な要因がある。

時代の展開と日本の国情に見合った新しい生活文化、新しい生活のあり方をいかにして形成していくか。それと対応する社会・経済・政治のシステムを、当時の国際情勢を視野にいれながらいかに作りあげていくか。いいかえれば将来にむかって国のあり方、社会のあり方をどのような方向で考えていくのか。

そのさい、これまで一般の人々の生活文化を構成していた様々の伝統的ファクターを新しい社会形成にいかに生かしうるか。

このような新たな問題意識と社会認識、日本社会の問題状況把握は、一九二〇年代、大正末から昭和初期にかけて形成されてきたものだった。

柳田民俗学は、そのような観点から近代化=西洋化以前の人々の生活と文化を、トータルに明らかにしようとするものだった。

そのためには、主に文書に書かれたものに頼ってきた、伝統的な学問や歴史学の方法だけでは十分ではなかった。文字に残されていない人々の生活や文化をそのものとしてとらえる新しい方法が必要となる。

柳田は、その大きなヒントを、ヨーロッパ滞在中に得ていた。それは、マリノフスキーなど二〇世紀にはいって新しく展開したヨーロッパ人類学の方法だった。

柳田は、すでに渡欧以前に、ヨーロッパのフォークロアや、フレイザーなど一九世紀末頃までの人類学についての知識はもっていた。しかしそれらは、普通の人々、いわゆる「常民《じょうみん》」の生活文化を全体としてとらえる方法としては、不十分なものだった。

ヨーロッパ・フォークロアは、ことさら珍奇な習俗に関心を向けており、資料が断片的で量的に乏しく、方法的にもそれらによる制約をうけていた。また、一九世紀末までの人類学は、世界各地の断片的で不確かな情報によっており、資料的根拠や論証手続きのうえで欠陥の多いものだった。主に宣教師や植民地行政官の報告書、商人や探検家の旅行記などを資料としていたからである。

それに対して、二〇世紀に入ってからの人類学は、現地語を習得した専門の研究者が、周到な現地調査をつみかさねる方法を採用することになる。その調査結果を資料的な基礎として、住民の社会や生活文化全体を体系的に把握する研究を進めていた。厳密な学問的方法論に基づくものに、大きく性格を変えていたのである（その代表的成果が、マリノフスキー『西太平洋の遠洋航海者』）。

柳田は、旧来からの学問的蓄積を生かしながら、この二〇世紀人類学の方法を、日本社会の伝統的な生活文化の研究に適用しようとした。

直接的な現地調査にもとづいて、一般の人々の生活文化の全体的な把握をめざそうとしたのである。資料は基本的に、その土地を知悉《ちしつ》している研究者自身による包括的な地域調査によるべきとされた。

そのうえで、各地の民俗研究者を全国的に組織化することによって、日本社会全体に網をかけるかたちで民俗調査を及ぼそうとした。その組織が、のちの日本民俗学会の骨格を形成することになる。

このような観点から柳田は、『青年と学問』『民間伝承論』『郷土生活の研究法』などにおいて、日本民俗学の方法的体系化をはかった。

そこでは、民俗資料が、第一部有形文化、第二部言語芸術、第三部心意現象の三部に分けられ、さらに各部がそれぞれ幾つかの細目に分類されている。この民俗資料分類をとおして、全体として伝統的な生活文化が体系的に浮かび上がってくるように考えられている。そして柳田は、価値観や倫理観、生の意味づけや世界の意味づけなど、人々の内面をあつかう第三部心意現象をもっとも重視した。なかでも日本人の信仰の基本型を明らかにすることに大きな力をそそいだ。

こうして、のちに『先祖の話』『日本の祭』『桃太郎の誕生』『木綿以前の事』『婚姻の話』など多数の著作に纏められる、膨大な研究成果が生みだされてくるのである。

†柳田の国家・社会構想

他方、帰国翌年（一九二四年）の二月、柳田は東京朝日新聞社に正式に入社。同社論説委員（編集局顧問論説担当）となった。その関係から論説などで、広く政治、経済、社会の様々な問題について発言することになる。また、「地方文化建設の序説」「農村家族制度と慣習」『明治大正史世相篇』『都市と農村』『日本農民史』などを発表し、日本社会の現状と将来について独自の考えを展開した。

なお、柳田と同時に、大正デモクラシーの代表的論客として知られる吉野作造も、東京帝国大学教授を辞職して朝日新聞に入社した。論説を担当し、柳田とともに講演旅行をおこなったりしているが、まもなく舌禍筆禍事件によって退社を余儀なくされる。

右のようなこの時期の柳田の著述をみると、この時期の彼の知的活動の背後にある構想、国のあり方、社会のあり方についての構想がわかる。

それは次のようなものだった。

まず外交では、それまでの大陸への膨張主義的な政策には批判的なスタンスを打ち出す。今後は、アメリカ、イギリスとはもちろん、中国に対しても協調関係をうちたてる必要がある。ことに近隣国で、発展途上にある中国とは、国民レベルでの友好親善関係を発展させていかなければならない、と。

それに対応して国内では、農民経営の自立を可能とする農業改革を軸に、可能なかぎり国内市場にウエイトを置いた産業構造を作り上げようとした。またそれを支える地方における域内循環を重視した産業構成（農工就労配置）、それによる地方の経済的自立、地方の文化的政治的自治を追求した。このような国民経済の内的編制によって、対外膨張圧力のより少ない国のあり方を考えようとしたのである。それは、当時の東アジアをめぐる緊張した国際情勢を念頭に置いたものだった。

そのさい柳田は、日本の地理的国際的条件から、いわゆる欲望自然主義、無自覚な欲望充足志向には批判的だった。

もちろん当時の農民や勤労者の置かれている劣悪な状態は改善されなければならない。これが当面の重要課題であり、そのための施策の実現が必須の要請である。

だがそれだけではなく、さらに人々が自覚的に生活のありかたを考える必要がある。日常の生活全体を見直し、それを支えている個々人の価値観を自覚的に再検討する。すなわち、人々が生き方のレベルから意識的に自分たちの生活文化を考えていかなければならない。そう指摘するのである。

この点は、後述するように、その民俗学研究のモチーフと深い関わりをもつものだった。

そして、そのような生活文化、経済社会を基礎に、より政治的民主化の徹底した国のあり方を展望しようとした。

その内容は、普通選挙を実現し、それによって選出された衆議院を基礎にして内閣が組織されること。さらにその国民的意志を基礎にした内閣によって、軍事を含めた国家の政治権力が、国民的コントロールのもとに統一的に運用されること。これらを基本として事実上イギリス型の議院内閣制（議会制的君主制）の方向をめざそうとするものだった。

ちなみに、それまで日本社会は、明治以来ドイツ型の立憲制的君主制の政治体制のもとにあった。

したがって柳田の構想は、当時の国家体制に比して、より国際協調的な、国民的意志を基礎とする国のあり方を追求したものだったといえる。

†農民の自立と地域の共同関係

そのうえでさらに柳田は、伝統的な地域的な様々な共同関係に含まれる共同性に注目し、それをこれからの社会形成に生かそうとした。それはまた地方の自立の問題とも関わるものだった。

ところで、柳田にとって、農民経営の自立、さらには個人の自立の問題は、農政学以来の最も基本的な課題だった。

根本の組織に着眼せずして、無差別なる副業奨励をなし、農企業の独立を阻碍する限りは、いつまでも徒労を繰り返すことを免れざるべし。……予が農戸数の減少を希望するは、全く

農民をしてその独立自営に必要なるだけの農場を有せしめんがために……すぎず

（「中農養成策」）

心身の発育が、よく一生の艱難に堪えるだけでなく、さらによく疑い、またよく判断して、一旦これと信ずれば之を実行するだけの、個人の力というものを養うことができるかどうか。……いつまでたっても親々はその苦闘を中止せぬであろう。（『明治大正史世相篇』傍点柳田）

○ひとのいうなりになっておればよいというような世間にまかしてはおられぬ。

○義務教育だけで学校を退く小中学生のために、最も力を入れたい。そして正しい判断力を養いたい。……

○正しい選挙を一人一人がすること以外に、国をよくする道がないと自分は信じている。

（大西伍一『私の聞書き帖』）

そのことと、地域の伝統的な共同関係（共同性）への重視は、どのように関係するのか。その問題は興味を引かれる論点の一つであるが、ここではこれ以上立ち入らず、改めて第四章であつかいたい。

†民俗学の本格的研究へ

さて、このような構想を背景に、一九二〇年代から柳田民俗学が本格的に形成されてくる。さきにふれたように、帰国直後から柳田は民俗学研究とその組織化に本格的にとりくみはじめた。

同時に、朝日新聞論説やその他の日本社会論に関わる著述を継続して執筆している。当時の柳田の姿を、娘の三千《みち》は次のように回想している。

父の仕事に対する熱意はいよいよ高まり、外へ出ない日は殆ど机の前を離れなかった。用があって入って行くと……父は万年筆の端の方をかるく握って、けいのない小型の原稿用紙に筆を走らせていた。何時どんな時に入って行っても、父がぼんやりしているのを見た事がない。父はあくびをした事がない、と言われて気づいた事だが、一度だって父の仕事に倦《う》んだ様子を見た事がなかった。それよりも、父には時間が惜しかった。

（臼井吉見編『柳田国男回想』筑摩書房、一九七二）

関係者によれば、この頃の柳田の仕事ぶりは鬼気せまるものがあったようである。新聞論説を週二・三本のペースで書きながら、新しい学問である民俗学とその組織をほとんど独力で作り上げる。さらには民俗学関係のみならず、いくつかの社会の現状に関わる著述も執筆していた。

だが、このような生活を長期に続けることにはやはり無理があった。一九二八年（昭和三年）頃から柳田は、過労と焦燥から軽い神経症になり、周辺の人たちと衝突するなど、いくつかの問題をひきおこしている。

しかし、柳田は仕事のペースは落とさず、各種の執筆は続けていた。だが、一九三〇年（昭和五年）頃にはそれも限界に達し、同年一一月論説委員を退き客員となる。それによって体調は回復するが、もはや論説委員に戻る意思はなかった。

そして、それ以後は、民俗学関係の仕事に全力を投入するようになる。

一方で、自宅で民俗学に関する談話会を継続。また「郷土生活の研究法」の講述の会、「民間伝承論」の講義の会などをへて、「木曜会」を組織する。これが後の民俗学研究の広がりの中心となる。

この木曜会には、大藤《おおとう》時彦、大間知《おおまち》篤三《とくぞう》、橋浦泰男、松本信広、比嘉春潮《ひがしゆんちよう》、桜田勝徳、瀬川清子、最上《もがみ》孝敬《たかよし》、倉田一郎、後藤興善《こうぜん》、関敬吾など、のちに日本民俗学の発展を支える主要メンバーとなっていくほとんどの人たちがすでに参加している。この会から、柳田につづく日本の民俗学徒のおもだった人々が育っていったのである。

†民俗学の普及に努める

他方、積極的に全国各地を旅行し、在地の研究者を全国的に組織化していく。それぞれの土地で郷土研究に関心をもつ人々と交流し民俗学の普及に努めたのである。

また、この時期に確立される民俗学研究の独自の方法論にもとづいて、統一的な調査項目による全国山村調査を実施する（一九三四年から三年間）。信頼度の高い民俗資料を全国から集積するためだった。この調査は、木曜会のメンバーを核に、各地の郷土研究者、民俗学研究者の協力をえておこなわれた。同様の調査は、ひきつづき全国の海村、離島などを対象としてもおこなわれている。

一九三五年（昭和一〇年）には、柳田の還暦を記念して日本民俗学講習会が開催され、これを契機として民俗学の全国組織「民間伝承の会」が発足する。全国から民俗学に関心をもつ人々が集まった在野の研究団体だった。またその機関誌『民間伝承』が発刊された。『忘れられた日本人』などで知られる宮本常一《つねいち》も、この講習会の開催をきっかけに柳田と本格的に接触するようになる。また、大阪でも約三〇〇人の聴衆を集めて、柳田の還暦を記念した講演会がおこなわれ、そこには世界的な民族学者ウィルヘルム・シュミットも出席し祝辞を述べている。民間伝承の会は、機関誌の発行以外にも、民俗学関係の出版を積極的に推進した。とりわけ各種の民俗語彙の収集に力を入れ、柳田を中心に『婚姻習俗語彙』『分類農村語彙』『葬送習俗語彙』『分類漁村語彙』などを発行していく。

また、民俗学関係の講座・講演会を各地で主催もしくは共催し、新しい学問である民俗学の普及につとめた。柳田自身も精力的にそれらの集まりに出席し講師をつとめている。たとえば全国の民俗学研究者を対象とした日本民俗学講習会を年一回開催するとともに、週一回のペースで約三年間にわたって民俗学講座を継続した。また、柳田の自宅での木曜会もほぼ毎週おこなわれている。

時代は、満州事変後、国際連盟脱退、五・一五事件、二・二六事件と続き、やがて日中戦争へと突入していく。このように軍部主導のもとに内外政策が強行され、厳しい政治・思想統制がおこなわれるなど、柳田にとって好ましくない状況に進んでいた。だが、この時期が学問的に柳田のもっとも充実していた時期ではなかったかと思われる。

その後も民間伝承の会は発展を続け、敗戦後の一九四九年(昭和二四年)に「日本民俗学会」と改称し、柳田が初代会長となった。

ただ、この間、のちに民族学・人類学の泰斗となる岡正雄や石田英一郎などが、いったん柳田の学問に接近するが、まもなく柳田の意見と衝突し民俗学を離れていく。弟子との確執は、こればかりでなく様々に言われている。生身の人と人との関係においては、如何ともしがたいことだろう。

†生活の共同的側面と信仰の問題

こうして研究組織を整えながら柳田は、民俗学の方法的体系化と独自の課題設定をおこない、それに従って研究を進めていった。

民俗学の課題は、すでにふれたように、一般の人々（常民）の伝統的な生活文化の現状と歴史を明らかにすることだった。それを柳田は、各地での綿密な地域調査と、それによって得られた民俗資料の比較研究によって成し遂げようとしたのである。

なかでもとりわけ関心を向けたのは、地域（村落）における人々の生活の共同的な側面と、そこにおける信仰の問題である。

人々の生活における共同的な側面は、おもに民俗資料分類の第一部有形文化に属する。この部門は、生活文化のうち外側から観察できるものを対象とする。村における生産や消費の様式、農村にある様々な集団のしくみ、家族・親族関係、婚姻のあり方などが含まれる。柳田は、それらのなかでの共同性のありかたを把握することに相当な力をさいている。

また第二部言語芸術は、方言や諺、伝説、昔話などをあつかう領域であるが、その背後にある人々の共同関係、さらには信仰（神語り）とのつながりが常に念頭におかれている。

信仰の問題は、だいたい第三部心意現象に含まれる。なかでも、日本人の宗教意識の原型をなすものとして、いわゆる氏神《うじがみ》信仰が検討の中心におかれている。

氏神信仰の問題は、日本における様々な民俗事象の基底にあるものとして、民俗学研究の中核的位置を占めるものだった。そして、人々の生き方、生の内面的意味づけと深く関わり、したがってまた、一般の人々の内面的な価値観や倫理意識の形成にとって重要な意味をもつものだった。これらの問題は、前述の柳田の社会的な関心と繫がっていく。それゆえ、柳田民俗学においては、この氏神信仰を全体として明らかにすることが最も重視されているのである。

柳田によれば、氏神は代々の祖先の霊の融合したものと観念されており、人はだれでも死してのち一定の期間をへて氏神に融合すると考えられていた。この氏神は、通常は村の近くの山の頂にとどまり、時期を定めて村里を訪れるもので、そのための主要な儀礼が春と秋の村祭りだった。そのような基本的な見方から柳田は、さらに氏神信仰の神観念と儀礼についての検討を深め、その全体像を明らかにしていった。

現在なお、日本人の伝統的な生活文化とその歴史を知るには、柳田の民俗学的な研究業績が最重要なものの一つとされている。なかでも氏神信仰の包括的な研究としては柳田の仕事がいまなお最大のものである。

ただ、氏神信仰を価値的にどう評価するかは、その後、人文・社会科学の間で大きな議論となった。この問題は、氏神信仰そのものの宗教学上の理論的な位置づけ、日本人の倫理意識をどうみるのか、という重要な論点を含むので、第七章で改めて検討する。

†比較研究法

このような柳田民俗学は、研究方法上において、文献資料に依拠するそれまでの歴史学の方法を批判して、民間伝承の重要性を主張する。それとともに、比較研究法と呼ばれる手法を重視している。

それは単一の民俗資料から、直接に何らかの研究上の推論や結論をひきだすのではなく、いくつかの民俗資料の比較検討に重点を置く。複数の民俗資料の比較から、生活文化上のある特定の要素の歴史的な変遷とその原型の推定、さらにそれらの相互関連の把握についての示唆をえようとする。

ただしその場合、しばしば誤解されているように、柳田は文献資料を排除しているわけではない。過去の文献に記載された民俗資料の利用をはじめ、現存の民俗資料から推定される文化要素の変遷年代の特定など、様々なかたちで文献資料も積極的に使用している。

なお比較の具体的な方法として、しばしば「重出立証法《じゅうしゅつ》」や「周圏論《しゅうけんろん》」があげられている。前者は、同種の民俗事象を比較し、それらのなかに共通に含まれている頻度の高い要素ほど古いものとして、民俗の変遷を再構成していく方法。後者は、文化的な中心地から遠い地方ほど古層に属する民俗が残存するとの見方である。

この二つの方法には、必ずしも当てはまらないものがあるとして批判が多い。しかし柳田自身においては、二つとも固定的に使われているわけではない。ことに後者は言語関係など流布性の高い領域にほぼ限定されている。また、実際にはともに変遷の前後関係の推定には、過去の文献上の民俗資料とのつきあわせなど様々な方法が併用されている。

†常民と女性

また柳田民俗学では、しばしば「常民《じょうみん》」という特徴的な言葉がつかわれている。民俗学は常民のための学問であり、常民とその生活文化を対象とするものとされる。

多くは、歴史に名を残すような権力者や偉人ではなく、ふつうの人々、一般の人々という意味である。常民の「常」は、通常の、というような表現につかわれる場合とおなじく、ふつうの、なみの、という含意である。時として指摘されているような、永続的な、変わらない、という意味はそれほど含まれていない。

たとえば、柳田はいう。

我々に一番に興味のある問題は、普通人すなわち常民の社会観あるいは人生観が、新文化の氾濫した最近の半世紀の間に、どんな風に推移し、変化しているかということである。

（「今日の郷土研究」）

しかし、それだけではなく、ここから常民概念に特定のある内容が付与されていく。常民はふつうの人々をさすが、具体的には日本人のふつうの人々である。柳田によれば日本人は、さきにみたような特有の信仰や民俗をもっており、ふつうの人々はそのような信仰や民俗を比較的維持してきている。

柳田は常民の生活文化を研究対象として重視したが、そこから逆に常民について、そのような信仰や民俗を濃厚にのこしている人々への傾斜が強くなってくる。すなわち定住民、とりわけ本百姓《ほんびやくしよう》系譜の人々のイメージが強くなり、さらに同様のものをその諸儀礼のなかに維持している皇室も常民に含まれるとの発言もされるのである。

さらに柳田民俗学は、伝統的な生活文化における女性の役割を重視し、また柳田自身この領域で女性研究者が育っていくことを期待していた。

柳田によれば、かつては女性は主婦として、家庭内ばかりでなく社会的にも重要な位置をしめていた。そのことは、後述するように、女性が祭祀上重要な役割をはたしていたことが、小規模な水稲作農業における女性労働力の役割の高さとともに、一つの要因をなしている。そう柳田はみていた。それが武家風文化の農村流入によって、女性がきわめて受動的な位置におかれるようになったととらえているのである。そして今後は、女性自身のためにも、また社会をより良いものにしていくためにも、参政権も含めて女性の社会的地位の向上をはからなければならないと考えていた。

柳田は、このような女性についての民俗学研究は女性自身によっても担われるべきだと考えており、戦後発足する女性民俗学研究会などへの助力もおしまなかった。この時代、女性が研究活動にたずさわることはかなり困難な状況にあった。だが、民俗学では、瀬川清子、能田《のだ》多代子、丸山久子らが柳田の期待にこたえて研究者として育っていく。また柳田自身も、『女性と民間伝承』『木綿以前の事』など、この領域に関するいくつかの著作を書いている。

3 敗戦前後

†戦時中の姿勢

一九四一年(昭和一六年)、日本は連合国に宣戦布告し、世界大戦に本格的に突入する。そのようななかで、民俗学関係の研究会や組織的な調査活動を続けていくことがほとんど不可能になっていった。

しかし柳田自身の学問的営みは休むことなく続けられ、『こども風土記』『日本の祭』『方言覚書』『昔話覚書』『神道と民俗学』『国史と民俗学』『村と学童』などの著作に結実する。

また柳田のまわりからも、積極的に戦争体制に関わっていった人たちがあらわれたが、柳田自身は終始それに距離をおいていた。大陸や南方への膨張政策や軍部主導の翼賛的な政治体制は、柳田の考えにそぐわないものだったからである。

もちろん柳田の発言にも、時代の傾向が色濃くあらわれている場合もあるが、それでもほとんど何らかのかたちで慎重な留保がつけられている。また、翼賛的な文化運動の一端をになう国民学術協会や国民文学報国会などにも関わっている。だが、国の内外で民俗学研究にたずさわっている人たちをできるだけ激励しようとする姿勢はとりつつも、その行動やポイントとなる発言においては慎重な姿勢を崩していない。

なお近年、柳田の国家総動員体制への関与や大東亜共栄圏につながる発言などが批判的に指摘されている。そのような事実があることは確かである。だがそれと同時に、戦争体制への批判や軍事的膨張主義への反対意見を同じ時期に残しているのもよく知られている。

また柳田の仕事のほとんどは、さきにみたようなリベラルな方向での考え方にもとづくものである。指摘されているようなことは軽視されるべきことではないが、個々の行動や発言がなされた文脈や状況は考慮に入れる必要があるのではないだろうか。

†氏神信仰の問題へ

さて、戦局が厳しくなってくるとともに柳田は、自宅にこもって戦後の日本社会の再建に真剣に心をくだき、そのための著述に心血をそそいでいく。それが戦後、『先祖の話』や、『祭日《さいじつ》考《こう》』『山宮考《やまみやこう》』『氏神と氏子』のいわゆる「新国学談《しんこくがくだん》」三部作などとなって発表される。

これらの著作において柳田がもっとも重視したものは日本人の信仰の問題、すなわち氏神信仰の問題だった。それは人々の魂のゆくえの問題を軸に、戦死者や戦災で亡くなった人々のあとに残された家族・親族の心の平安を願うものだった。また、これまでの日本人の生きがいや価値観、倫理意識の根底を明らかにし、人々が今後の生きかたや社会のあり方を考えていくうえでの素材を提供しようとするものでもあった。

日本民俗学の提供せんとするものは結論ではない。人を誤つたる速断に陥れないように、出来る限り確実なる予備知識を、集めて保存して置きたいというだけである。(『先祖の話』)
一つの変遷の近き将来に予想されるものがある故に、やや急いで現在の実状を明らかにしておかなければならぬと思うのである。（『日本の祭』）

これからどう歩もうかは政策［＝人々の価値判断］の問題であって、民俗学の関与するところではないが、ともかくも正しい結論に到達する為には事実だけははっきりと確かめて置かなければならない。（『氏神と氏子』）

そして、『日本の祭』や『神道と民俗学』などを含め敗戦前後の諸著作において、氏神信仰の全体像が、その細部にわたって体系的なかたちで、明らかにされていく。いうまでもなく、それらは柳田自身の明治以来のながい研究蓄積をベースにしたものだった。

この時期の論考のなかでも、とりわけ『先祖の話』『日本の祭』は、その神観念と信仰儀礼の骨格を明らかにしたものとして中心的位置を占めている（その詳細については後述）。

これら一連の著作が書かれるについては、戦時下および敗戦直後という当時の時代的背景があった。だが、そこでの課題は、そのような時代状況をこえて、これまでの日本人の宗教意識の原像、日本的心性の原像にせまろうとするものだった。

柳田民俗学は、日本人の信仰の原型、日本人の心性の特徴を明らかにすることをもっともベーシックな課題としていた。その意味で、同じく日本人の心性を追求しようとした宣長や篤胤の国学に続くもの、またそれを批判的に乗り越えるものとして、柳田自身によって「新国学」

とも表現された。

日本人の伝統的な生活文化とその歴史を知るには、柳田の民俗学的な研究業績をおとすことはできないとされている。なかでも氏神信仰の包括的な研究としては柳田の仕事がいまなお最大のものである。そして、一般の人々の信仰の問題が、日本人のものの考え方や文化に大きな影響をあたえていることはよく言われている。その意味で柳田の学問的業績は、彼自身の思想的価値判断への評価の如何にかかわらず、とりわけこの分野で重要な意味をもつものとして今後も長く生き続けるであろう。

4 新生日本とともに——晩年の柳田学

†小中学生の社会科教育

終戦時、柳田はすでに七〇歳だった。だが、戦後の再建にむけて「いよいよ働かねばならぬ世になりぬ」(「炭焼日記」)として、その学問的決意を新たにする。

そして、みずからのこれまでの研究にたいする反省をこめながら、民俗学の今後の課題について、とりわけその現代的視角の必要性を強調していく。

すなわち、たんに民間伝承、伝統的な生活文化をそのものとして研究するにとどまらず、民俗学を「現代科学の一つにしなければならぬ」(「現代科学といふこと」)という。つまり、「広く世の中の為に、ことに同胞国民の幸福の為に、または彼等を賢くかつ正しくする為に」、その研究成果を生かさなければならない。自覚的にそのような課題設定をしていかなければならない。そして、人々がこれまでの歩みをふりかえり、今後日本社会はどのように進んでいくべきなのかを考えていくうえで、有用な視点や材料を提供しうるものでなくてはならない。そう主張する。

このような社会的実践的志向は、柳田が日本民俗学をつくりあげていく際の目的設定において、「学問救世」としてすでに意識的に提示されていたことだった。だが、敗戦後における未《み》曾《ぞう》有の国民的困難のなかで、そのことを改めて強く打ち出していく。

そこには次のような柳田自身の自省も含まれていた。これまで民俗学は、新興の学問として社会的に認知されることを重視してきた。そのため、厳しい時代状況のもとで、アクチュアルな、またそれゆえに鋭く意見の対立する問題に正面からぶつかることを、無意識に回避してきたのではないか。

そのような観点から柳田は、これからの社会をになっていく子供たちの教育、とりわけ社会科教育と国語教育に力をそそぐ。そしてそこに民俗学的成果を生かそうとした。

戦後、小中学校教育に、従来の地理、歴史にかわって、社会科が新設される。柳田は、この小学校の社会科教科書や社会科教員のための叢書の編纂などに積極的にとりくむ。このことに関わって柳田は、民俗学に対する「世の中の要求」は非常に差し迫っているとして、次のように述べている。

日本の普通教育にはこの四月から、小学校の歴史科がなくなつた。……これにかわって設けられる社会科というものは、……「歴史」といふ名称だけが除去されたので、実質上の歴史を子供に教えてはいけないという意味ではない……。

ところが我々の仲間だけはもうよほど以前から、政治史戦役史等よりほかの歴史、国民全体が今のやうな生活ぶりをすることになった由来というやうなものを主として訪ねていた。これは一方の政治史などとちがって、記録文献というものは至って乏しいものだが、なければ又ないで別の資料、別の方法をもってかかれば判ってくるということを信じ、その実験を続けてやや成績を挙《あ》げてきたのである。……

それを試みに言ってみないかという注文が、忽然《こつぜん》として諸方から集まってきたのは自然である。……こちらはこれでほぼ社会科の全部がまかなわれる位に思っているところだから、これを自分らの立場を説くまことに好い機会だと、悦ばずにいられないのである。

（「民俗学研究所の成立ち」）

そして、柳田にとって社会科教育は、人々が自立した個人として、独立した主体として、様々な問題に対処し将来の社会をつくりあげていくうえで、不可欠のものだった。

†国語教育

国語教育の問題についても、柳田はそれをとりわけ新しい社会形成との関係で考えていた。国語は、国民的な相互理解の基礎をなすものとして重要である。だが、それのみではない。人々が、社会形成の主体として自分の意見を組み立て、それを的確に表現していくうえで、かつ他者の意見を正確に理解するうえで、言語能力のさらなる充実が不可欠だ。そう考えていた。したがって義務教育では、より表現能力に重点をおくべきことを主張している。

国語の普通教育、国語をこれからの少年青年に、どういう風に教えるのが最も良いか。国を健全なる成長に導くが為には、如何なる道筋を進むのがよいか……。
言論の自由、誰でも思ったことを思つた通りに言えるという世の中を、うれしいものだと悦ばうとするには、まず最初に「誰でも」といふ点に、力を入れて考へなければならない。

もしも沢山の民衆の中に、よく口の利《き》ける少しの人と、多くの物が言えない人々とが、入り交っていたとすればどうなるか。事によると一同が黙りこくっていた前の時代よりも、かえって不公平がひどくなることがあるかも知れない。

（「喜談日録《きだんじつろく》」）

相手が理解しようがすまいがむとんじゃくに、自分の偉大さを誇示するために難解な言葉をもって、ややすぐれた者が、ややすぐれない者を率いる形になっておったのでは、真の民主政治がいつまでたってもできる気づかいはないのである。

（「日本人とは」）

そして、さまざな小集団が、新しい言語表現を創造していく原基的な場として、言語創造についての「自主の機能」をもつ主体として、学校教育とならんで重視される。その小集団として、自然村のそれのみならず、都市に形成されるべきものも念頭に置かれていた。

柳田のみるところ、かつては生活や内面の変化に応じて必要な言葉を自分たち自身でつくり、それを社会的に有用なものとしてきた。そのような面についても「在来の郷党の陶冶《とうや》力」が軽視しえない働きをしていた。そしてこれからも、人々の表現手段をより豊かにしていくためにも、さらにその働きを引き継ぎ都市にも育てていかなければならない。人々が相互交流をふかめ、しかも自分の考えを他の人に十分理解されるように表明することがよりスムーズにできるようになっていくには、そのことが必須だというのである。

†戦後の民俗学研究と晩年

さらに柳田は、厳しい社会状況のなかで、人々の心を和らげるものの重要性を指摘し、文学や芸術などの意味をそのような観点から改めて検討すべきことを提唱している。それが、『笑いの本願』『俳諧評釈』『不幸なる芸術』など新しい分野の著作の出版につながっていく。

また民俗学研究に関わる組織的な活動についても、終戦の翌年夏には、民間伝承の会機関誌『民間伝承』を復刊し、日本民俗学講座もその秋に開催される。その翌年（一九四七年）には、自宅を提供して、戦後日本民俗学の事実上の拠点となる「民俗学研究所」を設立。さらに、一九四九年（昭和二四年）民間伝承の会を日本民俗学会に改称。また、戦前の全国規模の山村調査、海村調査にひきつづいて、翌年から、民俗学研究所の事業として三年計画で全国の離島村落の調査研究を実施する。

このように柳田は、戦後も精力的に研究を続け、これまであげた著作のほか、『口承文芸史考』『村のすがた』『婚姻の話』『母の手毬歌《てまり》』『年中行事覚書』『新たなる太陽』『妖怪談議』などを出版していく。

なお、一九四七年（昭和二二年）、終戦まもなく服毒自殺した近衛文麿元首相（日独伊三国同

盟を締結）について柳田は、

近衛さんなんかも結局自決するだけが能だったんだからね。寂しいや。

との述懐を残している（『柳田国男対談集』）。

そして晩年には、講和条約締結後もなお米軍の占領下に残された沖縄に強い関心をむける。柳田にとって沖縄は、日本人の信仰の原型をさぐるうえで、重要な手がかりとなるものだった。またそれと関連して日本人が現在の日本列島に渡来してきたコースを問題とするようになる。そして、一九六一年（昭和三六年）八六歳で、稲作の南方からの伝来と日本民族のルーツをつなげる『海上の道』を出版する。しかし、それが最後の著書となった。

翌年（一九六二年）八月八日、心臓衰弱のため死去。その業績は、『定本柳田国男集』（全三六巻、筑摩書房）、『柳田国男全集』（全三二巻、ちくま文庫）、『柳田国男全集』（全三八巻予定、刊行中、筑摩書房）などに収められている。それらは、国内外において、日本研究とりわけ日本人の生活文化とその心性を研究するための、最もベーシックな仕事として高く評価されている。

第一章

初期の農政論

1　農民経営の自立

†農村問題への関心

前章でみたような柳田の広範な知的活動を支えたのが、国のあり方、社会のあり方についての関心である。そこでまず、その面についての彼の構想に焦点をあて、初期（渡欧以前）の農政論から検討していこう。

さきにふれたように、柳田は大学卒業後、農商務省の農政課に入る。だが、そこでの勤務は約一年半で終わり、法制局参事官（課長相当）となった。法制局は、法令案の起草・審査をおこなう内閣直属の部局で、柳田も種々の重要案件にたずさわっている。

他方柳田は、全国農事会（のちの帝国農会）幹事や大日本産業組合中央会理事参事などもつとめ、当時の主要な農業団体とも関係をもっていた。農政課時代のつながりからだった。その関係から、講演旅行や視察旅行などで全国各地をまわっている。

その足跡は、北は樺太、北海道から、東北、関東、中部、中国地方、南は九州宮崎におよぶ。

当時の高級官僚（いわゆるキャリア官僚）のなかで、これだけ各地を視察して歩き、人々の生活の実情に接している例は少ない（なお、この頃九州の椎葉《しいば》や東北の遠野を訪れたことが、『後狩詞記』や『遠野物語』の執筆につながっていく）。

したがって柳田は、法制局に移ってからも農村問題や農業政策に関心をもち続けていた。むしろこの頃の柳田の主要な問題意識は、一貫して農村問題や農業政策に向けられていたといえる。

農民経営を、いかに自立的で合理的なものに改革し、農業生産力を上昇させるか。そのための日本農業の実状にあった改革がいかにして可能か。柳田はその点を追求し、様々な政策的提言をおこなっている。

そのポイントは、安定的な経営が可能な耕作規模をもつ「独立自営」（「中農養成策」）の自作小農によって、日本農業が担われることを目ざすことにあった。

当時日本の農村は、いわゆる地主制のもとにあり、農業はおもに零細な規模の農民経営によって担われていた。

この頃、農地の約半分は農民が地主から借地して耕作している小作地だった。農民の三分の二は、程度の差はあれ何らかのかたちで地主から土地を借りていた。そして、その借地料は収穫高の約五〇パーセントに達する高額なものだった。

また各農家の耕作規模も平均一町歩（約一ヘクタール）たらずの零細なもので収入が少なく、家計補充のための出稼ぎや副業、兼業が一般化していた。

柳田のみるところ、このような状態では、農民が農業に専念し、その生活を安定的に営むことさえ困難だった。いわんや新しい技術を導入して経営を改善し、農業生産力を上昇させることなどは及びもつかない。

†柳田の主張と当時の論潮——商工立国論と農業国本論

したがって柳田はこう主張する。

一農家あたりの経営面積を拡大するとともに、借地している農民の耕作権を強化すべきだ。また現在米で納めさせられている小作料を金納化し、それによって小作料を実質的に引き下げる。

これらの方策によって、「独立」した農家による安定的な農業経営を可能にする。そして、長期的には地主制を解消して、日本農業が基本的には自分の所有する土地を耕作する独立自営農民によって担われるように改革すべきだ、と。

農家には借地でなりと所有でなりととにかく一軒の生活を支《ささ》えるに十分なる収入ある土地

……が無ければ農業は独立しませぬ。（『時代ト農政』）

現在多数の小作契約がいかにも小作人のために、不利益である……。［耕地の］借用料が高い。……地主の借料引き上げの申込を拒む手段がない。（「土地と産業組合」）

地租の外は収穫を丸取《まるど》りにする所有権者としてその土地を耕作させる方が、早く農業の独立が得易《えやす》いのであります。（『時代ト農政』）

耕地の所有権は成るべく農業者の手に属せしむるの計を立つべし（『農政学』）

だが、柳田の考え方は当時の農政の主流とは外れており、その主張は容れられなかった。柳田がこのような農政論を展開したのは、日清戦争後から日露戦争後に至る時期で、政府内部で、国民経済の方向性をめぐって論争がなされていた。

明治政府を主導する伊藤博文らは、輸出貿易を重視する観点から商工業の保護育成を経済政策の基本とする商工立国論を主張していた。そして現実には、この方向が明治政府の経済政策の主流をなしていた。

他方、実際の農政をリードしていた酒匂常明《さこうつねあき》農務局長らは、現実の地主制の維持を前提として農業保護を主張する、いわゆる農業国本論を唱えていた。これは政府内で、商工立国論への対重《カウンター・バランス》としての位置を占めていた。

ただ前者も、小作制度や零細な農業経営に手をつけようとするものではなかった。また後者も、日本がおかれた国際的な状況のなかでは、商工業発展が必要なことはみとめていた。また双方とも、いわゆる富国強兵を基本とし、日本の大陸への進出を多かれ少なかれ推し進めようとする姿勢をもっていた。

これに対して柳田の考えは、両者と異なった方向性をもつものだった。先のような農業改革を前提に、農民的農業の発展と商工業発展のバランスのとれた国民経済の発展をはかろうとするものだった。したがって農業国本論的なものと対立するのはもちろん、商工立国的な方向でもなく、国内での農業と工業の内部的な経済循環の活発化を重視していた。

一国の経済政策を考究するに……農商工業等の中につき何れかの一を選択し、その繁栄発達をを標準として一切の政策を行うべしというが如きは非なり。（『農政学』）

一国全体としての進歩発達は、決して跛行的繁栄によりて之《これ》を求めること能わざるなり。（同右）

柳田の農政論の背景には、農民生活そのものへの視点と同時に、国民経済のあり方への独自の考え方があったのである。

†農民の購買力上昇による国民経済の発展

柳田も、人口が多く資源の少ない日本では、ある程度輸出貿易にウェイトを置いた産業構造をとらざるをえないと考えていた。しかし商工立国論のように、農業発展を犠牲にして輸出貿易重視の方向に傾斜し続けていくのは、国のあり方として問題があるとみていた。

商工立国論の輸出貿易重視の方向は、海外市場の確保とその拡大を必須とする。列強が植民地や勢力圏をめぐって角逐《かくちく》する当時の厳しい国際情勢のもとでは、多かれ少なかれ近隣諸国や欧米列強との軋轢《あつれき》を生まざるをえない。また、主な輸出市場である後進国においても産業化は必然的に進み、製品輸入への反発が生じてくる。したがって、そのような方向は、長期的には国民経済の安定的な発展にとって軽視しえないリスクをはらむ。それゆえまた国のあり方として危うく好ましくない。柳田はそう考えていた(『農政学』)。

農業国本論もまた、現実の困難な農民生活を現状のまま放置することとなり、柳田にとって受け入れられないものだった(『農業政策学』)。

したがって、商工立国論や農業国本論は、国民経済の長期的な安定的発展にとっては問題があり、国のあり方として妥当なものでない。そう柳田は考えていた。

柳田の農業改革論は、農民のためにその生活の安定と上昇を実現しようとするものだった。

だがそれだけではなく、そのことを通して、より農工バランスのとれた国民経済の発達をめざしていた。すなわち日本の将来の方向性をめぐる問題、国のあり方の問題が念頭におかれていたのである。

柳田においては、国民経済のなかで農業と工業は素材的にも市場的にも相互発展的な関係にあり、商業はそれを媒介するものと位置づけられていた。

そして、農民的農業発達とそこから生じる「農民の購買力」が、商工業発展の起点となり、工業力の発達を支える本源的な市場となると考えられていた。

> 農生産の余剰はつとに農以外の職業の発生せし原因にして……この生産の増加は今日の語にして言わば農民の購買力なり。農民の生産する食物衣料に余分ありて、はじめてこれと交換するために他の物品を生産する者ならびに専ら交易の仲介に任ずる者の階級を生ず。
>
> （『農業政策学』）

農民的農業生産力の上昇こそが国民経済のさらなる発展をもたらす。少数の旦那衆（富豪）の購買力ではなく多数の農民の購買力こそが真の商工業発展をもたらす。これが柳田独自の視点だった。それはまた大塚久雄や内田義彦らいわゆる戦後社会科学の見方につながっていく。

このような初期の農政論は、その後の柳田の社会構想においても重要な柱となる。そこで、もう少し立ち入ってその農業改革論を検討しておこう。

ただ、当時と現在では日本農業の様態があまりにも変化しており、柳田の議論にはイメージしづらいところがあるかもしれない。しかし、彼の構想全体の歴史的意味を考えるには、欠かせない事柄なので少し詳しく紹介したい。

†農業生産力をいかに上げるか

柳田の主張のポイントはこうである。

農業生産力の上昇をおしとどめている現実の農業構造の改革をおこない、農民的農業発展を基礎にしてさらなる商工業発展をはかる。これによって内部循環に、よりウェイトを置いた、農工バランスのとれた産業構造を作り出す。それによって輸出貿易に過度に傾斜しない、対外膨張圧力のより少ない国民経済の形成をめざそうというのである。当時の国際状況下では、輸出貿易への傾斜の拡大は、多かれ少なかれ対外膨張圧力の強化につながりかねなかった。

では、いかにして農業生産力の上昇をはかるのか。

柳田はそれを、自立的小農民経営によって担われる農業への転換と、その順調な発展が可能となるような条件を整えることによって実現しようとした。

農業発展のためには、まず農業を一つの「独立した職業」としなければならない。

農をもって一の独立の生産職業となし、分業の理法にしたがい専門的にその生産方法の発達をはからしむるの必要あるなり。（『農政学』）

それには農民経営を現状の半自給的なものから「純然たる市場相手の生産」に転回させ、「市場的農業」へと脱皮させる必要がある（『農業政策学』「農民教育問題」）。出稼ぎや兼業・副業が常態化した零細な経営形態を、「独立自営」のものに改変していかなければならない。

長所ある小農とは……日本の如き微細農を意味するものにあらず。……農民をしてその独立自営に必要なるだけの農場を有せしめん。（「中農養成策」）

いいかえれば、「農業ばかりに全力をあげうるだけの充実せる資力ある農民」（『時代ト農政』）によって営まれる農業への転換。農業のみで十分な収益があがり、その蓄積によって経営を改善していくことが可能な農民的農業への転換。これが必須である。

そのための柳田の方策は次のようなものだった。

まず、農業経営を市場的農業の方向に改変していくには、なによりも農民が農業に専念する必要がある、として専業化を主張する。

何の生産業にも限らず、技術の精巧を期するためには業を一部面に専らにする必要があります。……兼業はなるべくせぬ方が農事改良の成績はあがります。（『時代ト農政』）

我が国の農業は不幸にも多数の兼業者の手によりて経営せられつつあるなり（『農政学』）

現実の日本農業はその相当部分が兼業農家によって担われている。それでは農業に全精力を投入して新しい品種や農業技術を導入するなど、農事改良を積極的におしすすめることは困難だ。しかし現状では農家は農業のみでは家計を維持することができず、補助的な収入を必要としている。それゆえ家計補充のための副業や兼業、出稼ぎに頼らざるをえない状況にある。それでは農業生産力の上昇はとうてい望めない。

わずかに飢寒を支うるに汲々とし、または半分の注意を割《さ》きて補助的収入を求むるの必要あるものには、学術の開導は何の感化をも与うることあたわず（『農政学』）

したがって柳田は農業のみで経営がなりたちうるように、農業構造のかなり根本的な改革をおこなわなければならないとする。

†農業構造改革案

では、その改革は具体的にどのようなものだったのだろうか。

それには、第一に、一農家あたりの経営規模を拡大する必要がある。

先にふれたように、この頃の農家の平均耕作面積はだいたい一町歩（約一ヘクタール）たらずであり、それでは農民の家計を支えるには不十分だった。このことが兼業や副業などを必要とする一つの要因になっていた。

このような経営規模の零細性を打破して、一農家あたりの耕地を拡大しなければならない。柳田はそう考えていた。

それによって安定的な経営が可能になる規模の農民経営によって日本農業が担われるようにする必要がある。一戸あたりの耕地面積を、基本的には農業収入のみで一家の生活を支え、徐々に経営を改善し発展していけるレベルまで拡大しなければならない、と。

農家には借地でなりと所有でなりと、とにかく一軒の生活を支えるに十分なる収入ある土地、他の一面から言えば一戸内の労力の全部を使用するに足るだけの土地が無ければ農業は独立しませぬ。（『時代ト農政』）

その方策として、開墾その他によって農地の全国総面積の増大をはかる。それとともに現実の農業人口を削減しなければならない。したがって一部農民の脱農化を積極的に奨励すべきだ。それが柳田の農業改革論の一つのポイントだった。

なお柳田は、脱農化する人々の吸収先として、地場産業などの振興による近隣地方工業、都市の商工業、さらには海外移民ことに南方移民を考えていた。この南方移民の問題はのちに東南アジアへの関心に繫がっていく。

第二に、柳田は日本農業における地主制を問題にする。

まず、収穫高の五割にのぼる高額の小作料は、小作地を耕作する農民（小作・自小作）において農業剰余の形成とその蓄積を困難にしている（自小作とは、自己所有の農地と小作地をあわせて耕作している農民）。

また、小作料は一般に米納制で、生産量の半分を現物のまま地主にひきわたさねばならない。そのため農民が自分の計算で運営しうる経営部分の規模が事実上縮小されることとなっている。自己判断で経営の全過程を自由に計画・裁量できず、耕作者の合理的な経営計算を困難にしている。

さらに、小作農民の地主にたいする耕作権が弱く、そのことは必然的に小作地での農業経営を不安定なものとしている。したがって長期的な小作によって耕作規模を拡大していくことが難しい状況にある。

小作人の経済上の地位の甚《はなは》だ心細きもののごとく感ぜらるるは、平たくいえば現在多数の小作契約の条件が、いかにも小作人のために不利益で有るからである。第一［に］年期というものが不足である。……次には一般に［土地の］借用料が高い。……地主の借料引上げの申込を拒《こば》む手段がないのである。（「土地と産業組合」）

これらの点は、小作地を含んだ合理的な農業経営を困難にし、耕作者（小作・自小作）の経営改善意欲を削ぐこととなっている。その結果、全耕地面積のほぼ半分を小作地が占めている現状では、農業生産力の上昇を阻害する大きな要因となっているというのである。

†地主制改革案

このような地主制の問題に対して柳田は、小作料の金納化、小作法の制定による耕作権の強化、小作料の引き下げを主張する（『時代ト農政』）。

すなわち、第一に、小作料を金納化することによって、耕作者が経営の全過程を一括して自分の責任で営むことが可能になる。

地主に現物でおさめていた小作料部分を自分の裁量でいったん販売し、そのうえで地主に貨幣で小作料を支払う。そうすれば、耕作者自身が単に生産過程ばかりでなく、販売も含め経営の全過程を完結したものとして、自分の裁量で自由におこなうことができる。そのことは「小作農［自小作も含む］の経営を独立せしむる」こととなり、耕作者の経営改善意欲を伸ばしていくことになる。

しかも、あらかじめ固定した金額が小作料として定められていれば、長期的な経営計画をたてることができる。農法の改良を含めた経営改善をある程度長い期間にわたって遂行することが可能となる。そのことは、農民の経営改善努力を積極的にひきだすことにもつながる。

さらに現在はすべて地主の手にわたっている米価上昇による利得部分を、農民自身のものにしうることにもなる。

また、現状では現物（米納）小作料のため、農業生産が米作に固定化される傾向にある。それが農業生産の多様化、農業生産の分化をおしとどめ、農業発展を阻む一つの要因になっている。金納化はその阻害要因を取り除き、農業生産の多様化、農業生産の分化、農業経営の多角化（いわゆる兼業とは異なる）を可能にする。そのことは農業それ自体の発展に資するとともに、様々な農業生産物を原料とする農村工業の多様な展開にも道を開くことになる（後述するように、柳田は農村工業、地方工業の意味を重視していた）。

このように柳田は、農民を一個の独立した経営者として自立させることによって、農業経営に対する農民自身の積極的改善の意欲を高めようとした。そこに柳田農政論の一つの基本的視点があった。

第二に、耕作権を法的に強化し、地主の土地処分権にたいして小作人の耕作上の権利を保障する。

そうすれば、耕作者は安定した条件のもとで長期にわたって経営を続けることができる。現状では小作人の耕作権が不安定で、地主による土地の取り上げや小作料の引き上げなど借地条件の悪化がいつでもおこりうる。これでは農民自身による長期の農事改良など思いもよらず、農業生産力の発展などとうてい望めない。

したがって柳田は、小作法の制定など法的措置によって小作人の耕作権を保護して、その経営を安定化させる必要があるというのである。いうまでもなく耕作権の強化は、柳田の重視する小作農・自小作農経営の自立にもつながるものだった。

第三に、小作地を耕作する農民において経営改善の最大の障害になっている、高額の小作料を引き下げなければならない。それによって農民がその労働の成果をできるだけ多く自らのものとし、それを農事改良に投入することが可能となる。

柳田のみるところ、高額小作料は、それが米納制であることも含めて、徳川後期以来の地主小作間の「旧来の慣習」によるところが多い。それが現在まで存続してきたについては、「地主の勢力」そのものの専横による。それとともに、その専横を許してきた農民の側の弱さ、視野の狭さにも原因がある。さらには借地希望者が多数あるため、小作人にとって不利な条件でも借地せざるをえない状況に置かれているゆえである。

†自作小農の創出

したがってこのような現状を打破するには、農民自身が独立した経営者として視野を広げ、現状への批判的視点をもたなければならない。また、様々な法的社会的手段で地主の勢力を抑える必要がある。他方、小作人間の借地希望圧力を緩和するため、農業人口の削減を要する。柳田はそう主張する。

ちなみに、政府系の農政論者、農業国本論者である酒匂常明（農務局長）や横井時敬《ときよし》（東京帝国大学教授）らは、小作料金納化や耕作権の強化には反対していた。基本的には現状の地主小作関係を維持しようとするスタンスで、小作料の引き下げにも消極的だった。

しかし、柳田の観点からすれば、たとえこのような農業改革の方策が実現したとしても、小作制度それ自体が問題をはらむものだった。そこでの地代支払や借地期間の限定などは多かれ少なかれ経営改善の阻害要因となるからである。それらは何らかのかたちで農業生産力の上昇をさまたげるものとならざるをえない。したがって柳田は、日本農業が自立的な「自作小農」「地持小農」(『時代ト農政』)によって担われるように構造的な転換をはかるべきだとする。

地租のほかは収穫を丸取《まるど》りにする所有権者として、その土地を耕作させる方が、早く農業の独立が得やすいのであります。……理想としては作人にその土地を所有させるのが少なくも日本のような国には好都合なのです。(『時代ト農政』)

耕地の所有権は、なるべく農業者の手に属せしむるの計を立つべし。(『農政学』)

柳田にとっては、自立した小土地所有農民、いわゆる独立自営農がもっとも理想的なものと考えられていた(独立自営農については、大塚久雄『近代化の歴史的起点』〔学生書房、一九四八〕参照。大塚によれば、独立自営農形成が近代市民社会の起点となる)。日本の農業がそのような農民層によって担われる方向に展開していくことを望んでいたのである。すなわち長期的には地主制解消の方向がめざされていた。

この小土地所有農民形成の方策として、柳田は低利資金による農民の個別的な土地購入による方法を考えていた。国や地方自治体もしくは産業組合などの農民団体が、購入資金を長期の年賦で低利融資し、耕地を農民に買いとらせる。それによって小作農の自作化および自作農の経営拡大をはかろうとしたのである。

また、十分な経営規模をもつ模範的中核的な農場として在村地主を自作化させることも念頭においていた。

しかし、たとえ長期低利の融資を受けたとしても実際の地価はあまりにも高すぎ、耕地購入にみあった経営計算が成りたたない。それゆえ農民の土地取得を可能にするためには、地価を引き下げなければならない。それには法的に地価を低い水準に固定化するか、累進課税などによって自己経営以上の土地兼併を防止しなければならない。そう柳田は主張する。

また、農民内部での過当な土地取得競争が、地主の地価つりあげを許している面があるとして、その競争緩和の必要性を指摘する。そのためには農業人口を削減しなければならず、この点からも、柳田は一部農民の脱農化を推進すべきだという。

2　産業組合と地域経済

†産業組合と地方的小市場の必要性

以上のように柳田は、日本農業を自立した小農民経営によって担われるものに転換しようとした。

さらにそのうえで、農民の協同組織としての「産業組合」の必要性を主張する（『最新産業組合通解』）。

柳田によれば、小農民経営が当時の農産物市場のなかで生産を維持し発展させていくには、農民間の「協同相助」を欠くことができない。農産物市場はすでに国際化しており、多かれ少なかれ外国の大規模農業や、植民地の低廉な農産物との競争にさらされている。

また国内でも工業部門での高度資本主義化によって農工の生産力格差が顕著になっており、農工製品の価格差が拡大している。農業製品が工業製品に対して価格上不利な状況になってきている。そのようななかで経営を安定化し蓄積していくには、この面からも農民間の「協同相助」を必要とする。

その「協同相助」の具体的な組織として、「産業組合」が必須のものだというのである。それは現実に地主制下で零細な農業経営に苦しんでいる農民の生活を、より良いものにしていくためにも有用なものだと考えていた。

また、柳田は、自立的な小農民経営の順調な発展のためには、地方における地域的な近隣市場、「小市場」の存在が必要であるとみていた(『農業政策』)。

個々の盆地にある程度までの割拠経済を容《ゆる》さねば、大市街ばかりが賑わって田舎の衰微を免れぬこととなるのおそれがあります。……憂うべきことは……遠くへ売り遠くから買うという仲買を主とし、地方的消費を眼中におかぬ点であります。(『時代ト農政』)

そして、「地方的消費を発達させて、町からも在方からも、互いに相手をお得意として敬意を表する」ような、地方的小市場の形成が必要だというのである。

農民的な小経営が安定し長期的に伸びていくには、農業生産物の安定的な販路が確保されていなければならない。さらには、農民が生活し生産する際に必要なものを、入用なときにしかも妥当で安定的な価格で購入できなければならない。すなわちその生活必需品や便宜品、生産用具や肥料その他の生産手段など、農民が日常的に必要とする工業製品を、容易に入手できる必要がある。

そのためには近隣に農工生産物の地域内的な市場が形成されていなければならないというのである。

さらに、柳田は、先にふれたように、農業生産力の上昇のためには、農業人口の減少が要請されると考えていた。この農業人口を吸収させる一つの方法として、地方工業、農村工業を奨励しその発展をはかることを主張する（地方工業、農村工業の発展は、さきにみた農業生産の多様化、農生産の分化の自由な展開と密接に関係していた）。

そしてこの地方工業は、近隣の農産物を原料としその地域の農民の生産上生活上の日常品需要をおもな販売先とする性格のものにすべきだという。

そうすることによって地方工業自体が、原料と販路の両面で安定的なものを確保できる。それとともに、近隣の農民的農業の日常的な需要を満たし、かつその安定的な販売先となりうる。そのことは地方工業と農民的農業の双方の発展につながっていくだろう、と。

†地域内市場の発展に向けて

このように柳田は、農民的農業経営の順調な発展のためには、ある程度の地域的な「割拠経済」（地域内的な市場圏）をつくりだす必要があると考えていた。一定の地域の内部における農業と工業の市場的結合をはかり、地域内的な市場圏を形成することが念頭に置かれていたのである。

ちなみに、ここでイメージされている地域内的な市場圏、地方的小市場は、のちに大塚久雄らが市民社会形成の一つの基礎として主張した「局地的市場圏」に近い。

しかし、当時の日本の国民経済の編成は、中央集権的な構成をとっていた。したがって、農民が現実に編入させている市場形態は、中央市場を媒介とした隔地間市場（遠隔地間の取引を基本とするもの）となっていた。

これに対して柳田は、地方工業を興隆させ近隣の農工間の取引を活発化し、地域内市場の形成をうながそうとしたのである。

そして、地域的な「小市場」の順調な発展を図るには、中央の「大市場」の勢力を牽制する「中市場」の形成が不可欠だとする。

> 元来西洋諸国にては何れの国にても、東京神戸の如き大市場と田舎の小市場との間に、かなり勢力ある中流の市場というもの在すれども、我が国にては、ついに今日までこれが発生するの機会なかりき。中市場は……無益なる輸送を省きて労力の徒費を避けかつ大市場の勢力を牽制するために最も必要なり
>
> （『農業政策』）

ここでの中市場は、府県レベルでの範域のもので、いくつかの小市場が結合して構成されると考えられていた。

すでにみたように、柳田は輸出貿易型の産業構造や膨張主義的な国のあり方には批判的だった。それに代わって、地域内的な市場圏の網の目に支えられた、より内部市場志向型、国内市場志向型の国民経済の形成をめざしていたといえる。

そのような観点から柳田は、日露戦後の朝鮮や満州への資本投下など積極的な大陸進出には危惧の念をいだいていた。むしろ国内の農業改革や、農民経営の発展を支える地方の地域振興のために、国や民間の資金をまわすべきだとの主張をおこなっている。

従来の政策では……常に中央を主眼として策を立つるために、どうも資本が大都会に偏りすぎる弊がある。……中央では未だ田舎の資本が充実せざる前に、これを満韓の経営に使うとか、あるいは外国の鉱山鉄道に卸すとか、余ってもおらぬ金を国の拡張政策のために外国に投資することが多い。この如くすれば、地方の小さなジミな産業に資金を提供する途は永久にない

(『時代ト農政』傍点柳田)

ただし、当時の国際環境のなかでは、高度資本主義型の大工業が少なくともその基幹部分（紡績や鉄鋼業など）においては必要だと柳田も考えていた。したがって、その地方産業育成論はそれを前提にしてのことだった。

†戦前は実現しなかった農政論

このような柳田の農業と工業との関連のとらえかたは、農業国本論者や商工立国論者とは異なる志向性をもつものだった。

両者は農業保護か商工業保護かで対立しながらも、ともに多数の零細兼業農民を、工業部門での出稼ぎ型や家内工業型の低賃金労働力の供給基盤として位置づけていた。家計補充を必要とする農家を前提とした現実の農工連関を、そのものとして維持しようとする点では一致していた。

柳田はそれに対して、農民を独立の専業農家として自立させようとした。そのことは工業労働力を、出稼ぎ労働や兼業労働ではなく、労賃のみによって生計を立てる労働者によって担われるものにしていくことになる。したがって、工業における労働力編成を、より合理的なものに転換することに繫がっていく。そのような志向性をもっていた。この視点は、後にはっきりと自覚的なかたちで提起されることとなる。

このように柳田の農政論は、当時の明治政府の方向とはかなり異なる性格をもっていた。

ところで、柳田は小農民経営の発展を望みながら、そのなかから農業労働者を雇用するような大農経営が形成されてくることには批判的だった。そのような農民層分解はできるだけ押しとどめ、自立的な自作小農をそれ自体として維持しなければならないと考えていた。その点は、同時代の民間信仰研究の問題と関わるのでここではこれ以上立ち入らず、第三章でふれることとする。

なお、このような初期柳田の農政論は、基本的な方向性において、ドイツのフリードリッヒ・リストの議論(ことに『農地制度論』)を一つのベースにしている。柳田の指導教官だった松崎蔵之助東京帝国大学法科大学教授にはリストに関する論文がある。また同じ松崎門下で後輩にあたる河上肇もしばしばリストを引用している(『日本農政学』)。

ちなみに、明治期日本の農政学には三つの潮流があった。一つは、フェスカ、横井時敬、酒匂常明ら駒場農学校系(ドイツ系)のもの。二つめは、エッゲルト、松崎、柳田、河上、石黒《いしぐろ》忠篤《ただあつ》らの東京帝国大学法科大学系(ドイツ系)のもの。三つめは、クラーク、内村鑑三、新渡戸稲造ら札幌農学校系(アメリカ系)のもの、である。

エッゲルトはドイツ歴史派経済学の流れに属する人物でリストの影響を受けており、松崎、柳田らのリストは、エッゲルトから受けつがれたものと思われる。

さて、このような柳田の考えは、当時の農政のみならず、政府の経済政策の基本方向とも異質なものだった。したがって、政策立案の中枢部から徐々に遠ざかり、法制局参事官時代は、事務的なポストである宮内書記官や内閣記録課長を兼任することになった。

ただ、内閣記録課長時に、その管轄下にあった内閣文庫に出入りしていた金田一京助《きんだいちきょうすけ》と知りあい、終生の学問的親交がうまれる。金田一は、のちに日本を代表する言語学者となるが、この出会いが言語学に柳田民俗学が影響を及ぼす一つの契機となる。

他方、この時期柳田は、新渡戸稲造《にとべいなぞう》を中心とする研究会「郷土会」に加わり、石黒忠篤《こ》、小平権一《だいらごんいち》、那須皓《しろし》、小野武夫ら少壮の農政官僚、研究者と交わりをもつ。そこで柳田は、彼等とともに、現実の実態に即した農村の社会経済的・歴史的な調査・研究を進めている。

新渡戸は、当時新進の農政学者として知られており、のちに国際連盟事務次長に就任、柳田もその関係で連盟委任統治委員となる。また石黒、小平らは、一九二〇年代前後の政党政治期に、柳田の考え方に近いラインで日本農業の改革を試みようとするが、戦前にはついに実現されることはなかった。

第二章

日本的近代化の問題性——危機認識

1　都市中心文化と農村の疲弊

†農政学に挫折?

序章でふれたように、渡欧帰国後の一九二〇年代半ばから、柳田の知的世界の中核をなす「民俗学」(柳田民俗学)が本格的に形成されてくる。その背景には柳田独自の社会構想(政治や経済社会を含む)があった。

柳田は、この時期には日本社会の将来についての全体的な構想をもっており、彼の民俗学研究もそのような関心に貫かれていた。

では、その構想はどのようなものだったのだろうか。

それは、人々の将来の生活のあり方(生産や消費を含む)、それをとりまく社会のあり方をどう考えていくか。それに対応する経済の編成や政治のシステムを、国際的な状況を視野に入れながら、いかに作りあげていくか。その課題に具体的に対処しようとするものだった。

これまでの柳田研究では、農政学に挫折して民俗学への道に進んだとする見方が少なからずある。退官以後、農政論を放棄して初期の政策的社会経済的な関心を失い、民俗学に向かったとの解釈である。

柳田自身も、「第一次世界大戦後、私は誤解して世の中がすっかり変わってしまい、それまでの農政の学問は役に立たなくなるものと考えた」（『時代ト農政』）との発言を残している（退官は一九一九年、大戦の終結は一九一八年）。

しかし実際には、一九二〇年代以降も、農政問題を含めた政治的社会経済的な関心を失っておらず、関連する多くの論考を残している。

そこで、本章では、柳田の社会構想を検討する前提として、当時の彼の現状認識と基本的な問題意識をみておこう。

†諸国家の激甚な競争

一九二〇年代、大正末から昭和初期にかけて、柳田のなかに新たな社会認識、日本社会の問題状況把握が生まれてくることは、すでに述べた。

そうした状況把握は、一九二五年（大正一四年）に発表された「地方文化建設の序説」のなかに鮮明に読みとることができる。

そのなかで柳田は、まず日本をとりまく国際状況を次のように特徴づけている。

近年、世界の経済界は、国民経済の時代を脱して国際経済の時代に進みつつあるとよくいわれている。だが、実際には、絶対的な主権をもつ国家がそれぞれ独立して存在し、その国益をめぐって国家間で激甚な競争が続けられている。

遠い将来はともかく、しばらくの間はそのような状況のなかで、「国際経済戦争の劣敗国」が生じるであろうことは間違いない。また古くから国家間の競争のなかで「滅び去った民族、国家」の例は多々あり、これからも考えられ得ることである。

今日の経済界は国民経済時代を脱出して国際経済時代、あるいは世界経済時代に進展しつつあると言われている。国家、国家があたかも一つの地方の如き観を呈し、有無相通じ、過不及を自在に相補う経済状態に進展しつつあるということである。……

しかるに［現実には］今日においては、絶対の主権をもっている国家というものがそれぞれ独立して存在し、それら国家間には絶えず激甚な競争が続けられて、大きい自然の目で見れば、国際経済という結構な理想に向って進みつつあるようであるが、実際においては、ただ自分一国を富ますため、極端に言えば、一商人が自分自身の利益のため、外国の経済上の弱点につけこんで品物を売りこもうという商売の国際時代である。

だから、終いには理想的な世界経済時代が出現するとしても、その経過の中には、こうした国際経済戦争の劣敗国ができるに相異ないのである。村落経済時代の太古より、国民経済の今日まで滅び去った民族、国家の例は枚挙するにいとまない。それは実に社会進化の原則にともなう悲しむべき犠牲者である。しかも、この原則は、今後とも変りなく働くであろう。されば悲しむべき犠牲者もまたでる道理である。

然らば、如何なる国家が、その不運を担うであろうか。この答は明白である——外国の商売政策に乗せられた国家、すなわち消費を知って生産を忘れた国家である。

(「地方文化建設の序説」)

第一次世界大戦後のいわゆる相対的安定期に、アメリカを立役者とする世界的な金融循環の体制が形成され、国際的な経済交流が緊密化する。新たに出現した世界で最初の社会主義国ソ連もネップへの転換とともに経済交流の道を模索していた。

柳田は、この外見上の平和的な「世界経済時代」への「進展」の背後に、「絶対の主権」をもつ諸国家間の「激甚な競争」があるとする。自国の利害のためには容赦なく他国の「弱点につけこむ」といういわば弱肉強食的状況が展開している、と。

この食うか食われるかの国家対立のもとで、「劣敗国」は国としての滅亡をも結果しかねない危険がある事を指摘する。そして、そのような状況のなかで「国際経済戦争の劣敗国」となるのは、「外国の商売政策に乗ぜられた国家」「消費を知って生産を忘れた国家」だというのである。

†農村が「奴隷の境遇」に

このような観点から、日本の現状をみればどうであろうか。柳田にとって、それは「慄然として眼を掩うほどの悲しむべき状態」にあった。

すなわち、日本は「消費の点のみが徒らに国際化」しつつあるのに対して、「生産」は今なお「日本風」であり「地方的」である。消費されるあらゆる物品は「世界のいづこことも相通じている」のに対して、生産される物品は「日本内地」に限られているものが多数である。ことに国民の大多数を占めている農民は、限られた地面を耕し、日本人専用の米を作っている。それに対し、「消費すべき物品は洪水の勢をもって都会より殺到」してくる。

都会は……彼等が生産し、輸送するあらゆる文化的製造品の無限の販路を農村に求めている。……彼等はあらゆる手段を講じて農民の懐をしぼる。

こうして両者の関係は、封建時代における領主と農民の奴隷関係にはなはだ似通うたところがある。(同右)

こうして柳田は、現状での都市と農村との関係は、「都会が農村に対して君主の地位に立ち、農村が奴隷の境遇にある」、と指摘する。

では、何故に都市が「君主の地位」に、農村が「奴隷の境遇」に置かれるようになったのだろうか。

柳田によれば、それは「都会が農村より高い文化を持っている」ためである。つまり「都会が常に外国に接していてその文化を輸入する関門」となって「外国の文化を摂取」している故だ。

このような都市と農村との関係は、「今日やかましく論じられている土地の兼併、それによる地主小作人の紛擾がなくとも、農村破滅の原因とするに足るもの」である。むしろ、このような都市と農村の関係から、現在の「農村疲弊」「農村行きづまり」が生じている。そう柳田はみていた。

都市の商工業の発展にもかかわらず、農民経営の破綻によって農村が疲弊し、そのことが日本経済全体の衰退をまねきかねない、と。

日本経済は、一九二〇年代初頭の戦後恐慌以降、慢性的な農業不況におちいり、そのなかから農業危機が本格化してくる。ここで言われている「農村疲弊」、農村の「行きづまり」は、そのような事態を念頭に置いていたものだった。

†都市中心の近代化による農村の疲弊

では、どうして農民経営は破綻に瀕しているのか。柳田において、都市が「農民の懐をしぼる」その経緯はどのように把えられているだろうか。

都市を窓口にして外国から流れ込む「新しき芸術、宗教、製造品、一切の新知識」など様々な文化は、地方へ農村へと普及している。この都市文化の農村への普及は、農村における都市的な「生活様式」の浸透を意味する。そのことはさらに「経済的には、地方の財力を都市に吸収」し、精神的には「都市崇拝の迷信的思想を地方人の頭に発生」せしめる。また、政治的には中央都市の権力が強大化して都市中心の政治が推し進められ、中央集権的な体制が進展することとなっている。

この都市的文化の地方への普及、都市的消費の農村への浸透、それによる農村に対する「都市の搾取」こそ、柳田にとって「地方衰うる事実」を結果するものだった。

維新以後、「外国の文化は洪水の勢をもって殺到」し、「近代商工業の発達」は、「新興の日本」を、たちまち「世界強国の一つ」にまで発展させた。その間政府のとった政策は、「商工業を中心とした経済政策」であり、「中央集権」をもって「政治組織の大本」とした。

その結果生じた都市文化、都市的消費の地方普及は、地方の財力を都市に吸収することとなり、とくに大正期以降、都市による地方の無制限の収奪をもたらした。それにより今や地方は「財力」と「購買力」を失い「衰微」しつつある。

西欧化、都市化の進展によって、必ずしも農村生活に適しているとはいえない都市的欧米的な消費文化や生活様式が地方に流入し、農民の消費構造や生活構造を変化させている。にもかかわらず、農業経営の困難な現状が打開されず、それによって農家の家計の収支バランスが崩壊しつつある。しかも政治経済の中央集権体制のもとで、地方の富はますます中央の都市に吸収され、農村生活を豊かにするようなかたちでは地方に還流されていない。そう柳田は捉えている。

外国文化を輸入する関門たる都市、その都市文化、都市的生活様式（消費）の地方による無批判的な受容、それがまさに農村を破滅へと導いている。

しかも都市の「文化的の流行、製造品」は、あらゆる贅沢品、美術工芸品のみならず、日常生活の実用品、食糧品に至るまで、決して、「東京独特」のものではない。多くは「欧米文化の輸入」によるものなのである。

地方の衣食住の大部分はこれまでの地方生活とは趣を異にし、農村の生活様式とは合致しない都会風（欧米の生活様式の輸入模倣）に変化した。その結果農村の日常生活における「不経済、不便」も数多くなってきた。

柳田はこのようにみていた。

つまり、都市を中心とした上からの近代化＝西洋化という、日本型近代化のあり方そのものの特質によるものだというのである。明治維新以後、日本の近代化は、中央集権的な政府主導で都市を中心に西欧文化を導入するというかたちで商工業を発達させてきた。それが現在の都市と農村のいびつな関係、農村疲弊の遠因となっている。

†都市的な消費様式が農村を破滅させる

そして、柳田は次のように述べる。

> 今日の不景気の原因を単に工業の不振、貿易上の輸入超過のみと見るべきではない。彼等［都市］が無制限に、地方を搾取した結果であり、都市中心の権力を行使した酬いであり、誤れる文化を輸入して地方に強いた罰である。
>
> さきに言った……消費のみが国際的であり、生産が国内的である——消費を知って生産を忘れた国家——とは、まさに現今の日本の状態そのままではないか。（同右）

第一次世界大戦後、日本経済は、戦後恐慌、震災恐慌、金融恐慌と、断続的に恐慌をくり返して、一般的には構造的な不況状態にあった。

柳田はこのような国民経済の「不景気」の原因の根本に、近代日本における都市と農村との関係、すなわち中央（都市）の地方（農村）に対する無制限な「搾取」があるとする。農村を犠牲にして都市が発達してきた事実、そしてそれによって今や農村がその「購買力」を失って、「衰微」しつつあるという事態が横たわっていると見るのである。

このような認識は、日本の近代化が、地主制下の農民的農業を犠牲にして、都市の商工業を中心に跛行的に発展させてきたこと。その構造的な矛盾が第一次大戦後の時期に噴出して来ていること。そのような事態を柳田なりの観点から捉えたものだった。

こうして柳田にとって当時の「農村疲弊」、農村の危機は、日本が「国際経済戦争の劣敗国」となるかもしれないという危機、国として滅亡につながりかねないものと考えられていた。

農村の破滅！　それは実に恐ろしき近代的の予言である。しかして、その理由は……地主の横暴のみでなくて、それ等地主階級を包含して破滅の淵へ運ぶものは都市文化の普及そのものである。

なるほど、文化の中には、彼等［農村の人々］に知識を与え、便利を与えたのみならず多くの恵みを垂れたものもあったが、彼等の生活様式に合致しない不経済なものもあった。が概して、都会の文化は彼等の経済を極度に不安なものとした。否、消費の増加による収支の不均衡はついに、彼等を破産に導いた。小作人、小農は、その第一の犠牲者である。（同右）

柳田のみるところ、最近の日本の都市文化は、この国の自然的地理的条件や歴史的文化的蓄積に対応した独自のものというより、欧米文化の模倣的な直輸入である。しかも外面的な消費スタイルの移入を中心とした、いわば欲望自然主義につき動かされた傾向のものである。そのような欧米模倣的な都市の消費文化、生活様式が農村にも浸透している。それが地主制下での零細経営という、脆弱な基盤のうえに立っている農民の収支バランスを崩壊させ、その経営を破綻にみちびいている。そう考えているのである。

ここには、初期柳田における農政論からの一つの展開がみられる。

初期の柳田は、農業発展を阻碍し、農業経営を不安定にし、農民生活を困難にしているものを、基本的には、農民経営の零細性と地主制（現物高額小作料）にみていた。だが、ここでは初期農政論の観点に加えて、政治経済的なレベルでの都市と農村の対立、欧米文化の影響をうけた都市的な消費様式の農村への浸透が指摘される。そして、それを主動因とする農民経営の破綻、その結果としての農村疲弊という、新たな状況認識が打ち出されている。

2　新たな地方文化の形成

†農村の伝統的生活文化への着目

では、そのような「悲しむべき状態」を打破する方向は、柳田においてどのように考えられていたのだろうか。

「かかる悲しむべき状態の救済策」として柳田はいう。

まずは農村が、「都市文化の幻影」を追うことをやめ、「古き郷土の精神」に目覚め、独自の新しい「地方文化」を作りあげなければならない。

すなわち、自らその困難の原因を正確に把握し、いたずらに都市的な消費文化を受け入れることを控える必要がある。そして地域の古くからの精神と生活文化を改めてふりかえり、それを生かした新しい地方文化を建設する必要がある。

> 地方人［は］……［その］よって来るべき自らの窮迫を考え、いたずらに都会文化の幻影を追うをやめ、古き郷土の精神に目ざめ地方文化を建設して、これを強固にし、都会人の先

天性なる消費癖に打ち勝ち、進んで彼等に地方人の精神、文化を認めさせ、よき文明の輸入を委託することである。（同右。傍点柳田）

そして都市においても、その「夢の焦燥」から醒め、「日本の国情、生活の様式」にあったものを取捨選択して輸入すべきだ。外国文化の輸入に際して、日本の自然的歴史的条件やこれまでの生活様式を念頭に自覚的に取捨選択する必要がある。また地方の生活をも視野にいれた独自の文化形成に努めるべきである。そう柳田は主張する。

都会［は］……その認識不足の夢の焦燥より醒め、その輸入する外国文化を取捨選択して、日本の国情、生活の様式に合致したものを、地方の状態を中心として摂取することである。（同右）

こうして柳田は、農村の伝統的な生活文化そのものに改めて着目する。それを現在の日本社会の困難な状況を打開していくうえで積極的な意味をもちうるものとして位置づけようとした。農村の「古き郷土の精神」、それに根ざした「地方文化」に新たな価値付与をおこない、それを農村の衰微、疲弊打開の方向で積極的に再評価する。

†地方文化の再生と地域改革

ここにおいて、旧来からの農村的なもの、伝統的なものへの積極的評価の観点が明瞭に打ち出される（ただし、後述するように、それは柳田なりの特定の視角からする選択的意味づけによるものであり、古いものを手放しで無限定的に評価しようとするものでない）。

この伝統的な生活文化を生かした新しい地方文化の形成は、柳田においては、とりもなおさず社会経済的文化的な地域改革を意味した。

その地域改革構想こそ、直面する農村の衰微に対処し、国民的レベルでの危機的な問題状況をのりきる基本方策であり、柳田の社会経済構想の中核をなすものだった。そして、この地域改革構想と関わって、人々の伝統的な生活文化に対する積極的な意味づけへの一つの視点が設定される。

なお、ここでの柳田の「文化」概念は、高度の価値理念に関するもの、例えば学問、芸術、体系的道徳、宗教教義などのみを意味するものではない。むしろ人々の社会制度や習俗、慣習、日常的な生活様式や意識までをも含むもの、なかんずく生活様式に関わるものだった。

たとえば柳田は次のように述べている。

文化はある国のある時代における新旧内外さまざまなる生活様式の調和した状態、もしくは配合した状態の名である。……

今日の新しい生活振りが、もし文化生活であるならば、古くから国に備わっていた時代時代の美しくしてまた懐かしい生活様式も他の一つの文化でなければならぬ。……

楽しい生活こそは文化の本来の姿であり、それをもう一段とより高くすることが文化の向上となるものだ……

（「たのしい生活」）

このように文化がすぐれて民衆の日常生活、日常の生活意識に関わらせて考えられていた。それゆえ、柳田においては、新たな「地方文化」の建設、というよりも「地方文化」の新たな再生は、地方住民の生活の刷新、地域改革なしにはありえないものだった。

それでは、柳田の「地方文化」建設の具体的方向、地域改革の内容はどのようなものだったのか。また当時の農村危機の実態、都市と農村の対立、都市による農村支配の構造は、どのように捉えられていたのだろうか。

この問題は、この時期の柳田にとって重要な論点であり、彼の民俗学研究と密接な関係をもっている。したがって、当時の彼の日本社会認識とその改革論の内容をもう少し詳しくみておこう。

第三章

構想Ⅰ

——地域論と社会経済構想

1　日本社会認識

†農工分離と都市資本への従属化

柳田は、この時期に直面した農村の疲弊、農村危機の原因を、一方では、初期の農政論と同様に農民経営の零細性と地主制にみていた（『日本農民史』）。他方、より直接的には、当時顕著となってきた欧米風の都市的文化の地方浸透による農村内の「不必要〔な〕の消費」の増大。そこから生じた農家収支の不均衡と、その結果としての農民の経営破綻にある（『都市と農村』）。そう考えていた。

そのうえでまず、この農民の「不必要の消費」の拡大を誘発した契機を農村自身に求める。すなわち、「都市の威力」による農村衰微の誘因は、農村自体の「不自然なる純農化」「自然に反した生産の単純化」にあるとする。農村における生産業種の一面的固定化にあるというのである。この生産の単純化とは、純粋農業種とりわけ米作単作経営への、農民生産の過度の傾斜を意味していた。

柳田のみるところ、かつて農民は本来の農業生産のほか手工業その他の非農業的業種をその生産経営のうちに含んでいた。だが、この農産物や手作り品が余剰を生じるようになり交易が日常化すると、そのなかで農業と工業の職業分化が起こり、農工分業が展開してきた。そして農業それ自体の内部からも、穀作、園芸、果樹、養禽、畜産、養蚕など種々の業種が分化し、農業生産の多様化が進んだ。

このような農工分離と農業生産の分化と多様化の進行、それによる各生産業種への専門的特化は、いわば「自然の歩み」であり、社会的な生産力の上昇という観点からしても必要なことだった。

しかし柳田は、その結果かつての農民の生産経営のなかに含まれていた種々の業種が農村地域での生産から抜け出ることとなったとする。つまり、米を中心とした穀作、養蚕、果樹、園芸、養禽などの固有の農業種はこれを守り育てようとした。だが、同じように成長しようとしていた種々の製造業すなわち衣料生産や食品加工、肥料製造、醸造、林産加工など農業と密接な関係をもつ工業部門を粗略にした。その結果それらの製造業の都市への集中をうながした、と。

都市の威力が村落を衰微せしめた事実がもし有りとすれば、それは……自然に反した生産の単純化であったろうと思う。……特殊の農業は十分に愛護しながら、他の同種の事情の下《もと》に成長せんとした生業の、いわゆる農の定義に入らぬものを疎外した。そうして都市の資本力が、代ってその方面を経略することを省みなかったのである。（『都市と農村』）

柳田のみるところ、農民経営のなかから分離独立して成長してきた地方の各種製造業は、その初期にあっては、小規模な製造所による農村工業として発展しはじめた。しかしその後この小規模な製造所に機械を入れ、また急速な近代化に対応しようとして、その機械や設備を改良するために村外資本を導入することとなった。その結果、徐々に都市の資本の影響力が増大して都市の資本への農村工業の従属関係が生じることとなる。そこから都市の資本はその工場を自分にとって有利な場所つまり都市に移し、工業は都市の支配下に置かれることとなった。

工場は都市の完全なる支配下に属して、古来の生産者とは対立しなければならぬものになったのである。（『明治大正史世相篇』）

しかもこの過程は、政府の奨励によって積極的に推し進められた。

ここで思いうかべられている事態は、上からの急速な近代化過程での、紡績や製糸、織物、醸造など在来産業の再編成である。その都市資本への従属化と都市集中傾向という日本社会の歴史的展開状況に対応するものだった。農機具や肥料の生産についても、多かれ少なかれ同様のことがいえる。それは、一九二〇年代以降の高度資本主義への移行プロセスにおける、在来産業の機械化工場化の進展も視野に入れたものだった。

†不自然なる純農化

柳田のみるところ、このような事態の進展によって、農村内にあったいくつかの産業が村外に出てしまったため、農村の労働力が過剰となった。

結果は、かえってかなり村に親しい産業を外に取られて再び手が剰《あま》り、しかも純なる農業の村ともなりえずに、いたずらに住民の生活を窮屈にしたにすぎなかったようである。

(『都市と農村』)

のみならず、それまでは地域内で生産し加工していた生活に必要な品々を、都市から購入しなければならない。そこから余分な流通費負担を強いられるだけでなく、都市的な生活文化の影響を受けやすく都市的消費に傾斜することとなった。

この農村の農業種への固定化、農村加工業すなわち農村工業の衰退は、柳田にとって農村の

「自然に反した生産の単純化」、「不自然なる純農化」というべきものだった。

しかも近年、人口増加にともなう需要の増大によって米の相場が上昇し、この高米価は農民経営を米作中心の単作経営へと傾斜させる結果となっている。その傾斜は、小作料の米納制や政府の米作奨励方針にもよっている。

そのことは農業生産それ自体の多様化を阻止し、農家経営を価格変動や自然災害などによって打撃をうけやすい脆弱なものにすることとなった。単一の作物には特化せず、多様な生産物を相互に関連させながら生産する多角経営のほうが農業経営は安定する。「全体に産物の種目が数多く、したごうて選択が人々の自由であった頃が、農業は盛りであった」(『明治大正史世相篇』)。現在では、そのような経営に専門的な技術を導入することも可能だ。

だが、いまや農村はほとんどの工業を都市にとられ、農業自体の生産業種も少なくなり、農民経営は脆弱なものとなっている。「不意の競争［や災害］に遭うて、打撃を受けやすい」農家が多い。しかも「補助や補償の不自然な手段」に誘導されて、「各自の危険をもって経験を積み計画を進めようとせぬ者」が多くなった(『明治大正史世相篇』)。そう柳田は捉えている。

このように柳田は、「農村の衰微」を招いた農村自身の側での誘因を、ひとまずそこでの生産の農業への単純化、農業自体の米作単作経営への一面化に求めた。もちろん柳田は農村衰微の原因を農民の側だけにあるとしているのではなく、さらに都市の商工業からのインパクトを問題とする。むしろこの都市の商工業の側からのインパクトこそ、農村衰微のいっそう現実的な契機とみなしていた。

†奢侈的消費財の過剰生産

都市の商工業は、前述のように、徐々に農村における製造業、かつての農家兼営の手工業を収容し従属化させていった。

そして柳田のみるところ、その需要がひとまず飽和状態になると、新しい方向に進んだ。それまでの欧米からの輸入品目のなかから、「刺激に富みたる趣向」によって人々の欲求を誘発し、新たに「嗜好を作り出す」たぐいのものを生産する傾向となった(『明治大正史世相篇』)。都市は「外国文化の最も主要な入り口」である。外国文化はまず「都市人の趣味を刺激」し、都市は「それを敏活に把捉しまた応用して、次々に新しいものに移り動いていく」(『都市と農村』)。そこから都市の商工業は、西欧文化、西欧式生活様式の直接的模倣商品の生産へと傾斜することとなり、その模倣商品が大量に農村へ流入してくることとなった。

東京! それは言うまでもなく、我等の主都、文化の中心である。学問も芸術も、趣味も、権力も、教育もその他一切の文明はここに源をおいて地方へ流れ出ている。財政の立て方も、政治の布きようも、生活の様式も、ここを中心として決定される。

衣食住の一切は地方生活とは趣きを異にする都会風に化しつつあるのである。これによる不経済、不便は、地方在住の人々が日常生活の中に数多く発見されることであろう。しかして、これ等の文化的の流行、製造品は決して、東京独特のものでなく、多くは欧米文化の輸入によるものである。（「地方文化建設の序説」）

しかも都市から農村にもたらされる商品は、生活上に必要なものというより、「新たに嗜好と欲望とを誘発する」たぐいのものが多かった。それに対して農民は、従来からの鷹揚さで外から持ち込まれるものを意識的に吟味し選択することを怠った。「新奇の刺激」に引かれ、それらを無制限にうけいれたのである（『都市と農村』）。

これらの消費財は、農民にとって生活上必ずしも必要でない、不経済な、その意味で奢侈的とみられるものが少なくなかった。輸入品をモデルとして生産物を選定すれば、生活上の必要性というより、嗜好的な欲望を充足するもののほうに傾斜しやすくなることはまぬがれない。しかもこの種の消費の好みは次々に移っていく不安定なものである。

ここから都市での工業生産は、西欧の生活様式の影響をうけた消費財に過度にかたよる傾向をもつようになる。したがって国全体としての工業生産の発達にもかかわらず、「何が国民に入り用かという方から製造を企てる」ものが少なくなった（『明治大正史世相篇』）。

†生産制限と寡占

その結果、欧米式の消費財などと同じような生産方向に進もうとしたため過剰生産状態となった。そして早くも操業短縮などの生産制限に踏み切らざるをえないような状況に陥っている。「この生産制限は実際に惜しいもので……その力を外に割いて、企ててよかった事業はまだ幾らもあり」、そうすれば「無用の損失と難儀とを忍ばずとも済んだ」（『明治大正史世相篇』）。そう柳田はいうのである。

日本に入込んだ大規模生産［は］……資本力はすでに具わって智能これに伴わず、いつでも人真似をして同じような物ばかりの生産に余分の力をかけ、更にこの状態を維持するがために、やたらに消費をすすめていた。（「東京朝日新聞社説」）

国の生産力の現在の余剰は、無論ぜひとも有効なる事業に、これを利用せしめなければならぬ。そうして何が有効であるかは、消費者でなければこれを決することが出来ない。……無益の消費の国民を貧しくしたことを経験した人々は、恐らくはまず新種の国産の、さらにこれによって第二の生産を展開するようなものを選別することができるであろう。（同右）

まず最初に解決しなければならぬことは、何を消費すべきかとの問題であると思う。これは生活の必然の要求でもあれば、同時に健全なる将来の生産を指導する力ともなるのである。（同右）

人が単調生産業の重複と浪費に心づくことは、同時にその不用に帰したる労力と智慮と資本とを、転じて次の必要なる企業に応用する運動の端緒でもあった。（『明治大正史世相篇』）

しかも農民や都市勤労者の収入そのものが低く、そのことが、ことに大衆的な日常生活上の必需品便宜品の生産に関する諸産業の分化・発達の制約要因となった。さらにそのような産業を市場とするいわゆる生産手段生産のための産業部門（機械工業）の多様な発展が遅れている。このように柳田は、日本の産業資本のもつ市場基盤の狭隘性を指摘する。そして、一方で、そこから過剰生産と生産制限などいわゆる独占的な価格生産統制の早期的発現のよってきたるゆえんを導きだす。それとともに、他方、大衆的な生活需要に関わる生産の多様な分化と、そのような諸産業を市場対象とする生産手段生産のための産業の展開の必要性を指摘する。すなわち、国民経済における産業構造の一定の合理的再編の必要を示唆するのである。その際、大衆的な生活需要を軸とする市場基盤の拡大のためにも、農民や都市勤労者の収入の上昇が大前提であり、その起点になるのが農民的農業の発展だと柳田はみていた。

そしてさらに柳田は、今や「農は到底工と肩を比べることが出来ず」、たがいに「対立の姿」になろうとしているという（『都市と農村』）。すなわち農工の生産力格差と、それを要因とする都市大工業と農民との利害対立に注意を向ける。とりわけ独占化しつつある工業経営と農民との対抗、前者による後者への支配と圧迫、を問題視する。たとえば特許独占、価格協定などによる肥料生産の寡占的支配体制の、農民経営への圧迫を柳田は強く批判している。

生産制限は出来るものならばしてよいのであるが、それをなし得る力は群衆より他はだれも持っていない。ところがひとり機械工業［機械制工業］の方面だけでは、わずかな経営者の申合せをもって、気まま千万なる生産制限を行い、今まで世間はそれを当然の如くに考えていた。

国民が物の豊産を慶賀する唯一の動機は、それが市価を低めて生活を楽にするからであった。しかるに市価は同業者の競立を誘致するだけの高さを保持して、無暗《むやみ》にこれを地方の購買者に押つけ、少しくその低落を見れば生産費の節約は試みずして、直に生産の制限を申合せ、必死に高いものを買わせんとしたのは彼等であった。

（「東京朝日新聞社説」）

† 大規模商工業の都市への集中は必要

この関連からまた柳田は、当時進展の著しかった化学工業（肥料産業）カルテルによる価格調整を次のように非難する。

少数の営利会社と、多数の農民との対抗問題として……現在の農業は意外なる産物市価の低下によって、ほとんど次年の生産資本をさえ失わんとしている。肥料［価格］はその需要の減退だけからでも、下向の足取を見せるのは当然で……もし特許権の独占者が独りで旨《うま》いしるを吸おうとすることなく、また専横なる料金制の圧迫がなかったら、今頃はもっと安いりゅう酸アンモニヤを［農民に］使はせることが出来たのである。（同右）

だが問題は工業部面のみにあるわけではなかった。柳田のみるところ、日本の製造業者は「主として商人の化して成つたもの」（『明治大正史世相篇』）である。彼ら製造業を兼ねる商業者、また製造業に投資している商業資本が、生産の経営に強力な影響を与えている。商業が工業を指導し統御している。

商業は一般に短期的な利益を追う傾向があり、時代の風潮に影響されやすく、その志向は直接的な消費用品にかたよりやすい。そのため国民経済の長期的な見通しや、国民にとって何が本当に必要なのかという観点が弱く、目先の直接的な「売買の利益」が「日本の生産事業の主なる動力」となっている。このことが一国全体の生産のバランスの崩れの一つの大きな要因となっている（『明治大正史世相篇』）。そう柳田は考えていた。

日本の経済構造はその当初から、前期的商業資本の産業資本への転化を基調とし、のちに財閥となる政商型資本によって主導され、商業資本が優位する傾向にあった。柳田はそのことのもつ問題性を独自の観点から指摘しているのである。

このように柳田は都市の商工業の現状を批判するのであるが、しかし彼にとって都市における大企業形態での工業と商業の存在そのものは必要なことだった。国際社会での厳しい列強間競争のなかで日本が国として自立を維持していくためには、それに対処しうるだけの工業的生産力を必要とする。その基軸的な担い手は都市の機械化された大工業経営とせざるをえないからである。またその流通面をサポートする大規模な商業システムを必要とする。

都市にはもともと商工業の集積があり、学芸や科学の集中、外国文明の導入などによって商工業に様々な援助を与えた。柳田からしても、「国の海外に対する商業のいよいよ積極化せんとするに臨み」、都市の大企業形態での商工業の発展は「自然」なことだった。

したがって「国民総体の生活上の必要から、先ず［中央の］大市場承認の形式を以て、恩恵を都市に偏せしめざるを得なかった」。一定程度の「経済上の中央集権」、経営規模の大きい商工業の都市への集中は、これを欠くことができない（『都市と農村』）。そう柳田は考えていた。

†外部資本による地方の経済自治の解体

しかしながら、柳田のみるところ、種々の工業製品のなかにも地方的規模での流通に適するもの、その地方の内部で生産され消費されるほうが適当なものが多くある。国際的な商品でないかぎりこれを中央の市場に統一する必要はなく、とりわけ農産物に関しては中央に集中する必要はいささかもない。

農村での生産物は、いくつかの商品を除けば、ことごとくその地方の相場によって自由に価格が変動するはずのものが多い。地方の住民が、自分の収入とそのような商品の価格変動とのバランスをたもちながら、必要な生活用品や資財を選択配合して購入する。それによって、人々がその土地に適した生活と生産を続けていく。それが可能となるような、地方的な「経済自治」、地方経済の中央市場からのある程度の自立性、が確保される必要がある。

だが現実には、都市の大企業の流通支配力が、「巨大なる管理権」を中央に集中させ、農村の生産物も含めてすべての商品を中央市場の価格に統一させている。そのことによって地方経済はみずからの需給事情にみあった価格決定力を奪われて、大都市側から大きな制約をうけている。

しかも中央市場での米価決定は、そこに影響力をもつ穀物取引商や地主層の利害から高位に固定化する傾向がある。そのような状態と小作料米納制が続くかぎり、農村での生産の多様化や農業種そのものの分化発展は期待できない。このままでは農村に果樹、園芸、畜産などの多様な農業種や様々な加工業すなわち「米を作らぬ特殊生産」が、米作にまじって栄えることは望みがたい。そのことは地方の「経済的自治」にとって阻害要因となる。

都市の資本はいまや「農村を統御しかかつて居る」。すでにこの「外からの資本の支配」によって農民は、肥料の購入や穀物の売渡し、養蚕上の取引などで自由な選択を制限される危険に陥っている（『都市と農村』）。柳田はそう考えていた。

現在変化に富む我々の農業も、この外からの資本の支配に服して、末始終《すえしじゅう》はその選択を制限せられる危険がある。というよりもすでに肥料や穀物売渡しの関係においては、もう若干の自由を殺《そ》がれている。（『都市と農村』）

そして、このような「外部資本の征服」による地方の「経済自治の解体」を、農民経営の破綻をもたらす直接的な要因として重視する。

†地方の経済的自立性と独自性の喪失

そこから柳田は、地方の経済的自立性の回復の必要性を強く意識していた。

日本は維新以来、おもに中央集権的な産業育成政策を軸に経済発展をはかってきた。当時の政府（一九二〇年代の政党内閣）もまた国の財政金融政策投資や行政指導などによって産業構造の高度化を推し進めようとしていた。それにより大都市を中心に一部では高度資本主義といいうるレベルに達しつつあった。

しかし他方では、中央集権的な政治経済システムのなかで地方経済は急速にその独自性を失っていた。ことに農業は、地主制と零細経営のもと、農工の生産力格差の拡大と第一次大戦後の数度の恐慌のなかで、構造的不況に陥って深刻な状態にあった。

そして、製糸業資本による養蚕農民掌握、化学工業団体の肥料価格統制、大商社による穀物取引その他での農村浸透など、都市資本の農民への圧迫が進行していた。柳田はそのような事態を念頭に、問題の一つの焦点として、地方の「経済自治」の問題をクローズアップするのである。

しかも柳田のみるところ、府県レベルでの地方経済の核となるべき地方の中小都市も、独自の文化形成力を創りだしえていない。

かつては曲がりなりにも中小都市の生産を担い、その創造的活力の中心となり「町の力」を担ってきた産業的生産者層が減少して、「純然たる消費の都市」に化しつつある。しかももっぱら中央の大都市の模倣に終始して独自の文化スタイルを喪失している。また、まとまりのある生活空間としての協同のシステムを打ち立てていない。

柳田によれば、現代日本の都市は一般に「単なる群居」であり、各地方出身者のよりあつまりにすぎない。その住民は流動性が高いゆえに近隣間の交際も薄く、都市を一つの共同の生活空間、「共同生活体」とみなしうるような、共同性を形成しえていない。

したがって都市住民の間での「共同意識」もほとんどみられない。インフォーマルな共同関係が脆弱で、都市としての内面的な規範を自らのうちに育てあげていない。「一にも二にも金の力のみで、人の智慮分別を統一する途が立たぬ」ような状況にある。そのような現状では、そこが「人情の砂漠」「旅の恥を掻棄てる場所」「人を見たら泥棒と思ふ土地」とされるのもやむをえない(『都市と農村』)。

都市が「単なる群居」(『日本農民史』)であり、「人の智慮分別」をも集約できない「人情の砂漠」となっているとの認識は、柳田のなかで軽視しえない重みをもっていた。

そして柳田は、最近の日本の都市が、このような状況にあるがゆえに、「自然を疎外する」

傾向があり、この面でも憂慮すべき問題が生じてくる可能性をも示唆している。

2 地域改革と社会経済構造の改編

†地域改革構想①――自主的な消費の整理

では、このような問題状況に対して、柳田はどのような対応策をもって立ち向かおうとしたのだろうか。

柳田の状況打開の方向は、地方の地域改革を軸に、それを起点にして社会経済構造全体の一定の再編成をはかろうとするものだった。

彼の地域改革構想の基本ラインはこうである。

第一に、まず地方の人々が、「乱雑なる都市風の消費」からいったん距離をおく。そして自分たちの生活にとって本当に意味があるかどうか、「生活の上に意味があるかないか」という観点から、「自主的に消費を整理」する。つまりこれまでの生活のあり方をふりかえり、何が真に必要か自覚的に判断し、消費生活の整理を計画する。これが出発点となる。

このように農村住民自身による「消費の自主」、自主的な消費選択を自覚的におこなうことによって、その家計を圧迫している「不必要の消費」を削減する。それによって、農村に対する都市資本の支配、ことに都市商業資本の支配に、多少とも実効あるかたちで対抗することができる。それとともに、後述するような農業改革の実現をはかる。

これらによって、その土地にあった「生活方法」を意識的につくりあげる。この地方独自の生活方法の自覚的確立が柳田の方策の核になる。

それにしたがって「智慮ある消費の改善」と、自覚的な「消費計画の確立」に努める。さらには「新たなる消費の回復」を求め、消費の多様化をおこないながら、生活を充実した豊かなものにすることに向かわなければならない。「力のおよぶ限り意義ある消費の変化を求め、生活を豊かにすることに努力する必要」がある（『都市と農村』「東京朝日新聞社説」）。

また他方で、この農村での消費整理は、都市における奢侈的商品の生産とそれにつらなる独占的経営、過剰膨張した商業や不急のサービス業を減少させる。農家の人々の生活方法の自主的選択は、「中央市場の巨大なる管理権」を打破する第一歩になりうる。

我々の間には無用の商業があり、不必要の消費がある。そうしてまた無益なる輸送があるようである。……

いわゆる大量取引の利益を制限して、短距離各地方間の交通を盛んにすることは、決して望みの無い程の難事業ではない。中央市場の強大なる管理権は、主として田舎を相手とする商品の数量が基礎であり、今ある販売機関はただ彼等にのみ利用せられている。地方が自主的に消費を整理すれば、彼等の仕事の半分は不用になる。（『都市と農村』）

そして過剰膨張した商業や不急のサービス業の減少は、安定した日常生活品生産をベースにした生産都市としての性格を強めることにつながる。

そのうえで、中小の生産者は産業組合によって、労働者は労働組合などによって、それぞれ経営基盤および生活基盤の安定の確保をはかる（『都市と農村』『明治大正史世相篇』。ちなみに柳田は、企業経営者・雇用労働者間の家族主義的擬制化には批判的で、労働者の互助組織としての労働組合の役割を重視していた。その力によって労働者の生活を安定化させるとともに、資本賃労働関係を合理化し、そのうえで労使協調を図るべきと考えていた）。

そうすれば、彼らの都市への愛着も増すにちがいない。

都市は、住民の多くがそこに定着し、自分の永続的な生活拠点とすることによって、はじめて共通の規範をもった生活空間、協同の生活団体たりうる。その生活が安定し地域に愛着をもつことを通して、人々のあいだにも一種の「共同意識」とそれを支える内面的な規範がはぐくまれていくだろう。柳田は都市そのものについても、そう考えていた。

農村の住民はしばしば誤りつつもなお昔からの共同意識をもっている。都市の自存のために……［何が］至当であるか。それを決する力は住民の総意［共同意識］にある。従来はそれがほとんど睡っていた。（「東京朝日新聞社説」傍点柳田）

都市には総意というものがまだ現れず……広い新たな道徳の力［新しい内面的規範］を承認しなかったならば、都市が人情の砂漠となり、旅の恥をかきすてる場所となり、人を見たら泥棒と思う土地となるのもやむをえず、またそれでは本当の建設とはいわれぬのである。（『都市と農村』傍点柳田）

†地域改革構想②――独自の生産計画策定

第二に、それぞれの地方が地域的な経済自治、経済の「地方分権」の原則にもとづいて新たに独自の「生産計画」を策定し、それを実行する。たんに「消費の病根」を切開するだけにとどまらず、独自の「生産計画」によって、地場産業を育成し、地方の経済自治を打ち立てなければならない。そう柳田は主張する。

消費当否の論評は、必然に進んで各地方の生産計画の協定に向わなければならぬ。すなわちそこに旧来の倹素退守の論と袖を絶って、力の及ぶ限り意義ある消費の変化を求め、生活を豊かにすることに努力する必要を生ずるのである。（『都市と農村』）

米作のみならず、畑作や園芸、果樹、畜産などの積極的導入による、農産物の多様化と農業種の分化の推進。それによる農業経営の多角化と種々の農村工業の再興。これらの方策によって農村内での職業分化や就労人口拡大に努力する必要がある。

さらには近年鉄道の発達によって分断されがちな近隣地域間交通を再興し、その近距離流通の活発化によって農民的小市場を再形成する。

このような中央市場の過度な支配を排除する地方的経済自治、経済的地方分権のための諸方策の実施が、「生産計画」の大枠の方向とされるべきである。

また農村レベルのみならず、さらにより広い範域の生産計画も必要である。そこでは地方の中小都市が、行政市町村レベルや府県レベルのような比較的広域の地域経済の核となる、生産都市としての役割を果たす。

行政市町村レベルでの地域経済圏内で、小生産都市（町《まち》）を核に近隣間交易・交流関係を形成する。その市場圏には、農林漁業のみならず、農産物・林産物・海産物などを原料とする多様な農村工業、地方工業が含まれる（初期農政論の「小市場」の継承）。

それが相互に結合して府県レベルでの、生産型中都市を核とするより広域の地域経済圏を作りあげる。府県レベルの市場圏では、農村工業、地方工業を裾野にもつ、いくつかの中小生産都市が相互に連携・結合する（初期農政論の「中市場」の継承）。

このように、それぞれの地方の産業都市が核となり、様々な地方レベルの地域経済圏が重層化して相互に密接な関係を結んでいく。こうしてある程度独立した「地方分権」型、内部循環型の経済構造を形成する。

この中小都市において中心的な位置をしめる産業としては、地方生産物を原料とする各種の地場産業を育て、地方生活に密着した生産をおこなう。それが都市住民に安定的就労機会を与えることになる。それとともに、農村工業とならんで、農村の相対的に過剰な労働力を吸収する機能をはたす。そう考えられている。

もし町という部落［＝小都市］が全国に程よく分散しておって、これを中心として周囲の自然村が、適度な大きさの連合を作ることができるならば、結果は面白かろうと考える。

（『日本農民史』）

中央市場の威力を適度に緩和し……中以下の都市を有力ならしめ……彼等に各自の地方の

生産利害をある程度まで代表させることになると、その相互の間の連絡と融通が、自然に親密になる望みもある。……今後確実なる対等交通が、全国都市間に成立つようになれば、その利益はさらに各都市周囲の農村部に及んで、……地方分権の基礎は成るのである。

（『都市と農村』）

†地域改革構想③——自立的小農への農業改革

第三に、このような経済の「地方分権」を最もベーシックなところで支える、自立的な小農民経営を基本とする農業構造への転換、そのための農業改革を実現する。ある意味では柳田にとって、この問題がもっとも根源的な、地域改革の軸となる課題だった。

この時期の柳田においても、初期の農政論的観点はひきつづき保持されていた。自立的な小農民経営とりわけ安定的な自作小農によって生産が担われるよう農業構造を改変し、それによって農業生産力の上昇をはかる。その阻害要因となっている経営規模の零細性と現物高額小作料の問題を解決する。このことは、なお柳田の関心の重要な部分を占めていた。

この頃には、各地で小作争議が増加してきていた。

柳田のみるところ、旧来からの慣習や「地主の横暴」などによって現物高額小作料が続いているばかりでなく、地主小作関係に新しい状況が生じている。

地主の都市移住による不在地主化や都市資本の地主化によって、明治期にはまだ部分的に残存していた地主小作間の共同経営的側面、保護・被保護関係が決定的に切断された。そのことは、零細な経営規模ともあいまって、小作の現状を農民にとって耐えがたいものにしている。このことが小作争議増加の一つの要因といえる。

農民の自立と農業生産の多様化の展開にとって、現物高額小作料と経営規模の零細性は依然として阻害要因として立ちはだかっている。柳田はそう考えていた。

初期農政論の問題関心、すなわち農業生産力の上昇を基礎とする商工業発展、そのために不可欠な農民の小商品生産者としての自立の観点は、この時期も一貫していた。したがって柳田は、この時期にも、経営面積の拡大と耕作権の確立などによる小作の権限強化、自作小農経営を基本とする農業構造への転換を必須のものとみなしていた。それには小作法その他の立法措置や、地主的土地所有への課税強化を含め、様々な手段が執られなければならないと考えていた。

小作なら二町歩以上、自作なら一町歩以上は、農業独立の要件である。(『日本農民史』)

新時代［明治］の法制は……不動産所有権の擁護がやや偏頗に失していた。……小作人は［地主に］対陣すれば大抵は負けた。(同右)

最近ようやく声高くなってきた耕作権確認の論がここにある。地主側から……耕地の返還を要求せられた場合に、これと抗争する必要によって始めてこの力の大切なことに気付いた……。作人が土地権利の中心でなければならぬ。（『都市と農村』）

地主がもし到底再び自作に復することの出来ぬ者であるとすれば、彼等が村に住して土地の収益を分捕りするだけの生活は、全然なくするか、もしくは出来る限り少なくした方が宜しいと思う。（同右）

ただ自作小農化の方向について柳田は、当時の政府（田中義一政友会内閣）のいわゆる自作農創設案（小作者による地主地の時価での買い取り）には懐疑的なスタンスだった。なぜなら、この頃、小作争議の展開などによって小作地の売買相場が低下していた。にもかかわらず、この案では土地価格をつりあげることとなり土地を購入する耕作者に不利にはたらくからである。自作農化の推進と自作経営の規模拡大は、地価のいっそうの低下を必要とすると柳田は考えていたのである。したがって小作争議ことに不在地主地におけるそれを、地価引き下げの現実的作用をもたらすものとして、その面で評価していた（『都市と農村』「東京朝日新聞社説」）。

†地域改革による国民経済の再編成

このような柳田の地域改革構想は、彼にとって社会経済的なレベルでの構造的改変の起点となるべきものだった。

農村での生活方法の自主的選択と自立的小農民経営を基本とする農業構造への転換を軸に、多様な農業生産と農村工業が地域的な交易圏を形成する。さらにいくつかの地域的な交易圏と、日常的生活関連財や各種生産用機器の製造を基盤とする地方都市が結合して、より広い範域での相対的に自立した経済圏を構成する。そのような経済圏が、行政市町村レベル、郡レベル、府県レベルで重層化して形成される。

このような経済の地方分権、地方の「経済的自治」(経済的自立)は、行政市町村や府県などの政治的行政的な自治と地方分権の基礎になるものだった。またそれが、行政市町村などの共同意識形成につながっていくと柳田は考えていた。

現実の地方公共団体においては、行政町村でも、なお数個の村落や町屋がただ行政的に連結しているにすぎない状態にあり、共同意識がいまだ形成されていない。地方都市も同様の状態にある。行政市町村が、独自の共同生活体として成立していないことが、共同意識の未形成につながっている。

経済の地方分権、地方の経済自治が実現されるならば、それが生活共同体としての新しい市町村の形成につながる。そのことが、共同意識を育て、地方分権と地方自治の基礎となっていくだろう、というのである（『都市と農村』「東京朝日新聞社説」）。

そして、そのような重層的な経済圏を基礎に、中央都市圏の基幹的産業部門が、国際競争力をそなえた大工業形態で展開し、商業が経済圏内部や相互間の経済循環を媒介する。さらに、外国貿易が国内での生産や需要を補完する。柳田において将来の国民経済のイメージはこのように描かれていた。

また、各商工業部門の勤労者についても、労働組合の力などによってその就労条件を改善し生活水準を上昇させ、その面からも農工生産に対する内部需要を拡大する。また、このような全国的な産業配置の再編によって、農業経営規模の拡大の観点から相対的に過剰な農業人口を吸収することが考えられていた。

柳田の追求しようとした社会経済的な改変の基本方向はほぼこのようなものだった。

人々の生活・消費志向の再措定とならんで、農民経営の自立的な発展を可能にする農業改革をおこなう。それによる農民需要の拡大・多様化をベースにして工業発展をはかるとともに、国内での農業と工業の市場的循環を活発化し、農工のバランスのとれた産業発展を実現する。さらに勤労者の生活水準を上昇させ、それらを通して国内市場を拡大する。それによって、内部市場志向型の、したがって海外市場への依存度のより低い、海外市場拡大への内的衝動のより少ない国民経済をつくりあげる。そう柳田は展望していた。

柳田は、後述する政治構造、政治改革によって、このような国民経済の再編成を実現し、対外膨張圧力のより少ない、自立的で安定した国のあり方をめざそうとしたのである。

†地主制をどう見るか

ところで、先にみたように、柳田は、制度としての地主制には否定的だった。だが他方で、ある種の在村の小地主については、「同情すべき」存在だとも述べている。これをどう捉えるべきだろうか。

柳田の議論の歴史的位置づけを考えるには、地主制に対する柳田のスタンスを明確にしておく必要がある。

そこで、柳田の地主把握について、ここで少し立ち入ってふれておきたい。

地主的土地所有すなわち高額で現物の小作料が、農業生産力の順調な発展を阻碍し、農民の経営および生活の安定化とその改善にとって大きな障害になっている。柳田はそうはっきりと認識していた。

したがって、現物小作料の金納化、小作人の耕作権の確立、地主地への課税強化、小作料引き下げのための法的規制などを主張していた。そして、長期的には地主的土地所有を解消すべきだと考えていた。

しかも、地主層は、中央・地方の諸都市と経済的にも生活上も強い関係をもっていた。彼らは、先にふれた、都市文化、都市の生活様式の農村への浸透の仲介者でもあった。柳田の都市文化批判、農村の無自覚的無反省的な都市文化受容に対する批判は、実際上はまた地主批判でもあった。

しかし一方で、柳田には「我らを不安に導くものは、地主階級に属するともみえる中産階級――それは主に地方の旧家である――が破滅に瀕しつつあるの一事である。かかる中産階級は古来地方文化の保護者ともいうべきで、地方の秩序を保持すべき、儀礼、諸道徳、権威、郷土精神の家元ともいうべき階級であった。かかる家柄の廃滅――これこそ地方文化再建にとって一大障碍というべきではないか」(「地方文化建設の序説」)、との発言もある(ここでの「中産階級」とは地方の醸造業、織物業など各種商工業者をさす。彼らはほとんどが地主でもあった)。

また、「自ら耕作する能わざる土地所有者は弱者である。ことに、はかない二町三町の地面を財産と頼み、働くにも働けない境遇に縛られている者のごときは、むしろ同情すべき貧民の候補者である」(「都市と農村」)、とも述べている。

にもかかわらず、次のように、柳田の地主批判は初期から一貫する確固とした観点だった。

地主は……遊食のそしりを甘受すべきものなり。 (「農業界における分配問題」)

土地の収益を、農を営まざる者〔地主〕に分配するの苦痛はすでに、したたかにこれを実験した　　　　　　　　　　　　　　　　　　　　　　　　　　　　　　　（『都市と農村』）

適当なる〔農業改革の〕計画は地主に政治上の勢力がある間は、これを実行する見込みがない。　　　　　　　　　　　　　　　　　　　　　　　　　　　　（「東京朝日新聞社説」）

柳田の大地主、不在地主に対する批判は非常にはっきりしている。だが、在村の中小地主、特に地方の旧家でありながら現在没落しつつあるものに対しての批判は、それとはまた異なったトーンをもっている。

†中小地主の自作農化勧奨

柳田は、在村の旧家に属する中小地主には、できるだけその自作農化（在村の中堅自作農化）を勧めている。そのうえで自作化不能の地主地、および自作化した地主が所有する自耕不能の残余の耕地を、低廉な価格で小作人に買取らせる方向を考えていた。そして、「地主がもし、とうてい《ど》再び自作に復することのできぬ者であるとすれば、彼等が村に住して土地の収益を分《わけ》取りするだけの生活は、全然なくするか、もしくはできる限り少なくした方がよろしい」（「都市と農村」）、というのである。

当時日本の地主は、約一〇〇万戸を数えた（全農家戸数は約五五〇万戸。ちなみに旧ロシアでは地主は約三万戸にすぎない）。しかもそれらは分厚い自作農層と部分的に重なりあっており（地主自作）、さらに自作農自体、小作農層と重なる部分が少なくない（自小作）。

このような状況下で柳田の考える地域改革を実現するには、小作、自作のみならず、中小地主の一部分（自作地主や弱小地主）もその方向に巻込んでいかなければ困難である。現実的な判断として、柳田はそう考えていたのではないだろうか。しかも、これからの自立的な地方都市文化の担い手は、地主でもある地方の都市商工業者である。もちろん、在村の没落して行く中小地主に個人的なシンパシーを感じていたかもしれない。だが、むしろ柳田の見解は、彼の国民的な観点からの構想実現のための、国民的利害の観点からの判断だったといえよう。

しかも、柳田が積極的に評価しようとする「自然村」（後述）において、現実には旧来の在村地主が相当の影響力をもっていた。したがって、柳田の考えを実行して行くには、少なくともその一部は農民の側に立つものとなる必要があった。

それが地方の旧家たる一部の中小地主に対して自作農化を勧奨し、脆弱な小地主と小作農との対立の尖鋭化を憂えた一つの理由ではなかったかと思われる。

だが、その際でも、直接生産者の利害の擁護（農民の経営と生活の安定化と発展）の線は動かすものではなかった。どのような場合でも（中小地主の土地においても）「作人が土地権利の中心でなければなら」ず、小作人の「耕作権」が確立されていなければならないと考えていた。
またそこに、柳田のディレンマもあった。

何らの迷惑も難渋もひきおこす懸念なくして、理想的の改革のおこなわれることは、近代日本の場合のように、ほとんど他力一方で発現した変化においては、殊にこれを望み難いことである。……

門地のある旧家などの、町に移住して人の波に埋没した話を聴くと胸が痛くなって旅行までいやになる。しかし次の代の日本人の、多数の幸福のためには忍ばねばならぬ場合がある。ただ、できる限度においてその影響を小さくしたいと思うのみである。（「農村雑話」）

そしてその場合でも、この「門地のある旧家」が、以前は「多数の困窮によって、業務の安楽を支持していた人たち」（同右）に属するものであるとみていた。したがって、将来にわたっても地主のままで存続していくということは許されないだろうとの観点は堅持されているのである。

柳田の地主把握は、そうしたものだった。

3　地方文化形成と柳田民俗学

†文化的自治

さて柳田は、右に述べたような地域改革構想を基軸にして日本の全体的な社会経済構造の改変を志向した。その際、農業それ自体の改革とならんで地域改革の出発点をなし、その実現の基本条件の一つとされているのが、農村での「生活方法」「生活の仕方」の自主的選択である。それによる「不必要の消費」の整理と生活の自覚的計画化、それにもとづく「地方の生産計画」の設定が必要だとされた。

しかしながら、この生活方法の自主的選択、「消費の自主」と「生産計画」の設定を実際に人々がおこなっていくには、次の点が不可欠だと柳田はいう。

農村での生活のあり方、必ずしも必要とは思われない消費拡大の原因となっている欧米風の生活様式や都市文化の無批判的受容を意識的に再検討する。そして、消費や生産の自覚的な再編成を方向づける独自の生活基準、それを支える広い意味での「文化基準」を確立する。

私のいう消費計画［＝自主的な消費生活の形成］は、別の語《ことば》でいえば文化基準の確立である。……これを各一家庭から始めて、徐々に比隣《ひりん》に及んでもそれだけの利益はある上に、少なくとも前途は希望に由って明るくなる。……それぞれの人または家が、世の流行と宣伝とから独立して、各自の生計に合せて如何《いか》なる暮し方をしようかをきめてかかる風が起ればそれでよいのである。

（『都市と農村』）

次の時代の幸福なる新風潮のためには、やはり国民の心理に基いて、別に新しい考え方をして見ねばならぬ。もっと我々に相応した生活の仕方が、まだ発見せられずに残っているように、思っている者は私たちばかりであろうか。

（『木綿以前の事』）

農村の人々が自ら自覚的に文化基準を確立し、生活のあり方を自主的に考えなおすことによって消費や生産を自覚的に選択し整理すること。これが柳田の地域改革構想の実現にとって重要な一つのポイントだった。つまり人々の「文化」が問題となる。

それには日本社会のこれまでのあり方、地方での生活や文化のあり方を十分認識しなければならない。そのうえで、それに則しつつ独自の「新しい生活方法」を確立し、独自の「地方文化」を涵養していく必要がある。

今のままで自然の進みに任せて置いても、段々にこの日本が住み良い国になるであろうか……。それはほとんど望みがたいことだ、と自分などは考えている。……我々の農村においては時の力で半分だけ毀《こわ》れたものが、まだそっくり残してあって、再建はおろか、後始末もしてないのである。……

世の中はすでに改まっているのに、……その改造の準備に必要なる生活方法の考究が今まで一向に個人に勧められていなかった。……近代日本の場合のように、ほとんど他力一方で発現した変化においては、殊にこれを望み難い　　　　　　　　（「農村雑話」）

色々の偶然に支配せらるる人間世界では、進歩の道が常に善に向かっているものと、安心してはおられぬ……。次の時代の幸福なる新風潮のためには、やはり国民の心理に基いて、別に新しい考え方をしてみねばならぬ。もっと我々に相応した生活の仕方が、まだ発見せられずに残っているように、思っている者は私たちばかりであろうか。　　　　　　　（『木綿以前の事』）

つまり、地方の社会経済的自治ばかりでなく、「新しい考え方」にもとづく文化的自治が必要とされる。そのことは人々の生活文化に関わる価値観が、また根本的には人々の生きがいや人生観が問題となる。すなわち人々が意識的であれ無意識的であれ生きる意味をどう捉えているかが問われることを意味する。そう柳田は考えていた。

柳田は、ただ古いものを残せと主張しているのではなかったのである。

†新しい生活文化形成のための民俗学

この角度から柳田は、これまでの農村生活全体の歴史と現状を、その内面的な側面も含めて把握する必要があるとする。農民の生活様式のこれまでのあり方、それを導いてきた彼らのものの考え方や理念など農民の生活文化全体が問題になる。

柳田のみるところ、これからは人々が自分たちの生活のあり方をふりかえり、新しいあり方をみずから作りあげていかなければならない。だが、それには自分の生きる意味、自分は何のために生きるのかということから、もう一度考えなおしてみなければならない。

豊かな生活ということはもちろん重要である。しかし、豊かな生活とは多くの物を消費することとはかぎらない。人間が生きていくうえでの必需品や一定の便宜品は必要であり、その点ではむろん現在少なからぬ農民や勤労者の置かれている状況には問題がある。

しかし、いわゆる自然的な欲望を充足する方向へ、富を消費するという方向へむかうことが、ほんとうに人間にとって充実した生活になるのか。そのこととならんで、むしろそのような価値観点を相対化するような視点も重要なのではないだろうか。あらためて充実した生活、豊かな生活とはなにかという問題を問い直す必要がある。そう柳田は考えていたのである。

したがって、一般の人々はこれまでの生活文化において、充実した生活とはどういうものと捉えていたのだろうか。これまでの普通の日本人の生きがいとはどのようなものであったのだろうか。日本人の人生観や価値観、人は何のために生きるべきかという問題をどう考えていたか。

それを把握することが、柳田の新たな重要な課題となる。

だが、一般の人々の生活様式や風俗習慣、さらには内面的な信仰や価値観、人生観などを含めた生活文化全般とそれらの歴史を把握することは当時極めて困難だった。

おもに文献に頼ってきた、これまでの日本の伝統的な学問や欧米から移植された学問の方法ではその課題に答えられない。

したがって、歴史的な文献にはあまり記載されていないような一般の人々の生活や文化をそのものとして捉えうる、新しい学問的方法を必要とする。

それが柳田のいう「民俗学」だった。それはまた地方の人々が、これから新しい生活文化を作っていくために自ら担うべきものであり、その意味では彼ら自身にとっての「自己省察」の学でもあった。

一般の人々がこれから新しい生活文化を形成していくために、これまでの（西洋化以前の）自分たちの生活文化の全体像を学問的な方法で明らかにしていく。それが柳田民俗学の枢要点の一つだったのである。

個人の内面的問題の重視

柳田は、このような実践的な関心からみずからの学問「民俗学」をつくっていこうとした。その際、彼は「学問救世」すなわち学問でもって世を救うということを主張している。この学問救世の具体的内容としてよく引かれるのは、「何故に農民は貧なりや」という彼の言葉である。つまり柳田の念頭にあったのは貧困問題だといわれている。

しかし柳田自身の関心に即していうと、そのことは重要な問題ではあるが、問題のすべてではなかった。というのは、右に述べたように、当時の人々がかかえている問題は、もうすこし広く、これまで人々が持ち伝えてきた伝統的な生活文化全体が崩壊しており、それにもかかわらず、それらにかわる新しい生活文化が形成されていない。じつはそこから一般の人々の様々な生活上の困難が生じてきている。そのことが、農業問題や勤労者のおかれていた劣悪な社会的地位の問題とならんで、当時の日本の社会的な問題状況の根本にあるものの一つだ。そう柳田はみていた。

したがって、柳田の関心は、必ずしも物質的な貧困の問題だけにしぼられていない。もちろん、物質的な生活上の苦しみ、物的貧困というものそれ自体大きい問題であることは当然だが、柳田の視野はそれだけに限られていなかった。

日本社会の近代化＝西欧化は、好むと好まざるとにかかわらず、運命的な力として進んでいく。そのことはこれまで人々が慣れ親しんできた伝統的な生活文化の全体的な関連を、いやがおうでも解体させていく。

したがって、これまでとはちがったかたちでの新しい生活文化をつくりあげていかなければならない。その新しい生活文化を形成していくうえで、これまで一般の人々の伝統的な生活文化を構成してきた様々なファクターを、どう生かしていくのか。単に外面的な風俗慣習（衣食住など）ばかりでなく、内面的な要素も含めて伝来の生活文化をどのように生かしていくか。そこに柳田民俗学の基本的なモチーフがあった。

この新しい生活文化をどのように形成していくかという柳田のモチーフは、物的な貧困問題を解決するということだけにとどまらなかった。さらに広く、様々な意味で当時の人たちがかかえていた問題、婚姻や子供の養育をはじめ、様々な社会的関連のなかにある家族や地域に関わる生活上の問題や困難。それをいかに乗りこえ、社会をよりよいものにしていくかという関心につながっていたのである。そして新しい生活文化形成を支える個々人の内面的な問題、ところの問題を重視していた。それらのことは、柳田が、現代でもなお多くの人たちにとって魅力あるものとして読みつがれている要因の一つになっている。

†普遍的な問題提起

また柳田は、厳しい国際状況のもとで、資源に恵まれず、しかも相当大きな人口を抱えるという日本の地理的歴史的条件からも、無自覚な欲求充足志向には批判的だった。欧米での生活文化・消費文化の展開を無批判にとりいれることは問題があるとしていた。人々が、ひたすら富や資源を消費する方向に向かえば、日本はその地理的歴史的条件から国際的な軋轢を抱えることとなり、困難な状況に陥りかねない。したがって、そのような方向に向かうのではなく、自分たちの生活のあり方を改めて自覚的によく考えてみる必要がある。

そのためには人々が、たんなる欲求充足にとどまらず、生きる意味や生きがいをどう考えるかというレベルから、意識的に自分たちの生活文化を捉えかえし、より内容豊かなものにしていかなければならないのではないか。そう柳田は考えていた。

そしてさらに、そのような方向が、一九三〇年代の苛酷な世界恐慌下においても、その困難な状況を耐えながら将来の日本社会を充実したものにしていく道だとみていた。この点もまた、日本人の生の意味づけをさぐるという柳田民俗学の課題と深い関わりをもつものだった。

この、当時柳田が考えた、人々の生活文化の、生き方のレベルからの自覚的再検討の必要という論点は、現在また異なった局面から考え直されるべき示唆を含んでいる。すでに世界の全エネルギー消費量が地球の再生力の限界にぶつかろうとしている現在、グローバルな視野からもう一度考えてみなければならないことではないだろうか。

柳田は、当時の国際状況を念頭にそのような問題提起をしたのだが、そのことは今や地球的レベルでの普遍性をもった問題となってきたように思われるからである。

第四章 構想Ⅱ——政治構想

1　政党政治期の日本政治

前章でみた柳田の地域改革構想や社会経済構想は、その実現の方策面で同時期の彼の政治構想とリンクしている。地域改革構想、社会経済構想、政治構想は、それぞれ広い意味での柳田の社会構想の一環だった。そこで次に、一九二〇年代前後（大正末から昭和初期）の柳田の政治構想を検討する。

まず、その前提となる、第一次世界大戦終結（一九一八年）頃からの日本政治の動きを簡単にフォローしておこう。

†原敬時代の内外政策

第一次大戦中、日本政府はロシアとの提携を背景に、英米に拮抗しながら中国への膨張政策を強化しようとした。しかし、ロシア革命によってその提携関係が消滅し、国際的に孤立していく。

大戦末期の一九一八年（大正七年）、それまで国政をリードしてきた藩閥官僚勢力に代わって政友会総裁の原敬《はらたかし》が最初の本格的な政党内閣を組織する。当時政友会は衆議院で議席の過半数を占める政党だった。

原内閣は、それまでの外交政策を修正し、国際的な平和協調ことに対米英協調を軸とする外交路線に転換する。あわせて中国との友好親善、内政不干渉の政策をとり、国際的な孤立状態から脱却しようとした。

日清日露戦争以来の、軍事力やその威嚇によって、大陸での権益を拡大しようとする外交方針を軌道修正したのである。

そのことは、中国はじめ海外市場において、英米などと本格的に経済レベルで競争をおこない、商品・資本輸出の拡大をはかる方向を推し進めることを意味した。

当時の日本は国内の社会経済構造の特質から国内市場が狭く、近代的な産業発展をさらにはかっていくには輸出市場の拡大を必須としていた。したがって、自由な経済競争によって英米などと中国市場で拮抗していくには、国民経済の国際競争力の抜本的な強化が必要だった。これまでのように軍事力で勢力圏を拡大する方策を放棄したからである。

原内閣は、そのための産業育成政策と、それを支える人材養成（高等教育振興）、交通網の整備（鉄道拡充）などの方策を重点的に実施した。

これ以後、原内閣および政党勢力は、選挙権の拡大や一定の社会政策の導入などによって議会の権威を高めようとする。それまで国家権力の中枢にあった藩閥官僚勢力をおさえこみながら、自己の権力的地位を確立していくためである。同時に、対外的にも、国際連盟の常任理事国のポストにつき、また軍事費負担を軽減するねらいから世界的な軍縮の動きに積極的にコミットする。これらにより、一九二〇年代の日本は国際社会において軽視しえない発言力をもつ国になっていく。

だが、原自身は、一九二一年(大正一〇年)一一月、東京駅で暗殺される。しかし原内閣によって設定された、議会を基礎とする政党政治と、国際的な平和協調という内外政策は、政党内閣期の内政と外交の基本的枠組みとして継承されていく。

†浜口内閣と世界恐慌

そのような政党政治の内外政策をもっとも徹底させたのが、一九二九年(昭和四年)に成立した浜口雄幸《はまぐちおさち》民政党内閣だった。

浜口内閣は、一方で、対英米強調と中国内政不干渉を軸とする、原内閣以来の国際的な平和協調路線を推し進めた。他方、産業合理化(経営の大規模化と機械化)政策によって産業構成を高度化し、国民経済の国際競争力をさらに強化しようとした。それとともに、金解禁政策すなわち国際金本位制への復帰により、通貨面で対外貿易の安定化をはかった。

おもに中国本土において欧米諸国と本格的に経済レベルで競合しうるだけの国際競争力をも

つ国民経済の編成を作り上げる。かつ、国際的な経済活動を有利に展開しうる諸条件を整備する。それらによって輸出貿易の発展をはかる。それがこれらの政策のねらいだった。

また、浜口内閣は、労働組合法、小作法など様々な社会政策をおこなおうとした。産業合理化が勤労者に一方的にしわよせされず、経営体および国民経済全体の真の体質強化につながるようにすることが意図されていた。また産業合理化による就労変動が社会的不安定を醸成しないよう考えられたものだった。

そのような社会政策は、一定の広がりをもってきた労働運動や農民運動に対応し、社会的支持基盤の拡大をはかろうとするものでもあった。すでに、一九二五年（大正一四年）に普通選挙法が制定され、一般の勤労者も選挙権をもつようになっていた。

さらに浜口は、ロンドン海軍条約を締結することによって軍縮を推し進める。軍事費を削減するとともに、国際平和へのリーダーシップをとろうとしたのである。それに反対しようとした枢密院を、世論を背景に政党の力でねじふせ、海軍軍縮を実現させた。枢密院は藩閥官僚勢力最後の砦だった。

こうして政党政治による国家システムの全体的なコントロールがほぼ可能となる体制ができあがってくる。また同時に、日本はアメリカ、イギリスとならんで国際社会をリードしていく国の一つとなったのである。

しかし、このような浜口内閣の内外政策は、一九三〇年代初頭からの世界恐慌によって崩壊していく。また浜口自身も、一九三〇年(昭和五年)一一月、原とおなじく東京駅で狙撃され、それがもとで翌年死亡する。それはまた満州事変、五・一五事件、日中戦争へとつづく、政党政治の解体、太平洋戦争への道の始まりでもあった(原、浜口については、拙著『原敬　転換期の構想』(未来社、一九九五)、『浜口雄幸』(ミネルヴァ書房、二〇〇七)など参照)。

このように日本は第一次大戦後大きな転換期をむかえる。その頃柳田は、貴族院書記官長を辞職。国際連盟委任統治委員を経て、東京朝日新聞論説委員となった。

そしてこの時期(大正末から昭和初期)、柳田は、民俗学の方法的組織的確立を本格的に追求する。それとともに、その思想的背景をなす独自の構想を、東京朝日新聞の社説や『明治大正史世相篇』『都市と農村』などの著作で展開していく。

以下、それらの論考を素材に、この時期の柳田の政治構想を具体的にみていこう。

2　外交論

†対華二一カ条要求への批判

まず対外問題について柳田は、第一次大戦中の政府（大隈重信・寺内正毅内閣）の大陸への膨張主義的な政策を批判する。それは、列強の利害が錯綜する東アジアの国際情勢のもとでは、日本を「国際的孤立」に追いこむおそれがあり、日本の将来を危うくするものだ。現に「日本の対外関係はよほど悪い」（「文明の批評」）、と。

ことに、対華二一カ条要求（一九一五年、大隈内閣期）以降の、日本の国際的孤立化を憂慮していた。対華二一カ条要求は中国に権益の拡大・強化を要求したもので、中国の政府・国民から強い反発を受け、アメリカ・イギリスからも厳しい抗議の意思が示された。

そのような状況に対して柳田はこう考えていた。

今後は、アメリカ、イギリスなど欧米諸国に対してのみならず、中国とも国際的な協調関係をうちたてなければならない。ことに中国との国民レベルでの友好親善関係を発展させていくことが必要だ。

日本と中国は、隣国として互いに協力すべき事柄が多くある。にもかかわらず、日本はこれまで英仏独など欧米列強がとってきた政策を踏襲してきた。すなわち「一本調子の国光宣耀論」によって大陸での権益の拡大を追求し、中国との関係を悪化させてきた。

支那に対する最近の失敗を顧みると、どうも少々心細くならざるを得ぬ。……日本は今に

［おいても］明治初年の外国模倣の国是を棄てぬような有様で……英仏等の大国が執って来た政策を、いい気になって踏襲したのが悪かった。……［かつて現在の中国と同様、欧米諸国に］切歯扼腕もした記憶があるのに、わずかな時代を隔てて、自分までが西洋の外交家と同じ態度に変ったのは、誠に是非もなき次第であった。（「二階から見て居た世間」）

しかも中国は、一九一一年の辛亥革命以来、新しい国を生みだそうとして苦しんでいる。その国内の混乱につけこんで、対華二一カ条要求のように中国での権益拡大に走るのはもってのほかである。そのような大戦中の日本の大陸政策は、中国の人々の対日感情を極度に悪くしただけではない。さらに諸外国の日本に対する不信感を増大させ、「淋しい国際的孤立」をもたらしている。

全体に国際の道徳は個人のそれに比べて、一段と野蛮にかつ一段と軽薄なものであるが、日本のような夜郎自大《やろうじだい》も、ちょっと近世［＝近代］史上では珍しい。（「東京朝日新聞社説」）

今日、日本の対外関係はよほど悪い。数十年来もっともよくない時節のように思う。……淋しい国際的孤立はもう実現しはじめたのであります。（「文明の批評」）

†日中の対等な協力関係を主張

その後、原敬政友会内閣時に日本は、アメリカ、イギリス、フランスとともに、中国に対する新四国借款団に加わった（一九二〇年）。

このような方向についても柳田は批判的だった。市場拡大のため争っている欧米列強と一緒になって中国への資本輸出に力をいれ、市場開発をひたすら追求するのは考えものだ、と。

昔の流行を追うの愚は、独り兄貴ぶり外交の受売のみではない。以前商人が政治を左右していた二三の国ですら、最早きまりが悪くてこそこそしかやらぬ資本輸出の提灯持を、なぜまた日本では大びらに行うのか。……日本は資力の比例以上にいち早く資本家国となり、商品しか知らない男がいい気になって政治に啄《くちばし》を入れるようになった。

（「二階から見て居た世間」）

新しい国をつくろうとして苦難の道を歩んでいる中国に対して、隣国として様々な助力や援助をするのはあたりまえのことだ。だが、それはあくまで中国の人々にとって有益な、そして相互に対等な関係にたってのものでなければならない。そう考えていたのである。

新しいものを生もうとして苦しんでいる隣人が、相憐み相助けるのは当然の話で、市場開発のごとき単純なる目的のために、独り優勝の地位を占めんと争う人々と、日を同じくして談《かた》ることは出来ぬのである。
（「東京朝日新聞社説」）

柳田は貴族院書記官長時代に、約二カ月をかけて台湾、中国、朝鮮を訪れ、中国国民党の指導者孫文《そんぶん》や唐紹儀《とうしょうぎ》、中華民国大総統黎元洪《れいげんこう》らとも会見している。おそらくこのときの経験が、彼の中国についての考え方にも何らかの影響を与えたものと思われる。

なお、柳田は日中関係への関心から、一九一八年（大正七年）頃「日華クラブ」にも一時期加わっている。「日華クラブ」は、日中文化交流団体の一つで、会長は近衛文麿、柳田も発起人の一人だったようだが、間もなく消滅している。

このように柳田は、日本と中国が、対等な親善関係にたって国民的レベルでさらに交流を深め、様々な領域で協力しあっていく必要があるとしていた。ことに学問的交流など文化的レベルでの相互協力を重視し、そこに日本の国民的使命の一つをおいていた。

†対外膨張圧力の少ない国民経済への志向

柳田のみるところ、アジアのいわゆる後進国とされている国々も、じつはヨーロッパとは違ったかたちで独自の発展をたどる可能性をもっている。その発展の方向は現在ヨーロッパ文明によって力でおさえこまれている状態にあるが、日本はいわばその可能性を、まがりなりにも現実に示しえている国である。もちろん現在の日本には様々な問題があり、そのままで他のアジアの国々の模範となりうる状態にはない。しかし、それでも現在のところやはりアジアにおいて独自な発展の道を進んでいる、ほとんど唯一の国である。

誤謬だらけの何百年間の［欧米の］干渉がなかったら、現に人らしくも取扱われておらぬ国々島々の有色人でも、ほんの少しおくれてもっと立派な国が作れたのにと云うことを、主張し得る資格のあるのは我が邦です。

それがいたずらに遠い国の植民策の余弊をまねて、遅まきに自ら人種の差別をしていることとは、……口惜しいことです。（「準備なき外交」）

したがって、もっぱら市場や権益の対象として中国やアジアの国々をみるべきではない。様々な援助や文化的学問的協力を通して、それらの国々が独自の発展の方向を追求していくことを擁護すべきである。それぞれの国が連繫して自立的発展の道をすすみうるよう協力していく必要がある。

アジアの国々の自立は現下の国際情勢のなかでは非常に困難なことではあるが、少しでもその方向を進めていかなければならない。そこに日本の一つの国民的な使命がある。そう柳田は考えていた。

このことを柳田自身は、様々なレベルでの文化協力なかんずく学問的協力(のちの比較民俗学など)を軸に推し進めていこうとしたのである。なかでも中国はその地理的位置と歴史的影響力からして最も重視されていた。

その際、柳田は、資源が少なく多くの人口を抱えるなどの日本の地理的歴史的条件のもとでは、国際的な貿易関係は重視しなければならないとみていた。だが、前述のように、国民経済の編成を輸出貿易型の方向でさらに推し進めていくことには疑問をもっていた。いわば海外の市場や資源に強く依存することには警戒的だったのである。

今後ますます海外の市場や資源に頼る方向に進んでいけば、列強角逐の国際状況のなかでは、結局はさらに中国への影響力を拡大しようとすることになる。そこをめぐって米英などと覇を争うばかりでなく、自国の産業や資源を守ろうとする中国の人々とも対立してくる。そのことは長期的にみて日本の将来を危うくしかねない。そう考えていた。

したがって柳田は、国民経済の編成そのものを、経済的な対外膨張圧力の少ない、より国内市場を志向する産業構造に軌道修正する必要があるとみていた。

柳田によれば、それには農民経営の自立的な発展を可能にする農業改革をおこない、それによって農業部面において工業製品への国内需要を拡大する。それとともに、国内での農業と工業の市場的循環を活発化し、農工のバランスのとれた産業発展を実現しなければならない。

そのことによって国内市場を拡大し、内部市場志向型の、したがって海外市場への依存度のより低い国民経済を作り上げる。いわば海外市場拡大への内的衝動の少ない国のあり方を考えようとしたのである。

もちろん柳田は、これからの日本にとっても国際的な貿易関係が重要であることは十分認識していた。したがってそのような貿易関係を安定的に展開していくには輸出産業が一定の国際競争力をもつ必要があることも承知していた。そのためにも農業構造の改変によって農業生産力を上昇させなければならないと主張する。

しかし、欧米列強の勢力圏が錯綜し、その利害対立のなかにある国際状況のもとでは、ひたすら海外市場拡大の方向に進んでいくことにはやはり問題がある。国際的な貿易関係は大切にしながらも、国民経済の編成をこれまでに比して、より内部市場を志向する方向に切りかえ、可能なかぎり国内市場の内包的発展をはかるべきだ。そう柳田は考えていたのである。

3 内政論

†普通選挙実施へ

次に国内政治の問題についての主張をみていこう。

柳田は、当時の藩閥官僚支配から政党政治への移行を評価しながら、より政治的民主化の徹底した国家システムの方向を展望しようとした。

その基本ラインは、普通選挙によって選出された衆議院を基礎にして内閣が組織されること。さらにその国民的意思をベースにした内閣によって、軍事を含めた国家の政治権力が統一的に運用されるシステムを確立すること。そのような方向の実現をめざそうとするものだった。

我々は代議政治の機能を完全にする為、……何とかその方法を講究して、多数民衆の正しき判断に従い、やや永続性をそなえた、根本の国策を実行するに適した良内閣に、今一般の安定を与えたいと考えている。（「特権階級の名」）

すなわち、第一に柳田は、国民の多数の意思によって政治を運用していくために、普通選挙制を早急に実施すべきことを主張する。明治二〇年代はじめに帝国議会が開催されて以来、衆議院の選挙権は国税納付額による制限のもとにあった。大正期に入って以降その撤廃をもとめる運動が本格化していたが、柳田もまた普選の実現が必要だと考えていた。

そのことは、柳田のみるところ、国民の要求であり、デモクラシーの観点からする原理的な問題であるばかりでなく、当時の時代的要請でもあった。

たとえば外交問題についてみても、近年、和戦の決定などの外交的判断が国民一人一人の生活と運命に決定的な影響を与えるようになってきた。したがって、一人一人の国民が自らこのような根本問題を考え、その意思で政治を動かしていくことが必要であり、そのための普選だというのである。

国と国との利害は錯綜しており、……この方〔国内〕の立場も人によって統一がないわけで、こうなると、もはや出先の外交官や時の武人団の意向などに、和戦の判断の鍵を委《ゆだ》ねて置くわけにはいかぬ。国民自身が直接に、この重要なる根本問題を考えてみなければならぬ。すなわち普選は、いわばその為の普選であったのである。（『青年と学問』）

第一次大戦以降、列強諸国間で戦端がひらかれれば国家総力戦となり、兵士ばかりでなく全ての国民が戦争遂行のために動員される。したがってその生活も深刻な影響をうけることが一般に予想されていた。柳田もまた、そのような時代状況を念頭においていたのである。

ただ、柳田が東京朝日新聞に論説を発表し始める前月（一九二四年六月）に、普選断行を主要政綱の一つにした加藤高明護憲三派内閣が成立していた。そして、翌年三月、加藤内閣のもとで成年男子普通選挙法が成立する。

なお、柳田は女子参政権についても当然のこととしており、その問題を含め女性一般の社会的地位の向上を実現しなければならないと考えていた。

†議院内閣制への志向

第二に柳田は、普選の実施とともに、内閣を実質的に議会（衆議院）に基礎をおくものとすべきだという。いいかえれば、国民によって選出された議会において多数をしめる政党・党派が内閣を組織するようにすべきだと主張する。

> 元来内閣を何れの政党に作らせるかの問題は、選挙人の全体が決定すべきもので、……一日も早く多数が擁護する堂々たる内閣を作らせ……ねばならぬ。

（「政治生活更新の期」）

国民の意思によって、それを代表する議会によって、内閣およびその最高責任者である首相が決められるべきだとするのである。

一九一八年（大正七年）に、日本最初の本格的な政党内閣である原敬政友会内閣が成立する。それ以来、約二年間の中断をはさんで、一九三二年（昭和七年）の五・一五事件による犬養政友会内閣崩壊まで政党政治が続いた。その間、有力政党の党首が首相となり政党内閣を組織するが、なお首相の選定は元老の意向によっていた。したがって、必ずしも議会の意思で内閣が構成されているわけではなかった。

柳田はそれを、議会によって首相およびその内閣が実質的に決定されるようにすることを主張していた。柳田のねらいは、国民的な意思にもとづいた内閣によって国政を統一的かつ安定的に運営させることにあった。

このような観点から柳田はさらに、元老制、貴族院および枢密院、軍制などに対する批判を展開する。

まず元老制について。

明治憲法体制のもとでは法的には首相の任命権は天皇にあったが、慣行として元老が首相候補者を推薦するシステムになっていた。事実上元老の意思で首相が決まっていたのである。

柳田は、これを「おかしな旧慣」（「特権階級の名」）だと批判し、「元老が……次の首相を指名することは……どうもよくないことである」（「政治生活更新の期」）という。元老の個人的な意思に左右されないかたちで、議会（衆議院）の意思にもとづいて内閣が組織されるべきだとするのである。

それまで元老が内閣首班を奏薦しそれにもとづいて天皇が大命を下す方式が慣行となっていた。だが、柳田はその元老の存在を排除して、議会の意思にもとづいて自動的に内閣が任命されるような方向を考えていた。それはいわばイギリス型の議院内閣制の方向をめざそうとするものだった。

†貴族院・枢密院の是非

次に貴族院について。

当時貴族院は、衆議院とともに帝国議会を構成し、衆議院とほぼ同等の権限をもっていた。柳田は、貴族院が国民から選出される衆議院と同等であるのは問題があるとして、その組織改革を主張する。

制度上貴族院は、有爵議員、勅撰議員、多額納税議員によって構成されていた。大正末に清浦内閣が貴族院をベースにつくられ、それに対抗するかたちで護憲三派内閣が成立した。そのような経緯から、この時期、貴族院改革が政界や言論界で一つの政治問題になっていた。柳田の議論も、そのような社会的動向を背景にしてのことだった。

しかし、貴族院の組織上権限上の改革は、明治憲法においては貴族院のみが、それを行いうるとされていた。

この件について柳田は、憲法上の規定が問題であるならば、ストレートに憲法改正をおこなうべきだと主張する（なお、その頃このような貴族院改革問題での憲法改正論は各種の新聞雑誌にも散見され、それほど特異な主張ではなかった）。

> もし貴族院令は貴族院のみで決定するという憲法の規定が妨《さまたげ》をなすとならば、さかのぼってその根本の改正から議して宜しいのであります。……いつの世にか、憲法改正を望むは、まるで叛逆でもあるかのごとく考へ始め、これを重要視するというよりも、むしろ危険視する有様であるから、かえって政治の事態が一層早く行き詰ってしまうのです。（「特権階級の名」）

ただし、柳田は、貴族院という制度そのもの、さらには貴族（華族）の存在それ自体をかならずしも否定しようとはしていない。彼によれば、貴族は直接的な営利活動や企業活動からは離れている場合が多い。しかもその経済的地位の安定性ゆえに、自己の直接的な利害から距離を置いて政治にたずさわりうる可能性をもっている。「政治によって生きる」のではなく「政治のために生きる」（マックス・ウェーバー『政治論集』）可能性をもっている。その意味で何らか国民的なコントロールが可能となるような実際的な枠組が形成されるなら、国民的観点からしても政治的に有効な意味をもちうる存在である。

貴族等には幸いにして、特に他の国民と共通でないような別の利害というものが少ない。……海運業者とか製糸家とか、一派の職業から出した人に比べて、ずっと態度が自由なはずです。（同右）

英国の貴族なども、以前はまさしく特権階級でありました。ところが近世……無害有用な階級となっています。……この仲間には学問をする人の多いのも日本などと違っています。政治家としても遣り手が多いようである。（同右）

それゆえ貴族院も、一定の改革を加えるならば、政党の党派的利害を超える観点から、国民的な政治的意思形成において有益な機能をはたしうる。「政派の利害を超越した態度をもって、その識見と学問を応用」すれば、その存在意義はある（「東京朝日新聞社説」）。そうみていた。

さらに枢密院について。

柳田は、同様に国民的意思をベースとする政治の視点から枢密院を問題にする。枢密院は、条約の締結、選挙法を含む憲法関連の法令、緊急勅令などについて審議・承認権をもっていた。その権限から、普通選挙法について、政府原案の被選挙権の年齢二五歳以上を三〇歳以上とするなどの修正を加えた。

柳田はこれについて、「不当なる威圧」（「東京朝日新聞社説」）だとして非難している。枢密院は、制度上も実際上も全く国民的なコントロール外にある。それが、議会を基礎とする内閣の意思を曲げるようなかたちで政治的にコミットすることは憂うべきことである。その存在は政治的意思決定にとって何らかポジティブな意味をもちうるものではなく、むしろ非政治的実務的審議機関にしていくべきだ。柳田はそう考えていた。

†国民による軍部のコントロール

当時の国家体制のもとでは、参謀本部、海軍軍令部は内閣の直接の統制下にはなく、陸海軍大臣は武官に限られていた（参謀本部、海軍軍令部は、いわゆる軍令機関で陸海軍の作戦・用兵を担当する部門）。柳田は、議会に基礎をおく内閣による国政の統一的運用という観点から、これらの点を批判する。

柳田のみるところ、今や国防の問題は国民の支持の上に立たなければ確固としたものたりえない。したがって軍事について、軍人がその専門的事柄の検討に専念するためにも、国民の信頼のもとに置かれていなければならない。それには、軍事の問題が、全体として議会を基礎とした内閣の統率下におかれ、国民のコントロールを受けるものとなっていく必要がある。

専門家をして国民より何等の疑惑を受けず、安んじて餅屋の餅を鬻《ひさ》がしめる方法は、具《そな》わっているのである。……。衆望を負う者が朝に立って、各政務の一方面を引受け、行政の末梢までに我々の監視を要せぬように、ここに議院が厳として存在する。我々が政党を基礎とする内閣を必須とした論拠もまたこの外にいでぬ。しかるに独り軍務外務の専門家のみが、専門を理由としてこの法則の適用の外に立たんとし……た。

（「東京朝日新聞社説」）

だが、軍部大臣を武官に限ることは、首相による大臣選任の範囲を制限することを意味する。陸海軍大臣といえども、軍事のみならず国政全般について相当深い知識と見識をもたねばならない。それを軍人に限定している現制度は、国務に責任を負いうる適任の大臣の選任を妨げ、国防についての国民の信頼をえることとならない。また、軍令機関が内閣の統制外にあるため、軍事の問題に内閣が最終責任を負えない現行のシステムは問題がある。柳田はそう考えていた。

憲法の条章が明々に指示するごとく、責任ある国務大臣をして、全般の国務に当たらしむるにあらざれば、代議政体の機能を完《まつた》くすることが出来ぬ……。

軍令軍制の限界について、今更議論を闘わすまでもなく、単純なる国民の常識から考えてみても、議政壇上の正式なる討論に際して、基礎法規の最も緊要なる解釈すらも、即座に応答する能わざるが如き将軍をして、永く大臣の重責を負わしめることは、もとより政治の進展を期するゆえんでないのみならず、信を民衆に得て安んじて国防の充実を計画せしむるに適せざる場合が多いのである。（同右）

この問題については、大正デモクラシー運動のなかで軍部大臣武官制の廃止、文官軍相制の主張がなされていた。柳田は、それに対する支持を表明し、その貫徹を強く慫慂《しょうよう》しているのである。また当時、参謀本部・海軍軍令部を陸軍省・海軍省の統制下に置こうとする動きがあった。柳田も、陸海軍全体をなんらかの国民的コントロールのもとに置くべきとの観点から同様な方向を志向していた。

また、この頃ワシントン会議、ロンドン会議と海軍軍縮がすすみ、それにともなって陸軍の軍縮にも着手されるようになっていた。柳田は、この軍縮問題について、財政的観点からも可能なかぎり推進すべきだとしていた（同右）。そして、総じて国防の問題、軍事の問題が、軍部の専決的な事項とされるのではなく、議会を中心に国民的レベルでの検討がくわえられることによって、「軍事に関する国論の一致」がはかられるべきだというのである。

宏大なる軍備計画を……日本においては、果たして必要なりやを国民が疑っている。「軍部による」手盛の軍制改革に安堵せざるゆえんである。……政党者流のとらわれざる国防論が、最も傾聴せらるべき時節である。（「東京朝日新聞論説」）

ただ、柳田が日本の軍事力について、その国際状況認識からして、どのレベルで維持すべきか、またどのような観点からその水準を定めるべきと考えていたかについては、必ずしも明らかでない。

†軍事教練への批判

なお、この時期、中等学校以上に現役将校による軍事教練がおこなわれるようになっていた。

また、それ以外の青年のために各地に軍事教練を中心とする青年訓練所が置かれることとなった。柳田は、このことについても批判的な立場をとっている。

まず、学校軍事教練について、問題は、そこでの軍事教練に関する指揮監督の系統が、学校側ではなく陸軍側にあるとされることだという。柳田は、この問題については、文部省・学校長が現役将校を指揮するよう明確にしなければならないとする。

現役の陸軍将校を配置して教育の任に当らしめんとする［場合］……現役というからには……陸軍大臣の指揮監督の下に立つのであろう。命令の発源は外にあり、進退褒貶《ほうへん》の鍵をにぎる者も外にあって、教授の重職にこれ等勇敢の士を招致したならば、結果や知るべきのみである。恐らくは教育方針の統一は、終に何人の責任でも無いことになるであろう。（同右）

この場合［学校軍事教練の問題］においては、……問題の骨子は、一句をもって尽きている。すなわち所謂《いわゆる》軍事教育に関して、命令の権は何《いづ》れに在るかといふことである。教育に関してはもちろん文部大臣にありと答うならば、部外の文官が現役の将校を指揮しうるの基礎を明確ならしめよ。……中学教育の実権の一部を割いて、陸軍に付与して顧みざる文相がもし存在せば、ともに国事を談ずる詮《せん》もない。（同右）

また、青年訓練所についても、そこで教練をうけた者は兵役期間を短縮されることになっていた。この兵役短縮自体は望ましいことだが、夜勤のある工員や漁民、奉公人など青年訓練所へ参加困難な人々が、兵役のうえで不利な取り扱いを受けかねない。柳田はそのことについても危惧の念を表明している。

当時陸軍は、宇垣一成陸相を中心に可能性としての次期大戦にそなえて総力戦に対応しうるシステムを作ろうしていた。そのような観点から、一九二七年（昭和二年）、陸軍省に動員・統制の二課をもつ整備局が新設された（初代動員課長は、のちに陸軍統制派の指導者となる永田鉄山）。柳田はこの軍事教練が、総力戦への対応を軸とする「陸軍本意の計画」、陸軍主導の国家計画につながっていく可能性があるとみており、その点を警戒していた。将来の国家計画すなわち日本の進むべき道は、国民的な意思によって、議会での検討を不可欠のルートにして決定されるべきだと考えていたからである。

さらに、そもそも青少年への軍事訓練自体、「抵抗力に乏しき年少の子弟に、機会あるごとに拘束を加えんとする」もので、その点にも問題があるとみていた。

したがって柳田は、この件に関しては全体として陸軍の意図を明らかにし、「広く国民に」判断を問い、その「是非の決をとらしめる」べきだという（同右）。

なお、教練派遣将校の指揮監督権については、結局陸軍側が譲歩し、文部省の主張に沿って学校長に属するものとなった。

†天皇観と国家神道批判

柳田の内政構想は、このように衆議院を基礎とした内閣によって、国政全体（軍を含め）が運営される方向性をもつものだった。そのことは実際の政権担当者の決定過程や政治的軍事的意志決定の過程に、天皇が実質的には関わらないことを意味した。

明治憲法では、国家統治権は天皇にあると定められており、首相を任命し軍を統帥する権限は天皇にあった。だが、柳田のような考えでは、天皇の首相任命権や軍の統帥権は形式的なものとなる。

このような方向は、天皇が政治権力にコミットすることから距離をおき、現実の政治権力に正統性を与える存在であることから離れていくことを意味する。これは当時の政党政治が志向する方向とほぼ同一のものだった。

天皇の国家統治大権は、藩閥官僚勢力や軍部にとってその権力的地位を正当化する唯一の根拠だった。それに対して政党政治は、国民の意思を背景にすることによって、藩閥官僚勢力の権力的地位を突き崩し、軍部をもそのコントロール下に置こうとしていた。柳田の政治システムのあり方についての議論も、原敬・加藤高明・浜口雄幸など代表的な政党政治家の方向とほぼ同様のものだった。

そしてまた柳田は、明治憲法体制における天皇の国家統治大権を支えている、いわゆる国家神道に批判的なスタンスをとっていた。後述するように、国家神道は、天皇の国家統治大権を一般国民に受容させようとする教義と制度の体系だった。

では、柳田の国家神道批判はどのようなものだったのだろうか。また、国家神道の教義と制度の体系は具体的にどのような内容で、明治憲法体制においてどのように機能していたのだろうか。

その点については、ここではこれ以上立ち入らず、柳田の氏神信仰論についての検討の際にあつかいたい。

ただ、柳田にとって天皇や皇室の存在それ自体は、必ずしも否定されるべきものではなかった。それは、その歴史的伝統によって、国家の実質的な権力システムから距離をおいた、ネーションの、国民的結合の、象徴的存在たりうるものと考えられていた。

柳田はいう。式年遷宮や大嘗祭《だいじょうさい》など、皇室を中心とする「国の儀式」は、「純なる国民の心情を統一」するもの、「大規模なる協同の意識」を国民的レベルで新たにせしめるものである。そしてそれは「民族の協同統一して、更に栄えんとする意思」の表現でもある(「東京朝日新聞社説」)。

我が皇室が……春秋毎の御祭に、民と同じく年を祈り稔《みの》りを謝し、豊年には慶びを分ち、凶年には患いを共になされたことが、国初以来の御政事であったことを、いつとなく万人が理解しておって、力めずして自ら国の感情の統一をみたのである。（同右）

このように柳田は、国民的意志を基礎にした内閣によって国政が統一的に遂行されるような政治システムをつくりあげようとした。

†無産政党への期待

では具体的にこれから外交・内政を含めての日本の国政を担うものとしては、どのような政治勢力が望ましいと考えていたのだろうか。またさらに、柳田の考えている将来の日本の方向性が実現されるには、現実の政治勢力の布置状況にどのような変動が必要だとみていたのであろうか。

柳田が朝日新聞の論説を書きはじめた一九二四年（大正一三年）頃の有力政党は政友会と憲政会であり、そのほか政友本党、革新倶楽部などがあった。だが、翌年に政友会が革新倶楽部を吸収し、一九二七年（昭和二年）には憲政会に政友本党が合流して民政党が結成された。

柳田のみるところ、これら政友会や民政党などの既成政党は、いわゆる有産者の階層を基盤にしており、それが代表しうる利害はかなり限定されたものといわざるをえない。

これまでの既成政党は、一方で、「資本」の利害、経営層の利害と深いつながりをもっており、他方、また地主的利害とも連携している。したがって、たとえば有効な農業改革などはそのもとでは実行不可能である。

そこで、より広い範囲にわたる国民的利害を国政に反映させるためには、新しい政党の育成が急務となる。

吾人が最近の実験は、既成政党の代表しうる利害が、甚だしく限局せられていたことを教えた。［普通選挙によって］国家の休戚《きゅうせき》が一般民庶の負担に分賦し、新たに気力ある正論家と、研究を重んずる愛国者とを迎へきたって、次期の議政に参与せしむる為には、新政党の促進はむしろ急務である上に、さしあたっては国民の懸念不安を散ずべく、これら旧式政党の普通選挙に対する謀略を、監視すべき必要をさえ生じたのである。この任務もまた同じく第三党をしてこれを引受けしめねばならぬ。（「東京朝日新聞社説」）

公平に批判して、既成政党の……与党も野党も言い合せた如く、近頃発表した政見はすべて退守的であった。如何なる政策も金の光を専らとし、結局のところ有産階級の階級意識を表現せざるものはない。……国内全部の非有産者を離背せしめ、結合せしめざれば止まざるものばかりである。かくの如くにして普選の時代に入る。新興政党の出現はほとんど当然の機運である。　(同右)

こう柳田は既成政党とは異なる新しい政党の成長に期待をかけ、いわゆる無産政党に注目する。

この時期、普通選挙制の実現を契機に、いくつかの無産政党が結成される。まず、一九二五年(大正一四年)に農民労働党が結成されるが即日禁止、解散となる。翌年、労働農民党が成立するが、まもなく右派が社会民衆党に、中間派が日本労農党に分裂。さらに別に右派系の日本農民党が結成される。

柳田は、これら無産政党全体が一種の新味を日本の議会政治に運び入れる可能性をもっているとみていた。それらの政治的影響力の拡大が一つの起動因となり、国政レベルでの政治勢力の配置状況に変動が起こること。その変動により、さらに広範な国民的利害の観点から政治が動かされるようになっていくこと。それを期待した。

いわゆる無産政党創設の計画が、次第に実際化しようとする傾向は、……よほど著るしくなったように思われる。……第一次の普通選挙に際し、堂々と既成の諸政党に対陣して、一脈の新味を我国の議院政治に運び入れるだけの可能性は、これによって生じたと断言することができる。（「東京朝日新聞社説」）

もし一千万人の国民が新たに選挙権を獲得するならば、彼等はすなわち今までよりも熱心に政治を研究せんとするなるべく、したがって、そのこれと信ずるところを見出しかつ実行する為に、最も便利なる方法をもって結合するであろう。新しい政党、若くはその準備機関が、これより陸続として出現することだけは、何人もこれを今年の中に期待して、たいていは失望するおそれがないと思う。

さきに労働総同盟が、熟議の末に議会政策を是認し、……力めて穏健容れられ易き政綱を案出せんとしているのは、……彼等に取って同情すべき智謀である……。来《きた》るべき新政党の背後には、勿論藩閥も無く富豪も無い。とするならばその成長と発展とは、一にかかって政綱の可否得失の上にあるのである。（同右）

†勤労者を結集した社会改革

だが柳田のみるところ、現実には、それら無産政党やその支持勢力が糾合しようとしている人々の範囲はすこぶる狭い。しかも彼ら自身小さな陣営に立てこもって、早々に分裂をはじめている。これでは国政に対して影響力を行使することは困難である。

無産という政党名で直接に支持獲得のターゲットとしている労働者や小作人だけでなく、自作農や新旧の中間層を糾合できないかぎり有効な政治勢力たりえない。しかも、厳しい法的制約下のもとで活動が制約されているとはいえ、労働者や小作人からさえも十分な支持をえていない。その一つの要因は、日本の現実からかけはなれた「空漠とした言動」にある。

> 労働総同盟の論理には今もって輸入品がはなはだ多い。彼等の大なる弱点は、国の特殊事情に対する考察の不足であった。……
>
> 彼等のいわゆる階級の自覚が、行く行くこれ等の分散せる中立者「地主や資本家ではないが、いわゆる無産階級の自覚をもっていない人々」の自然に来り付くことを予期するにあるとせば、先ず今までの階級観点のすこぶる自国の現実に遠い、孤立空ばくのものであったことを覚るべきである。
>
> （「東京朝日新聞社説」）

この頃はじめて問題となっている無産という文字なども、以前は印象の豊かな好標語であったが、いよいよ実際の政治行動に着手しようとすると、なお不必要に前面を狭くして、勢力の成長を妨げんとするかたちがある。理論の上からは、資本家にあらざる者、地主にあらざる者は皆この中に包容せられるのであろうが、実際は国民の大多数は、未だかくの如き称号を共通にすべきことを覚悟せず、種々なる経済上の利害を一致しているにもかかわらず、常に運動の外にあって客観しようとしていたので、……地域的にも職業的にも何らの組織もないが為に、分散して中間の地帯にうろうろとしているのみである。しこうしてその投票の総数は最も大きい。……故にいわゆる無産政党が相変らず古き旗印を守って、甘んじて一方の小陣営に立てこもっている限りは、議会主義の効果は永く挙がらず、したがって無責任にして元気のよい連中に、幾度も統一を揺がされる懸念がある。（同右）

したがって、労働者・農民のみならず新旧中間層も糾合した一大国民政党が、既成政党に対抗するかたちで形成されることを望む。それとともに、さらに「国の特殊事情に対する考察」をすすめ、それに対応した方策を新たにうちたてる必要がある。そう柳田は主張する。

この最後の点はその民俗学研究のモチーフにつながるものでもあった。

柳田はいう。現在の無産政党は、「社会経済の病理」を指摘するが、その具体的な解決方法を説きえていない。人々は「眼前の生活苦」を嘆息するのみで、「学問と思索」に対して望みをつなぎえない状態にある。無産政党が、人々の生活苦を解決しうる具体的な社会的ビジョン、学問と深い思索に基づいた現実的で有効なビジョンを打ち出しえていない。それゆえ国民の大多数はいまだ自らを救う道を見いだせないままでいる(「東京朝日新聞社説」)。

このように柳田は、国民の大多数をしめる勤労者を結集しうる新たな社会改革のビジョン、「学問と思索」に裏打ちされた社会改革の具体的構想を、無産政党自らが打ち出していくことを期待していた。

その「学問と思索」には、いうまでもなく「民俗学」が含まれていた。

†無産政党発展による政界再編

だが他方、現存社会の法的秩序に何らかの改変を加えようとする運動は、多かれ少なかれ現行法に抵触する側面を含まざるをえないと柳田はみていた。ことに治安警察法、治安維持法下の日本では時々の政府の意向によってその非合法性を問題にされる可能性を十分にはらんでいる。それゆえ、無産政党とその主要な支持勢力である労働組合や農民組合などの活動は、法的レベルで相当の困難に直面せざるをえない(当時、労働組合や農民組合は事実上の存在で、法的保護を受けていなかった)。

しかし、それだからこそ、労働者や農民さらには新旧中間層を基盤とする新しい政治勢力が、一つの国民政党として合法的に議会で一定の地位を占める必要がある。それが、政友会や民政党に拮抗するだけの議席と勢力を有し、実際に国政や法改正への影響力を行使しうるようになる必要がある。そう柳田は考えていた。

すべての社会運動が現在の法的秩序に対して改訂を求めるものである以上は、そこには常に幾分の非合法性を伴うのである。治安維持法と治安警察法を両手にもっている者は、いくら合法的左翼政党なりと唱えても、眼光を政綱の紙背に徹して、その政治結社を禁止することも、一脈の赤い血が通ずるところを見出して政党を解散することも自由なのである。……結党式を前にして……非合法性の労農同盟が……ここにふたたび合法政党組織［労動農民党］に産れかわらんとすることは、特にその成行において注目すべきものがあるのである。……

議会主義に対立する大衆的日常闘争主義にあっても、いやしくもそれが、せん鋭化に自己満足するのでなく、大衆と共に政治的自由を闘い取らんとするならば、秘密結社的労農同盟では駄目で、正々堂々と民衆の目の前に存在出来る合法的政党でなければいけない。

（「東京朝日新聞社説」）

そして、それら無産政党の発展が政治的勢力配置に変動をもたらし、それへの対抗から既成政党の政策も、より広い国民的利害を代表するものに変化していくことを望んでいた。

大右翼結成主義の下に着々その歩を進めつつある［右派の］社会民衆党と、それは常に合法的ではあり得ない最左翼過激なる一団との間には、広き左翼政党のよく野があるのである……。真に具体的に大衆の「争闘を通じて結党へ」のスローガンをかかげて進むならば、無産政党の陣営は、今現にあるよりも、はるかに統一したる共同戦線においてあるはずである。……ふるわざる無産政党戦線に、新しき活気がわき上らんことを期して待つのである。

（同右。傍点柳田）

4　柳田における政治構想の特質とその位相

†地方政治の現実問題

以上が大正後半期から昭和初期にかけての柳田の政治論である。

では、このような具体的な政治論のベースになっている、政治に対する柳田の基本的な見方はどのようなものであったろうか。

柳田にとって国政は、個人的利害や階層的地域的利害によって動かされるべきではなく、それらを超えた「国民総体の立場」、国民的利害の観点からおこなわれるべきものだった。そのことは、対外政策のみならず国内政治の問題についてもそうである。したがってまた、個人的階層的地域的等々の部分的利害の調整もしくは総和によって動かされるべきものではない。政治は、現状で政治的権利をもつ人々のみならず、婦人や子供など政治に直接関われない人々、さらには将来の国民の利益をも考慮にいれてなされなければならない。そう考えていた。

世の中が如何に進んでも、選挙権は赤ん坊に及ぶわけに行かぬ。婦人や植民地の住民にまで及ぶのも、事実において近い内とは予想しにくい。我々が別人のためにも幸福安寧を図らねばならぬという大義務を忘れ、選挙人が自分たちの仲間の利害のみを標準として、代議士の甲乙を決するに止まるならば、程度の差こそあれ、我等もまた一の特権階級であり……、たとえ普選で［選挙人が］一千万人に増加しても、なおかつ一千万人の寡頭政治であります。

（「特権階級の名」）

それゆえ柳田においては、いわば国民的観点から、それぞれの政党や政治集団がどこまで国民的利害を担いうるかを念頭におきながら議論が展開されている。そのような観点から、新しい勢力である無産政党の台頭と、それによる政治的勢力配置の変動に、国民的利害の実現の可能性を託した。政友会や民政党などの既成政党は、限定された階層の利害を代表しているにすぎないとみていたからである。それゆえ、無産政党や無産者の運動に様々な激励と助言を与えようとした。

このような観点は、地方政治を問題とする場合でも同様だった。柳田は、地方の住民が自分たちの生活を安定させ発展させていくためには、住民自身がみずから地方社会を自覚的に作り上げていく必要があると考えていた。したがって地方分権と地方自治の権限の拡張を主張する。しかし現実には、個人の私的利害や特定の階層や地区の利害がしばしば先行することが多い。また、政友会系や民政党系というような中央の政治対立がストレートに地方政治にもちこまれている。柳田にとって地方での政治対立そのものは否定すべきものではなく、当然のことと考えられていた。問題は、そこでの基本的な政治対立が、その地域全体をどうするか、そこでの住民の生活をどうするかという観点からなされていないことにあった。どのようにしてその地方の自治を形成し、住民の生活の安定と発展をはかるかという観点から政治がおこなわれていない。そこに柳田は地方政治の問題のポイントをみていた。

†個人の政治的自立の重視

また柳田は、国民の意思が政治に反映されるチャンネルとして普通選挙を重視した。だが、現実には買収など「選挙の腐敗」によって国民的意思が必ずしも政治に反映されるようにはなっていないと考えていた。

柳田のみるところ、このことには日本社会の旧来からの慣習である「親方子方」関係が関わっていた。多くの地域には親分子分や顔役などという伝統的な関係が存続している。それ自体は人々の生活上の必要から発したもので、ある社会的根拠をもっている。

しかしこのような私的な関係が公的な政治の場にもちこまれると選挙腐敗、政治腐敗の温床になる。人々が自分自身の判断によらず、親方筋の意向でもって政治外的な動機から投票することとなり、それがまた親方筋への買収・供応の有効性を支えている。

そのような選挙腐敗、政治腐敗の問題を解決していくには、やはり政治主体である個人の政治的責任を、人々が自覚するようになる必要がある。国民一人一人が、独立した個人の判断でもって政治的選択をおこなわなければならない。選挙にかぎらず、その政治的社会的行為において、一個の自立した個人として自己の判断と責任において事を処していくことが必須である。したがって、政治的にも個人が自立しなければならない。そう柳田は考えていた。

このような柳田の構想は、国内の政治システムについては、現実の政党政治の方向を、リベラルなスタンスから、より徹底して推し進めようとするものだった。だが、対外関係についての考え方、また国内の社会経済構造についての見方は、前述のように、当時の政党政治と異なる方向性をもっていた。

したがって柳田は、政友会や民政党などの既成政党とは別の政治勢力が国政への政治的影響力を拡大することが望ましいと考えていた。具体的には労働者・農民をはじめ勤労者を基盤とする勢力が、一つの国民政党として既成政党に拮抗するだけの地位を議会で占めることを望んでいた。

そのことによって、政治的勢力配置に変動をもたらし、既成政党自体の政策をも、より広い国民的利害を代表するものに変化させようと考えていたのである。またそれにより、長期的には自らの社会経済構想が、政治の面からも実現されていくことを期待していた。

このような柳田の構想は、吉野作造や美濃部達吉、石橋湛山など当時のリベラルな知識人のなかでも独自な位置をもつものだった。

美濃部は民政党に近く、吉野は無産政党の一つである社会民衆党にコミットしていた。また吉野には農業改革についての具体的な構想はみられず、農業問題についての立ち入った分析はなされていない。

石橋の小日本主義は柳田の構想と交錯するところがあるが、石橋のそれは輸出貿易を重視する一種の通商国家論であり、その点で内部市場を重視する柳田と志向を同じくしない。

なお、柳田が、多かれ少なかれ大陸への軍事的膨張志向をもつ、大川周明や北一輝などの超国家主義の思想家とスタンスを異にすることはいうまでもない。

このように柳田は、一般に考えられている以上に、政治の役割を重視しており、

私などは根が俗人であるためか、学問に世用実益の有無を問われるのは当然だと思っている。そうして結局政治を改良しえれば、学問の能事《のうじ》おわれりとまで考えている。

（『青年と学問』）


とまで極論するのである。

もちろん、政治の改良に終わりはなく、したがって、学問の課題にも終わりはないのだが。

第五章 自立と共同性の問題

1　共同関係・個の自立・親密圏

†自立には共同性が不可欠

さて、柳田は、農民経営の自立、個人の自立を一貫して重視していた。他方で、よく知られているように、地域の伝統的な共同関係における共同性にも着目している。

この二つのことは、柳田において、どのように整合的に考えられているのだろうか。まず、地域の共同性の論点についてみておこう。

柳田は、前述のように、人々が自覚的に生活のあり方を考え、日常の生活方法を再検討していくことを一つの重要な課題としていた。そのような生活のあり方の再検討と、新しい生活方法やそれを支える文化基準の自覚的な創出は、個々の住民がバラバラになしうるものではない。日常の生活は地域の人々との様々な関係のなかにあり、生活のあり方の新しい基準の設定とその実行には近隣住民との協力を不可欠とする。それには、近隣住民間に一定の共同関係が存在していることが前提になる。

今の生活は改善すべきもの、それも、個人の思い思いの工夫でなく、同じ憂いを抱く、多くの者が団結して、始めて世の中に益がある（『明治大正史世相篇』）

一人のよき考案が全体に応用し得るとともに、これが社会的の解決でなかったら、一家にも功を奏しない。そういう相関の理法を覚らせてくれるものも、やはりまた団体生活のほかはない（同右）

過去民衆の生活は集合的の現象であり、これを改めるのも群《むれ》の力によっている。（『国史と民俗学』）

その際、柳田は、このような共同性の問題はある意味では、欧米・日本を問わず、また時代を問わず、考えなければならない事柄だとみていた。人々が自立して生きていくためには、ある種の共同が不可欠だと考えていた。

なぜなら自立の問題は、文化の自己形成力という条件をぬきには考えられない。その文化の自己形成力は小集団的なものをぬきにしてはありえないとみていたからである。とりわけ中央からの文化的影響力が強い最近の社会ではそうだと捉えていた。

これから先、「友達」の研究をしなければならないと思っています。……あれを単位にしないと、個人個人を単位にして教育して国という大きなグループに抛《ほう》りこむのはいけないと思う。大部分の者は砂の一粒になって……しまう。

農村、漁村には、小さな単位があって、まだ壊れきってはいないのです。……そういう小さなパーソナルなもの……本当に自分の利害みたいに感じられる小さな単位を作らなければ、これから先の工場労働者の生活も改良せられまいと思うのです。（『柳田国男対談集』）

それゆえ、柳田が小集団的共同性を重視するのは、特殊日本的な状況を念頭においているばかりではなかった。通時的共時的な意味で必要な事柄、「人間本然のある深い要求に根ざしたもの」（『郷土生活の研究法』）とみていたのである。

†農家の孤立

また、現在のように人々が小家族単位で孤立しつつある状況では、農民や勤労者を含めて、なんらかのアクシデントで経営上生活上の困難に陥りやすい。またいったん困窮する状況に陥った場合、孤立しているがゆえにそこから抜けだすことが非常に難しくなってきている。そのようななかでは人々の相互協力がなによりも大切であり、その基礎になるような共同関係を意識的に育《はぐく》んでいかなければいけない。柳田はそう考えていた。

金銭経済の空前なる展開とともに……農家は孤立する小農になってしまったのである。
（『家閑談』）

家庭の孤立を促成した始めの原因……のなかに、まだ何ものかの条件の必要なるものが、欠けているのでないか……

今日は……一旦陥った貧窮から抜け出す機会の追々に少なくなろうとしている
（『明治大正史世相篇』）

共同団結に拠る以外に、人の孤立貧には光明を得ることはできない……。多勢の同境遇の人々と、如何なる方法でも結合しなければ、解決は無意義だ
（同右。傍点柳田）

柳田はそのような観点から、現に存在している地域的共同関係に含まれる共同性に注目する。

同地住民の新たなる結合方法として……視野の広く経験の豊かなる、古来の公共団体を働かせるのが便利である。
（『都市と農村』傍点柳田）

ここでいう「古来の公共団体」とは、いわゆる自然村、村落共同体を意味した（柳田自身も「自然村」や「共同体」などの語を使用している）。具体的には、当時の行政上の町村の「大字」もしくは「区」にあたる。

そこには新たな「共同団結」の基礎となりうる「隠れたる連帯」が存在している、と柳田はみていた。

久しい過去に遡って考えてみると……〔行政上の市町村より〕もっと纏《まと》まったもっと強い力をもった、在来の「村」が、今も引き続き存在しているので、我々があの村の人といい、この村の習わしという場合のムラはこれを意味している。その多数は現在町村の区または大字となっている。……

現在の村生活をみると……家族が、偶然に相隣りして集落を作っているかのごとき観があるが、実はその間には隠れた連帯がある。（『日本農民史』）

そして、その「村《むら》の協同」には、「相互の熟知と信頼と数《すう》の力」があり、「一種の妙味ある調和」が認められる（『都市と農村』）、というのである。

†大家族制の解体

では、農家の孤立、人々の孤立は、なぜ、どのように生じてきたのだろうか。

新たな生活方法と文化基準の創出の必要性の論点については、先にふれた。したがってここでは、この孤立化の問題についてもう少し立ち入ってみておきたい。

柳田によれば、すでに明治以前から小農化の展開によって伝統的な大家族制の分解は進行しており、小家族の孤立化による問題は潜在的には広がりつつあった。

この大家族制解体のプロセスの要因は次のようなものだった。

まず軍事的に、中世から戦国時代にかけて軍事編成が変化し、この面での大家族制の意義が低下したことである。

古代の軍隊は、「氏《うじ》」の長たるものが配下を引きつれ、それが一つの単位を構成するのが一般的だった。しかし中世以降、軍隊編成法の変化によって大家族（氏）が戦闘作業の単位ではなくなってくる。たとえば弓や鉄砲など、それぞれを専門とするものを氏の所属をとわず集団的に編成し、訓練をつみ活動させるようになる。そうすれば、もはや氏の結合を鞏固に保つ必要はなく、家はその基本単位である小家族に縮小しようとする傾向が強くなった。

また政治的に、近世に入ると、租税徴収の観点からむしろ直接に家々から課役を徴するようになる。そこから官府が戸数の増加を奨励し、小家族制への移行がはかられた。

さらに経済的にも、新たな農業技術の発見や商品経済の浸透などによって生産様式の改革がおこなわれ、基本的には小家族を単位とする農業経営が可能になってきた。

そして人々の意識においても、小さな独立した家や自由な職業がもとめられ、大家族の分解を促進した。

柳田のみるところ、大家族は、外部からの自然的社会的脅威に対しては一つの力だった。だが、その内部では束縛や制約が多く、普通の家族員に「無理な辛抱」を要求し、彼らの「完全な従順」と「自由の制限」を必要とした。したがってその構成員に相当の「犠牲」を強いるものだった。それゆえ、もし外的な規制がゆるんでくれば、大家族制の解体を志向する動きが家族員の内部からも起こってくるのは自然なことだった。


農民の家永続には、はやくからかなりの犠牲を必要としていた。……［「大家族制」によって］常住に、多数の族員の無理な辛抱を要求していたのであった。……完全なる従順、時としては自由の制限さえも必要であった。（『明治大正史世相篇』）

農民は……近世に入って家を分裂し、もしくは祖先の地を離れていくという場合……常にもう一段と幸福な生活を捜し求めようとする動機に基づいているからであった……。世の中が少しずつ知られてきて、別にいくらでも自由な職業のありそうなことが考えられてきた。……小さな独立した活計のいうことが念頭に浮かんでくる。それが生産経済の改革に乗じて、家の分裂はまず故郷の地において試みられたのであった。（同右）

†農民の自主的な共同団結が必要

大家族の解体と小家族化の方向そのものは、人々の「一段と幸福な生活」を求め、「独立」と「自由」を求める願望の表れだった。それは柳田からみても「自然」な、当然の志向であり、小農民の自立化への意欲ともいえた。

柳田は過去を理想化し、大家族制を理想化しているとの見解がみられるが、必ずしもそうは考えていなかったのである。

このように、中世以降の社会変化のなかで強力な集団的結合を必要としなくなり、大家族制が解体していった。

しかしそのことは同時に、それまで大家族制がはたしていた相互扶助をはじめとする生活上必要な様々な社会的機能が失われることを意味した。

したがって、分立した小家族は、何らかの偶然的要因で生活上の困難に陥りやすくなる。またいったん困窮状況となった時、孤立しているがゆえに脱却することが難しいという事態になってきたのである。

このような大家族制の分解にともなう農民的小家族の孤立化が進行しているところに、明治以降、急速に西洋化、市場経済化が進行した。それとともに、新しい都市的生活様式が農村にも徐々に浸透してきた。ことに大正中期から、もともと経営基盤が脆弱な広範な農民が、それによって収支バランスをくずし、経営上生活上の破綻の危機に瀕することになった。そのことは小家族の孤立化の問題性を一挙に表面化させている。そう柳田は捉えていた。

> 農村［を］……破滅の淵へ運ぶものは［「地主の横暴」のみではなく］都会文化の普及そのものである。なるほど、［都会］文化のなかには、彼ら［農村の人々］に知識を与え、便利を与えたのみならず多くの恵みを垂れたものもあったが、彼らの生活様式に合致しない不経済なものもあった。が概して、都会の文化は彼らの経済を極度に不安なものとした。否、消費の増加による収支の不均衡はついに、彼らを破産に導いた。（「地方文化建設の序説」）

そして、この新しい問題状況に対処するためにも、これまで人々の生活を支えてきた様々な社会的ファクターを改めて検討することを主張する。それとともに生活全体の様々なレベルでの協同、農民相互の自主的な「共同団結」、そのベースとなる自覚的な地域的共同性が必要だというのである。

†個人意識の発達

ところで、柳田にとって、農民経営の自立、個人の自立の問題は当初からの一貫した重要課題だった。

農政学では、日本農業が「独立自営」の農家によって担われるべきことを主張し、小農民経営が「農企業」として「独立」するための様々な方策を提言していた。

> 地租のほかは収穫を丸取《まるど》りにする所有権者としてその土地を耕作させる方が、早く農業の独立が得やすいのであります。
> (『時代と農政』)
>
> 根本の組織に着眼せずして、無差別なる副業奨励をなし、農企業の独立を阻碍する限りは、全くいつまでも徒労を繰り返すことを免れざるべし。……予が農戸数の減少を希望するは、全く農民をしてその独立自営に必要なるだけの農場を有せしめんがために……すぎず
> (「中農養成策」)

小家族、小農民の自立化は、人々の「独立」と「自由」を求め、「一段と幸福な生活」を求める自然な願望によるものであり、当然のことだとみていた。のみならず、農業を担い、社会を担う人々が、個人としても、知識と判断力、実行力をそなえた自由で自立した人間でなくてはならないと考えていた。

個人を一旦は自由なものにすること、それが有用なる組合を成立させ、また予定どおりの事業を成し遂げさせる手段といってもよいのである。(『明治大正史世相篇』)

心身の発育が、よく一生の艱難に堪えるだけでなく、さらによく疑い、またよく判断して、一旦これと信ずれば之を実行するだけの、個人の力というものを養うことができるかどうか。(同右。傍点柳田)

しかし、独立した判断力をそなえた個人、自立した人格としての個人の形成は、一朝一夕になしうるようなものではない。その点について柳田は、自立した人格形成の前提となる「個人意識」が長い歴史の営みのなかで徐々にではあるが育まれてきているとみていた。

日本人の個人意識が発育して、やっとこの頃の程度まで来るだけにも、すでに莫大の難行苦行があった。……個々の霊魂の平等の価値を認め、その思い思いの展開を当然と解する様になったのは、必ずしも外部文化の接触という如き一朝の変化ではなかった。内に萌すところはすでに久しかったのである。
（『食物と心臓』）

†自主と協力の喜び

社会がそのような人々によって構成され、特別な階層ではなく一般の人々の意志によって動かされることが、社会のあり方や国のあり方をより良い方向に進めていく。それが必須のことだと柳田は主張する。

国と国との利害は錯綜しており……この方［日本］の立場も人によって統一がないわけで、こうなると最早出先の外交官や、時の武人団の意向などに、和戦の判断の鍵を委ねて置くわけにはいかぬ。国民自身が直接この重要なる根本問題を考えてみなければならぬ。
（『青年と学問』）

国語の歴史を明らかにしていくと、少なくとも国語は批判すべきものだということがわかってくる。批判という語がもし大袈裟だというならば、各人の自分で選択する能力が養われるといってもよい。（『国語の将来』）

義務教育だけで学校を退く小中学生のために、最も力を入れたい。そして正しい判断力を養いたい。（大西伍一『私の聞書き帖』）

新時代の公生活に目覚めたる者［は］……全く一人《にん》の独立した判別をもって、進まんと欲する途を択《えら》ぶべき……である。（「東京朝日新聞社説」）

したがって、農民相互の共同団結も、そのような自立した個人によって支えられるものと考えていた。

自主と協力の喜びが我々を訪るる時、我々は必ずや幸福になるであろうと信ずるのである。（『明治大正史世相篇』）

ここでの「自主」とは人々の自立、独立であり、「協力」とは共同団結を意味する。

そこで柳田の注目したのが、現実にある地域的共同関係（いわゆる自然村）における共同性だった。

†親密圏について

ところで、個人の自立と地域的共同性について、相互に矛盾する関係にあるのではないかとの見方がある。

しかし近年、その関係について興味深い見解が、いくつか提示されている。

そこで、柳田の地域的共同性についての具体的な議論に入る前に、その点を少し検討しておこう。

その一つが、いわゆる親密圏についての見方である。

それは次のようなものである。

親密圏とは、文字通り親密な関係にある人々の圏域を意味する。そこでの親密性は、いわゆる顔の見える関係、互いに顔見知りのもの同士の一定以上の継続的な関係性によっている。いいかえれば、具体的な他者の生への配慮や関心を媒体とするある程度持続的な関係性が、親密圏を特徴づけるものである。

それは家族や親族関係にとどまらず、様々な小サークルや、比較的親密な関係にある小規模な地域的空間（近隣関係）も含まれる。

近代社会における個人は、社会（世間）において一般的な他者（見知らぬ他人）と接触し、様々な関係をもつ。そこで人々は、往々にして無数の個人のなかの一人として、いわば砂のような無名の存在となりかねない。

親密圏は、その個人が自尊や名誉（人としての誇り）の感情をみずからのものとし、時としてそれを回復する拠り所となる。そこでは少なくとも自己の存在が無視されず、表明された意思は同意不同意は別として受け止められる。親密な間柄においては、無視されてはいないだろうという感情、抑圧や拒絶の恐怖をあまり抱かずに意思の表明ができるという感情をもちうる。自らの存在が肯定されているという、その感情が個人としての自尊や名誉の基盤となる。その自尊や名誉の感情が、社会において個人が自らの言葉や行為を、否認や蔑視をおそれず表出し実行していく力となる。すなわち個人としての自立の基礎となる。

親密圏は、人々の自尊と名誉、個人としての自立のゆりかごであり、それを不断に再生し、回復する場所でありうる。もちろんそれは一定の持続的な関係性を前提としているがゆえに、限定性や境界性をもつが、必ずしも必然的に閉鎖的なものではない。

また親密圏が同化と抑圧の空間となる危険性はつねに伏在している。だが移動や退出の自由が、制度的慣習的にも実際上も可能性として保障されていれば、その危険は低減されうる（齋藤純一『公共性』〔岩波書店、二〇〇〇〕、同『政治と複数性』〔岩波書店、二〇〇八〕、ハンナ・アレント『人間の条件』〔ちくま学芸文庫、一九九四〕）。

この親密圏に関する見解は、個人の自立と、共同的な関係（親密圏）が必ずしも矛盾するものではなく、むしろ共同性が個人の自立を支える場合があることを示している。そのことは、小規模な地域的空間（近隣関係）における地域的共同性についてもあてはまるだろう。

†ワロンの自我形成理論

もう一つの興味深い見解は、フランスの発達心理学者アンリ・ワロン（一八七九―一九六二）の自我形成に関する議論である。

ワロンのみるところ、自我は次のようにして形成される（少し長くなるが重要な論点なので、しばらくお付き合いいただきたい）。

幼児は、無力であるがゆえに、養育者たち（母親に限らない）に支えられるかたちでしか生存しえない。新生児期には、眠っているか、肉体的生理的衝動を外に向けてまとまりなく発散させる。そして養育者たちの手をかりて生理的生を維持している。子どもの自我は全く未分化で、周囲の関係の中に溶け込んだ状態にある。これが生理的共生の段階であり、衝動的段階ともいう。

次に幼児は養育者たちとの関わりのなかで、その存在を感じ、姿勢や情動の表現を介して養育者たちに働きかけるようになる（生後二、三ヵ月）。これが情緒的共生の段階である。幼児と養育者（母親など）との間での相互的微笑が象徴的なものである。この段階では、子どもは周囲と一体になっているため、そばに人がいなくなっただけで自分の一部が失われたと感じているようにみえる。子どもは周りの人たちとある種の情緒的共鳴によって溶け合っている。これを情緒的段階ともいう。生後六カ月にもなると、子どもは多種多様な情動表現ができるようになる。だが、この段階では子どもの自我は、まだ周囲の関係のなかに溶け込んだままになっている。子どもは周囲の人々との緊密な共同性のなかに生きている。

この情緒的共生状態は、徐々に崩れていく。情緒的共生の段階では、自他は混交しあって漠然とした未分化な状態にあるが、自他の二極性（異なった立場・役割）は存在している。ただ、その二極性はズレの感覚として、驚き、不安として感じられるのみで情緒的に表現されるにとどまる。

やがて子どもは、自分の予期や意図と実際の結果との間に不調和が生じた時、その源にさかのぼってみようとするようになる。そして場面を能動的な相と受動的な相の二つに分解し、いわゆる交替的なやりとり遊びにふけるようになる（生後七、八カ月ぐらいから）。叩くと叩かれる、逃げると捕まえる、隠れると探すというようなことを子ども同士で交互にやりとりして、する者とされる者の二つの役割を演ずる。

こうした他者との役割の交換を通じて、子どもは働きかける者と働きかけられる者という二重性を認識するようになる。こうした遊びのなかで、子どもは相手の人格、他者の人格を発見する。それまで未分化だった自分自身の感受性の内部に他者性を認識していく。

ただこの時期の子どもにとって、遊び相手は自分と離れた存在ではあるが、両者は互いに等価であり、全く同質で交換可能な二人でしかない（自我意識の二重性）。やがて子どもは相手なしに自分だけで一人二役を演じる交替遊びをはじめるようになる。これは自他の相互交換可能をあらわしているもので、自我は他者に対して優越した安定性や恒常性をもつにいたってはいない。

この時期の子どもは、年長者の指示には極度に敏感で、まだ自我が他者で補完されなければならない状態にある。

二歳代になると、このことが子どもの自我欲求と衝突するようになる。まず、相手の意志に対してかたくなに自分の意志をつきつけている拒否主義的な傾向が現れる。これは他の人それ自身に関心をもつことができるようになってくることを意味する。

次に（三歳代）、どんな場合にも自分の立場を主張するようになる。この頃には、ほとんど挑発的ともいえるほど強く自我を主張する（自我主張の時期）。また、子どもの自我意識がいろいろな物にまでおよび、「わたしのもの」「ぼくのもの」という言葉が、はっきり所有の意味をもつようになる。

四歳になる頃には、自分を際だたせようと欲し自己陶酔する自己愛的な傾向が生ずる。だがその後、大きく優れた自分になりたいとの欲求があらわれ、他者をモデルにして模倣によってその人物の長所や才能を取り入れ、我がものとしようとするようになる（生後五年目頃）。

こうして、主観的観点の優位性が排他的なものでなくなり、子どもは自己を他の人々のなかの一人として位置づけるようになってくる（カテゴリー的概念的段階）。自分を第三者の視点から客観的にみることができるようになるのである（九歳から一一歳前後）。この段階になると、自我は、他の人との関係を、多様な側面から多様な組み合わせにしたがって考え、自分の行動を修正するようになる。

†内なる他者としての下位自我

こうして自我が確立し、自我が自立していく。

だが、この自我の確立過程において、自我意識の二重性が消え去るわけではない。ふたりを交互に演じるということはなくなるが、もうひとりが完全に消えてしまうのではなく、「第二の自我」「下位自我」として、潜在意識（無意識）のなかに生き続ける。この第二の自我は、自我の確立過程で親密に交流した複数の他者の残像であり、「内なる他者」である。それは、複数の他者を含む「社会的自己」ともいえる。

自我は自分に完全な自律性があると考えるようになり、一つの独立した存在、閉じた全体だと意識するようになる。そして自分にとって本質的に外的な存在である他者との区別を打ち立てる。だが、それは意識のもっと内面で行われる二項分割の結果である。一つの項は、自己同一性としての自我の確立であり、もう一つの項は、この同一性を保持するためにそこから排除せざるをえなかったものの縮約である。それが無意識の下位自我となる。

意識の最初の状態は、漠然とした自他の未分化なものとしてある。やがてそのなかで、一つの凝縮の核がかたちをとってきて、それが自我となる。そして同時にそこから排除されたものの縮約が、下位自我（社会的自己）となる。

下位自我は、自我と分離できない対をなし、自我の永遠の同伴者である。この潜在化された下位自我が、内面世界と周囲の具体的世界をつなぐ媒介者、他者理解や他者受容の媒介者となる。その意味でもこの下位自我は、自我に随伴する「社会的自己」である。

こうして自己意識としての自我が形成されてくると同時に、潜在意識として下位自我が形成される（この下位自我——そこには複数の他者が含まれている——が何らかの病変によって意識面に表出すると、幻聴や多重人格などの病理現象となる）。

このように子どもは自我を形成していくのであるが、なお家族や養育者たちのなかで、依存的隷属的な状態を強いられている。内なる他者（下位自我）も、極めて貧弱なものに過ぎない。

だが、新たな他者、今までの関係になかった人々を発見することによって、この状態から脱けだしていく。しかし、この解放は、なお様々な依存を引きずったままであり、新たな依存を生みだす場合もある。

いったん自我が形成されてからも、人は様々な自我の危機に直面する。思春期や青年期においては、ふたたび自我要求が肥大化し、感情が両義的なものとなり、利己主義と自己犠牲が相伴い、人との社会的関係のなかで迷いが生じるようになる。ことに青年期には、自己の存在理由、人や物の存在理由を問うようになり、形而上学的な関心にむかう。これはまた社会的な責任への関心ともなる。

成人となっても、集団的興奮状態によって意識のなかで自他の境が溶け、自他が混交した感覚におちいる場合がある。また時として自我が肥大化して、強い支配欲にかられることも起こる。

また、決然として自己を堅持していると感じることもあれば、他人からの影響、その意志や気まぐれに屈したり、周囲の人間関係に押し切られたと感じることもある。

だが、そのつど自我は、いったん形成された下位自我としての社会的自己に、親密な他者を模倣し同一化することによって、新たなものを取り入れる（無意識に）。それにより、さらに他者との関係をより多様で多彩な組み合わせに従って考えることができるようになり、他者との平衡のとれた関係、正常な活動のために必要な外的環境への適応を身につける。こうして自我はパーソナリティとして豊富化し、豊かな確固とした自立的人格に育っていく。

これがワロンの見解である（アンリ・ワロン、浜田寿美男訳編『身体・自我・社会』ミネルヴァ書房、一九八三）。

†個の自立には様々なレベルでの共同性が必要

つまり、社会における他者との関係において、幼児期から形成されてきた下位自我が、重要な役割を果たしている。個人が社会の中でバランスをとって自立的に生きていくには、その下位自我が多様な内容（他者）で構成されていることが必須である。下位自我が、社会や他者との関係を媒介しているからである。そしてその下位自我は、親密な関係にある人々の模倣（同一化）によって豊富化される。そういうのである。

ワロンにとっては、自我の確立とは、他者に依存、従属しないばかりではなく、自我膨張による他者支配の欲求とも相容れないものである。

それは、単なる自他の区別にとどまらず、まさに個の自立、個人としての人格的自立を意味する。

そのような個の自立は、下位自我としての社会的自己の豊富化に支えられており、その社会的自己は親密な関係にある他者の模倣や同一化によって形成されている。いいかえれば、親密な他者との関係性によって多様な生き方や価値を内包している。自立した個人とは、そのような豊富な下位自我を媒介に、他者との関係性において自ら生き方や価値を選びとっている存在だともいえる。

すなわち、個の自立にとって、親密な関係にある他者の多様な存在が、重要な意味をもっていることが示唆されているのである。

このような見方は、先の親密圏についての議論とも親和性をもっている。

いずれにせよ、個の自立には、地域的共同性を含めた、様々なレベルでの共同性(親密圏)の存在が重要な意義をもつことは、否定できないのではないだろうか。

もちろんワロンもふれていることだが、いかなる状況の中でも決然として自己を堅持する人々は存在する。だが西洋市民社会においても、そのような強固な自我、孤高で自己存立的、自己回帰的な自我を、一般の多くの人々に求めることは困難だったといえよう。多くの人々は個としての自立性を、複数の親密な他者、様々なレベルでの親密圏との関係によって形成し、維持している、とみられているのである。

ちなみに、フロイト派の社会心理学者エーリッヒ・フロムは、近代ヨーロッパを含め、人は孤独には耐えられない、としている(フロム『自由からの逃走』創元社、一九五一)。一般の人々一人一人が、確固とした自己の信念をもち、いかに孤立し孤独となってもそれを貫く、というようなことは極めて困難だとみているのである。フロム自身その理由については深く立ち入っていない。だがフロイトは、自我そのものが極めて脆弱なものであることを指摘している。

フロイトのみるところ、自我は脆弱なゆえに他者の支えを必要とする。それなしでは内部崩壊しかねない。つまり孤独には耐えられない。ここでいう他者の支えとは、必ずしも実際的具体的な援助や助力を意味しない。自我は他者との「同一化」によって形成され、その同一化を繰り返していくことにより、自我は自らを維持することができるとされる。それが他者の支えの内実である。その同一化は、一種のコピー（模倣）であり、そのためには同一化する他者は、親密な関係にある具体的な人格でなくてはならない（フロイト『精神分析入門』。鈴木晶『「精神分析入門」を読む』ＮＨＫライブラリー、二〇〇〇）。

ここでも、自我の自立、個の自立を維持していくには、親密な他者との関係（親密圏的な共同関係の存在）が重要な意味をもっていることが示唆されているのである（ちなみに、ワロン、フロムともに、個体発生は系統発生を繰り返すとしており、前近代社会においては、一般には自我の確立はいまだなされてないとみている）。

†地域的な農民的共同

さて、柳田もまた小農民経営や個人の自立には、親密圏的な小集団的共同性が必要だと考えていた。小農民経営の自立は個人の自立の重要な基礎だとみていた。

そして柳田は地域的な共同関係に注目し、その共同性をこれからの社会形成に生かそうとした。それは、先にみたような、新たな生活方法や文化基準の創出の問題や、人々の孤立化への対処の問題にとどまらなかった。

柳田はその地域改革構想において、農民経営の自立をうながすためには、経営規模の拡大が必要だと主張していた。その経営規模の拡大のためにも、農民自身の自覚的な共同組織が必要だという。

農民経営が自立的に発展していくには、自作経営でだいたい一町五反（約一・五ヘクタール）が必要だとされていた。だが、現実の平均経営面積は一町歩たらずだった。したがって柳田は現在の農民一戸あたりの経営面積をかなり拡大する必要があるとみていた。そのためには開墾などによる耕地総量の増大のみならず、農家戸数の減少、一定数の脱農化が、農民自身の自発的意志にもとづいておこなわれなければならないと考えていた。

それには、それを指導し計画的に実行していく、近隣農民の自主的な結合を基礎とした地域的な共同組織が必要だ。そこでの相互の信頼と英知にもとづいた具体的な方策の案出と実施、きめこまかな相互援助を欠くことができない。そう柳田は指摘する。

また、水稲作農業における労働力需要の特質からする、農民の地域的な共同性の必要を柳田は指摘する。すなわち水稲作では、田植や稲刈作業などの労働力需要のピーク時に農家間の共同労働が必須である(具体的には、あらかじめ労働力需要のピーク時を農家間で調整して時差を設け、相互協力による共同労働によってそれぞれのピーク時を乗り切る)。しかもその部分は機械化が難しい。そのほか、家屋改修など農作業以外の様々な臨時の季節的共同労働の必要なども存在する。そのような点からも農民相互の共同関係が重要な意味をもつ。

日本農業や住居形態の特質からして、たとえ一定の農業構造の改変をおこなったとしても、地域的な農民的共同が不可欠である。柳田はそうみていた。

初期の農政論においても柳田は、農民経営の脆弱性を克服し、農民経営を安定的に発展させていく見地から、産業組合による農民相互の「協同相助」を主張していた。この時期にはそれに加えて、これまで述べてきたような新しい観点がはっきりと現れてくるのである。

2　自然村への着目

†産業組合・農民組合の問題点

では、どのようにしてこの農民の生産や流通のみならず生活全般の様々なレベルでの協同相助とそれを支える共同組織を実現していくのか。柳田はそれを現実の農民の動きにそくしつつ、しかも彼らの内にあるものを生かす方向で考えようとする。そしてそこから柳田における「自然村」への着目が意識的になされるようになる。

初期において柳田は、農民間の相互協力組織として産業組合に期待をかけた。ところが現実には、そこに加わる者はだいたい地主および農民上層の自作農にかぎられてしまった。したがって、経営が困難で実際にはもっとも組合組織を必要としている小作農がとり残された。そこで、彼らをして別の協同組織すなわち「農民組合」に向かわざるをえなくさせる事態をひきおこす結果となった。柳田はそう観察している。

産業組合などが……小さな地域内に自立して、土地の事情に適した計画を立て……貧富の隔絶を少なくすることを趣旨としたのであったが……初期の指導が一方に偏したばかりに……苦しい生産に従事しなければならぬという人々を取り残して、彼らをして別に何らかの団結を企てしめるような形勢を誘致してしまったのは残念である。……

村の経済組織の大切な長所、すなわち相互の熟知と信頼と数《すう》の力とを、こんな行きがかりから二つに割っておくことの、不便不利益を感ぜずにはおられぬはずである。

(『都市と農村』)

ではその後農村に広がってきたこの農民組合の働きはどうだろうか。

柳田のみるところ、将来の可能性については期待しうるにしても、現状では問題ありとせざるをえない。その対地主闘争によって小作人の当面の窮状をあるていどは改善できるかもしれない。だが、彼らを含めた農民全体のおちいっている困難な状況そのものを打開できるかどうかは疑問である。

小作農に重くのしかかっている小作料の重圧はとり除かれるべきであり、自作農化が実現されることが望ましい。しかし、現実の自作農もすでに経営困難におちいりつつあり、小作化するか離農するものが増えてきている。そのような現状では、小作料問題だけではなく、農民全体が抱える問題とそれがおかれている社会状況についてさらに視野をひろげる必要がある。それらの問題に対処していく方法を考え実行していかなければならない。ところが現にある農民組合は、一般に小作農および自小作農を構成員とし原則として自作農を含んでいない。

それでは、農民相互の地域的な協同相助の関係を作りあげていくことは難しい。そのような地域的な協同関係こそが、農民の現在おちいっている困難な状況を打破し、将来の農村生活を安定したよりよいものにしていくうえで最も枢要だ。

†自然村の共同性

日本の農村ではだいたい、手作り地主があまりみられなくなってからは自作と小作がほぼ相半ばして農業生産に従事しており、したがって両者の利害には共通点が多い。しかもこの国の農業はその水稲作の特質から、農民が相互に完全に分立した状態での作業様式でたちいくような性格のものではなかった。日本の農村は、小作農と自作農がそれぞれに分かれて割拠するには適しない性質をもっているのである。

全体からいうと自借二種の小農の、半々に入り交じった村が最も多いはずである。そうして二者の利害には共通の点今もなお多く、事実またいかなる場合でも対立反発の勢いを示したことがない。……こういう農村において一方の組合員を選別し、まず小作農ばかりの農民組合を作らせたということは……この組合の目的が、最初不任意に狭隘《きょうあい》であったことを意味するのである。（『都市と農村』）

こう柳田は当時の産業組合や農民組合の現状の問題点を指摘する。そして自作小作をとわず農村を構成する全農民による「協同相助」と「共同団結」をはかる観点から、現にある自然村（村落共同体）の共同性に着目する。村落共同体は、明治以前からある伝統的な共同団体だが、農民のこれからの新しい協同関係形成の基盤として、その共同性に積極的な再評価をほどこすのである。

団結は最初から共同の幸福がその目的であった。……救われねばならぬ人々の自治の結合が成就してこそ、目的は達せられるのである……。共同団結に拠る以外に、人の孤立貧には光明を得ることはできない。（『明治大正史世相篇』）

利己的ならざる産業組合の拡張、良心に忠なる農民組合の改造、その他現存組合のいずれか一つの努力によって、まだ農村の希望はいくらでも成長するわけであるが、各種階級の利害を討究して、できるだけ少ない苦痛をもって、抵触を調和し混乱を整理しようとすれば、やはり視野の広く経験の豊かなる、古来の公共団体を働かせるのが便利である。

（『都市と農村』）

この自然村（村落共同体）の共同性には、長い経験と交流の蓄積によってはぐくまれた「相互の熟知と信頼と数《すう》の力」「共同団結の自治力」がある。それは「村に昔からあった結合」であり、「一種の妙味ある調和が認められ」る。この自然村の共同性を基礎にしてこそ、農民間の考え方の違いや利害の抵触を調整しながら、「共同団結」「協同相助」の実をあげていくことができる。その共同団結こそ、彼らの直面する困難を打開し、その生活を改良し安定させていくうえで、今日その必要性が痛感されているものである。柳田はこう考えていた。

なお、いわゆる自然村は、一般には村落共同体、部落共同体と呼ばれるが、柳田自身もそれを「共同体」とも表現している（『都市と農村』）。

†共同性の崩壊

当時の地方制度では、村落共同体としての自然村がいくつか集まっていわゆる行政村を構成しており、自然村はそのなかの区または大字となっていた。

柳田のみるところ、行政村もひとつの公共団体で、様々な共同事業をおこなっており、人々の生活もそれからはなれて営まれているわけではない。しかし行政村は明治期に政府によって外から設定されたものであり、そこにおける住民相互の理解と結合はまだできあがっていない。それに対して自然村（ムラ）は、長い時間をかけて内発的な契機から形成されてきたもので、古くからの伝統をもつ存在である。内部での人々のつながりはより緊密で強い結合力をもっている。そこでの住民相互の親密性と、それにもとづくところの利害や判断の相違に対する調整力、自治的な団結力は、これからの新しい共同組織の基礎となりうるものである。

村落共同体としての自然村は、「ゆい」や「もやい」など農民間での季節的臨時的共同労働など、生産における結合が核にある。それを一つの軸に、宮座や若者組、娘組、子供組、伊勢講や大師講をはじめ各種の講、無尽など、有形無形の共同関係が様々のレベルで重層している。

部落［村落共同体］の連帯は単に物質上のみでなく、なお無形の生活にも及んでいた。（『日本農民史』）

昔から村には「経済の統一」があったばかりでなく、それ以外の生活の様々な局面でも「村が一体となって働く」ことが多かった（同右）。

農村の最近の強い衰微感は、この古くからの共同関係そのものが崩れつつあることも背景にあるのではないか。そう柳田は捉えていた。

昔とても農民らの生活は、衣食住その他いずれの点からみましても、決して好ましい程のものではありませんでした。しかるに彼には平和があり、故郷と家門とに対する愛着があり、ここ［現在］にはしばしばそれが欠けようとしているのは何故でありましょうか。……

諸国一様の一つの傾向とも認められますことは、以前あった平民の結合力の解体と、もとの組織のやや乱暴なる改造であります。……ユイとモヤイ、講と組、……マキとかアイジとか申すものの約束は、いわゆる新しい村ほど弛みまたは変わってきております。農民がこの頃急に孤立の心細さを感じ出しましたことが、これと多少の関係のあることだけは推測してよいのであります。

（『国史と民俗学』）

全体に子どもを大きくすることが、貧しい者には一年ましに大きな苦しみになろうとしている……ほったらかしておいても子は育つものと思っていた、自然の遊び場と群《むれ》［伝統的な子ども集団］とが追々に少なくなり、親が見ていなければならぬ時が多くなった

（『明治大正史世相篇』）

†本格的な民俗学形成へ

こうして柳田は、自然村の共同性に改めて目をむけ、

複雑なる農民の心理と、それに培われて成育した制度慣習とは、実は今少し注意深く、土地の人自らの手をもって、保存して置かなければならなかった。（『都市と農村』）

という。

しかも最近は、古くからの「［村の］結合の意味までが不明に帰して、村人自らが村を偶然の集合のように考える」傾向が生じている（『日本農民史』）。

したがって、農村社会の仕組みとそれを支える農民の風俗習慣、ものの考え方や心性を、その歴史的変遷を含めて把握することが重要な課題だとするのである。

それがこの時期における本格的な民俗学形成の基本的なモチーフのひとつだった。

柳田はいう。

村の協同の一番古い形は、今なお誰にもわかるだけの痕跡を労力融通のうえに遺している。

……

ユイには古くから団結の結の字を宛てていて、その範囲は農耕の作業には限らなかった。

……屋根を葺《ふ》く萱《かや》は二十年に一度、家を建てる柱は五十年に一回、おおよそ順番に採ることができれば、人は互いに助けて居住の問題だけは解決することができたのであった。ユイの制度はこの場合にもおこなわれていた。（『都市と農村』）

古くからの団結の中には、名前はともかくもその心持ちだけは、ただ忘れてしまうには余りに惜しいものがあった。……

歴史が最も古くまた久しく続いたものには講《こう》というのがあった。講はもと信仰を中心とした仲間であった。……共同の信仰が縁であって、追々に世事を談ずる団体となり、また生活を協同する機会となっている。……講が仲間の難儀を救う一種の共済組合となって来たのはまた自然の推移であろう。……

無尽《むじん》には最初から一致の目的があった。……誰の家をたてようとか、誰が金やあるいは牛馬が入用だとかいう時に無尽が起こされた。……一つの郷党では冠婚葬祭もまた一種の無尽であった。すなわち一度の救援をもって終わるべきものでなかった故に、追々に相互の法則が綿密に設けられたまでである。

ゆいという制度も今は限局せられているが、かつては共同作業の全般にも及んでいた。そうして、もやいといふ語の意味もこれに近い。おそらく家［＝大家族］が分解して個々の生計が小弱になって後まで、なお談合をもって力の及ぶ限り古くからの共同を保留したので、特に新たに発明せられた方法ではなかったようである。……

今の生活は改善すべきもの、それも、個人の思い思いの工夫でなく、同じ憂を抱く、多くの者が団結して、はじめて世の中に益がある　（『明治大正史世相篇』）

このように柳田は、自然村の共同性を積極的に評価し、それをこれからの生活文化の形成に生かそうとした。

†村の排他的閉鎖性と上下関係

しかし柳田にとって、この自然村（村落共同体）の共同性にも軽視しえない問題性がはらまれていた。そして、それを乗りこえることなしには現実の地域的共同性を十分に生かすことはできないと考えていた。

その問題性とは、第一に、自然村の共同性における排他的閉鎖性。第二に、内部における上下関係的なものの存続。第三に、そこにおける共同体的規制が、個人の自立性と自由な創造性をさまたげる側面をもっていること。主要にはこの三点だった。そしてこのことが、柳田の構想における一つの理論的困難となっていた。

第一の排他的閉鎖性の問題について、柳田はこうみていた。

村のなかの人に対する態度と村の外の人々に対する対応とがはっきりと異なっており、いわゆる他所者に対しては警戒心が強い。「他郷人を軽蔑し嫉視し圧抑し、もしくは冷淡である」ことが一般的である。そのことは今後ますます必要になってくる、人々のより広いつながりや交流のさまたげになっている。これからの社会ではこの点を必ず克服していかなければならない、と。

第二の上下関係的なものの存続については、「前代の合従式指導の習癖」すなわち階層的な結合様式に親和的な心的態度の残存の問題を指摘する。かつての村は有力な家を中心に他の家々がそれをとりまくかたちで階層的に編成されている場合が多く、その結合様式は上下関係を軸としたものだった。その習癖が現在でも残存している、と。

しかし柳田のみるところ、これまで人々の村内における地位は必ずしもすべて上下優劣の関係のなかに位置づけられていたわけではない。一般の村人の相互関係においては平等な側面がかなりあり、対等なつながりも育っていた。

昔とても村は共同の力によって、相助けつつ生活していたので、必ずしも少数の上流に引率されてのみはいなかった。

（『日本農民史』）

ことに徳川中期前後からは、各農民の生活はすこしずつ有力な家との関係から独立し、農民経営は小家族でもって基本的にはその生産を営みうるようになり、現在では、村の農民相互の関係はほぼフラットなものになってきている。だが、今日でも村のなかの人々の意識に、かつての階層的な上下関係の残滓がなおかなり強く残っている。村における共同関係を、より自覚的に対等平等な「組合」的な「連衡」式のものに転生させるには、農民自身の「平等観の練習」と「自尊心の啓発」が必要だ。農民個々人がいつでも必要な役割をになえるような力量をつけていかなければならない。そういうのである。

†強い共同体規制

しかし、よく知られているように、近代日本の村落共同体にはかなり強い共同体規制があり、地主小作関係の高額小作料は一面でその共同体規制を媒介にしていた。

当時の農村は水利・山林採草地を共有地として共同で管理し、それが共同体規制の基盤となっていた。共有地（共同地）の管理利用権は持分として土地所有権に付随しており、小作はそこから排除されていた。したがって、水稲作農業に必須の水利、山林採草地の管理利用権は地主と自作に限られ、小作は地主を通して、水利、山林採草地を利用せざるをえなかった。これが一種の経済外強制として高額小作料の重要な要因となっていたとされている（星埜惇『日本農業構造の分析』〔未来社、一九五五〕、大石嘉一郎『日本地方財行政史序説』〔御茶の水書房、一九六一」など参照）。

柳田も、地主の共有地（水利・採草地）掌握による共同体規制を媒介とする小作支配の事態を把握していた。

たとえば柳田はこう述べている。

共有地である「村持の野山」はしばしば名義上分割されたが、「［共同地の］素地の値打ちは持っていて始めて現れる」。それを「持耐《もちこた》えることの出来る者と出来ない者」との間で分割したとしても、「三年もたたぬ内に二、三人の手に取り纏め」られることになる。そして、一般の農民がその共同地の利用を必要としている限り、「今度は恩恵をもって渋々にその少しの利用が承認せられる」ことになる、と（『都市と農村』）。

少し分かりづらいが、その趣旨はこうである。農民は村の共有地が名義上分割されても共同地としての利用は必要である。しかし、分割時に自作として共有地の管理利用権を保持していても、経営の不安定さから土地所有権を維持できず小作化する農民が多い。その場合、同時に持分としての管理利用権を失い、共同地の利用のため土地所有権の集積者である地主の「恩恵」によらなければならない、というのである。

共有地の名義上の分割前から小作であった農民も、共同地利用のためには当然、所有地の持分権をもつ地主の「恩恵」によらなければならなかった。

そして、ここでいう「恩恵」とは、単なる土地の貸借契約関係には解消されない圧力的ファクターを意味していた。共同地の利用という地主の「恩恵」を得なければ、耕地の賃借関係だけでは、小作経営が続けられないからである。

明治初期の地租改正（一八七三年）によって、土地を保有する農民（旧本百姓）にその土地所有権が認められた。ただ、水利灌漑施設や山林・原野（採草木地）は、個別農家での管理は困難で、村の人々の共有地とされ共同で管理された。その後しばしば共有地の名義上の分割がおこなわれ、耕地の所有権に付属して共有地の持分権の所有、売買がなされるようになった。そして、共有地の持分権が耕地とともに地主に集積されると、持分権をもたない小作は、農業経営に必須の共有地使用を地主の「恩恵」によらなければならなくなった。

柳田はそのような事態を指摘しているのである。

†共同体の旧式な制裁

また柳田は、自然村における共同体的な規制が、個人の自立性と自由な創意の発揮をさまたげる側面をもっていることも十分認識していた。

したがって、第三に、柳田は、この問題を指摘する。

柳田のみるところ、村落共同体では気にいらない者に対して村八分がおこなわれたり、互いに日常生活の内部に過度に干渉しようとする傾向がある。また伝統的な考えや多数意見の力が強く、「全体に進んだ考えの者は押え付けられ」る傾向がある。したがって個人の「才智」がなかなか発揮されにくく、またそれを人々のために生かす道が閉ざされがちである。それだけでなく、しばしば「個人の独立した判断を抑制」することとなり、集団として「無理な断定」、誤った決定をすることも少なくない。

いわゆる郷党のよしみは一つの法則であったと共に、気に入らぬ住民に向かってはまたハチブの制度が行われる。……

幾多の連帯責任を負う村民らが、互いに平常の行為に干渉しようとしたのは、必要でありまた当然であったともいえる。害虫雑草の駆除のごとき、井戸作道路の改修のごとき、たった一、二人の怠慢のために、全体の共同が無効になるような危険は、予めの訓練をもってこれを避けねばならなかった。……

ただしこのごとき旧式の制裁に、弊害の多かるべきは想像にあまりがある。多数の意向に合致するというは……問題が起これば今まで通りが無難だと決するから、従って作物の新種を入れ、または新しい技術を採用するためには、ずいぶん久しい間の勧説と忍耐を要する。全体に進んだ考の者は押え付けられる。故に人間の才智の利用が望まれない。

個人の独立した判断を抑制し、だまって多数の者のついて行く方へ行くといふことは、これが百年前の村々の若連中の、最も嘆かわしい弱点であった。（『日本農民史』）（「平凡と非凡」）

敗戦後、柳田が、日本人は「渡り鳥」のように「群れに従う性質」が強い、と指摘したことはよく知られている（「日本人とは」）。だが、そのような認識は戦前すでに共同体規制と関連づけて示されていたのである。

このような「旧式」の制裁や態度には、「弊害」の多いことはいうまでもない。柳田はそう考えていた。

ただ、近年この集団的規制も内部からの力で強制力がゆるみつつあり、その制裁が必ずしも強圧的でなくなりつつある。そこに柳田は可能性をみいだす。

人々の直面する困難を打開し、さらに安定した未来をつくりあげていくには、その協同相助の力によらなければならない。そのためには旧来の村落共同体における共同性を何らかのかたちで積極的に生かすことが必要である。

だがそれには、個々人が「自立」した個人としての自尊心を確固としたものとし、自分自身で物事の判断の基準となるものを持たなくてはならない。また日常的非日常的な様々な事柄について自ら選択し意思決定をおこないうる知恵と独立した判断力を身につけていかなければならない。「よく疑いまたよく判断して、一旦これと信ずれば之を実行するだけの、個人の力」を養うことが必須である。それにはむしろ何らかのかたちで「個人を一旦は自由なものにする」ことを要する。こう柳田は考えていた。

†新しい共同性の可能性

しかも柳田は、自立した人格形成の前提となる「個人意識」が長い歴史の営みのなかで徐々にではあるが育まれてきていると考えていた。

日本人の個人意識が発育して、やっとこの頃の程度まで来るだけにも、すでに莫大の難行苦行があった。……必ずしも外部文化の接触というごとき一朝の変化ではなかった。内に萌すところは既に久しかったのである。（『食物と心臓』）

このように柳田にとっても、農民の協同相助、共同団結は、旧来の共同性を生かしながらも、自立した個人による意識的自覚的なものでなければならなかった。したがって彼らが自らの生活改良のための「共同」をつくりあげていくには、これまでの自分自身を「内省」し自らを

「改良」していくことを欠かすことができない。そして「自主と協力」こそがこの問題においてもっとも重要なものだ、というのである。

だがそれには、村に生きる人々自身が、農村のこれまでの複雑な内部組織を自覚的に検討し認識していかなければならない。そう指摘する。その意味でも柳田民俗学は人々の「自己省察」の学問であった。

日本前代の農業労働組織が、今まで普通に考えられていたよりも遥かに複雑な合同式のものであって、それが最近の純なる［小］家族主義、他人まじえずの各戸生産に移っていこうとしつつも、現在はまだ十分に時代の感覚［各戸生産への志向］と調和するだけに、経営技術の改定を完了せぬのではないか。

今日のいわゆる農村疲弊の悩みの声の底には、もしやこの無意識なる不調和の弱点が横たわっているのではないだろうか。

私はこういう仮想のもとに今一度、農村の生活の原《もと》の形を観察しなおそうとしている者である。

（『家閑談』）

よく知られているように、近代日本の村落共同体における強い共同体規制は、当時の小農民経営の生産力的脆弱性にその根源があった（星埜惇『日本農業構造の分析』、大石嘉一郎『日本地方財行政史序説』、大塚久雄『共同体の基礎理論』）。柳田は、様々な方策によって小農民経営を独立自営の農企業として自立させ、その生産力的脆弱性を克服しようとした。そのことによって共同体規制の実体的基盤を掘り崩し、そこにおける共同性をこれからの社会形成に生かそうとしたといえる。

また、戦後、丸山真男は、近代日本の「部落共同体」（村落共同体）は、「その内部で個人の析出を許さず、決断主体の明確化や利害の露わな対決を回避する情緒的直接的＝結合態」だとしている（『日本の思想』岩波新書、一九六一）。

だが、柳田は、前述のように、農村の人々の間にも、自立した人格形成の前提となる「個人意識」が、長い歴史の営みのなかで徐々にではあるが育まれてきているとみていた。また、人々が、「よく疑いまたよく判断して、一旦これと信ずれば之を実行するだけの、個人の力」（『明治大正史世相篇』）を子どもたちに養わせようと長い間苦闘してきたことを指摘している。

それらが、既存の共同体規制を突き崩し、新しい共同性を作りあげていく可能性の根拠だと考えていたのである。

†郷党教育と若者組

以上のように柳田は、人々の地域的な共同性の必要を主張し、その重要な基礎として農村の旧来からの村落共同体の共同性に積極的評価を与えようとした。だが、彼の地域的な共同関係の役割についての評価、農村における共同関係に対する評価の観点は、これまで述べてきた事柄にとどまるものではなかった。

たとえば、農村における伝統的教育、いわゆる「郷党教育」が、近代的な学校制度とならんで、その欠陥を克服しながら継承されるべきことが提唱される。

最近では、村でおこなわれてきた伝統的な教育を否定して、「以前これに参与していた郷党の父老をして、全くその貴重なる協力から手を引かしめ」ようとする傾向が強い。だが、柳田のみるところ、これまでの「村の教育」には、古老による「旧式の独断論法」もあった。だが、すくなくとも「人を助けんとする」志向があり、人々の共同関係を世代的に守りそだてる役割をはたしてきた。

これからもそれは、地域におけるさまざまな経験的知識や生活技術などの、世代的継承の方法として軽視しえない意味をもつ。また新しい生活基準や文化基準の涵養の場、個々人の自主的な判断力を養成し新たな「常識」を形成していく場としても、なお受け継がれていくべきものだった。

この点は地域の老齢者のもつべき社会的役割とも関係していた。

また、人々の相互理解の基礎となる「言語」の問題に関しても、自然村を基盤とするさまざまな小集団の重要性が指摘される。柳田は、それを新しい言語表現を創造していく原基的な場として、言語創造についての「自主の機能」をもつ主体として重視していた。

柳田によれば、かつては生活や内面の変化に応じて必要な言葉を、様々な世代が自分たち自身でつくり、それを活用していた。その際、新しい言語表現を創造し、社会的に有用なものとしていく、その面についても「在来の郷党の陶冶力」が軽視しえない働きをしていた。

これから人々の表現手段をより豊かにしていくためにも、そのような小集団の役割が重要な意味をもつ。人々がさらに相互交流をふかめ、しかも自分の考えを他の人に十分理解される表現がよりスムーズにできるようになることが必要である。その点では統一言語（標準語）のみならず、方言もまた重要な意味をもっている。

それには、これからもさらに小集団の言語形成、言語陶冶の働きを引きつぎ育てていくことが重要だというのである。

さらに柳田は、子供の誕生から成人になるまでの成長についても、地域的な共同の支援が必要であるという。また子供や青少年の集団形成の基礎となるべきものとしての地域の共同的な関係の存在の重要性を指摘する。

子供は親や親族の養育とともに彼ら自身の集団のなかで育っていくものであり、その子供集団の生成の背景には、地域的な共同性が安定的に存在していることが前提となる。また家庭における養育そのものも、小家族内で完結するわけではなく、地域の、近隣の人々の様々な協力が不可欠である。

したがって、「名付祝」や「氏子入り」など子供の養育についての、親族間や地域の人々の間での種々の通過儀礼的な仕来りや慣行を改めて検討する必要がある。そして、その積極的な意味を継承し、それを支える近隣集団としての地域の共同関係を作りあげていかなければならない。また「子供組」のような子供集団の内的生命力をまもり育てていくためにも、その母体となる地域の共同性の意識的な涵養が必須だ。柳田はそう主張する。

青年男女についても、生活上の様々な問題への対応の仕方を修練し、自主的な判断力を養成していくうえで、彼ら自身の集団の存在が重要な意味をもつ。

この青年集団は、地域的共同関係を基礎とするとともに、その一つの核ともなりうるものである。柳田は、この青年集団として伝統的な「若者組」「娘組」などの機能を評価し、今後も形態を問わず、「青年団」のように何らかの仕方で継承されるべきだとしている。ただ、そこにおける規制力の行き過ぎた行使や視野の狭さ、閉鎖性などの問題は克服されなければならないと考えていた。

なお柳田は、この青年集団としての若者組について、次のように興味深い記述を残している。

昔風の青年結合［若者組］は、今日の家族制度などよりもずっと起源の古い社会組織であって、部落［村落］の気風が今よりも遥かに荒くかつ頑固であった時に、ちょうど新時代の徴兵制度などと同じように、子孫の繁殖と養育に比較的交渉の少ない若者を団結させて、先頭で闘わせまたは死なせた慣例の残ったもので、したがってこの団体の平常《へいぜい》村民間に尊重せられ忌憚せられていたことも、なかなか今日の比ではなかったのである。（「青年団の自覚を望む」）

世の中の諸欲がいまだ甚だしく霊の泉を濁さず、絆は少なく夢は多く、戦争に出ればたやすく討ち死にし、田にたてば競いて苅るという年頃の者を、神がことに愛《め》でいつくしみたまうものと、思わずにはいられなかったのである。それゆえになるべく神に近い任務を、これらの質朴なる者に務めさせる風は起こったのである。（「祭礼と世間」）

この若者組の存在は、きわめて古い起源のものであり、村の信仰（後述する氏神信仰）とも関係があるというのである。

†労働組合への期待

このように柳田は農民の共同団結を一つの枢要な方法として、その経営と生活の安定と改善をはかろうとした。他方、都市の勤労者の生活の問題についても、その協同組織である「労働組合」の役割に注目する。

勤労者の生活の改善について柳田は、新しい団結様式の一つで、しかも自生的にできあがってきた協同事業である労働組合の発展に大きな期待をかけた。そして、その組合の力によって、勤労者の地位を強化しその生活の改善と安定化をはかろうとする。

たとえば、「出稼女工」の問題について柳田は、このような形態の労働には弊害が多く、女工労働者の地位をいつまでも「従属的のもの」にしているという。

ことに独特の寄宿舎制度と、ある期間だけ働かせて、その後は郷里にかえすという方式に問題がある。彼女らは、時期を区切った出稼ぎであるために、男子労働者のようにその仕事に長くついているわけではない。したがって、そこで安定した位置を築き、独立した生活をつくりあげていくことができず、組合をつくることも困難な状況にある。また工場経営者の管理下にある寄宿舎に事実上しばられている。

こう柳田は紡績業や製糸業を典型とする出稼ぎ女工のおかれている劣悪な状況を問題とする。そして、その労働条件と生活条件の改善には、自由な労働組合の存在と他の労働組合組織との連係が必要であることを指摘するのである。

しかも、この出稼ぎ女工が、高額小作料などのために農業収入のみでは生計がたちゆかない、農家の家計補充のためにおこなわれていることを十分認識していた。したがって、女工の労働生活条件を労働組合などによって改善すると同時に、一方で、農業構造の改革が欠かせない。それによって、家計補充としての出稼ぎ収入を必要とするような農民経営の現状を改変する必要がある。農民が農業収入およびそれに関連する農産物加工収入でもって経営を安定的に維持し発展させうるようにしなければならない。そう考えていた。

そこでは、農民が農業経営者として自立し、同時に、労働者も基本的に賃金収入によって生計可能な独立自尊の存在となっていく方向がめざされていた。また、労働者を自立したものとし、その集団的な力を労働組合に結集することによって、勤労者の労働生活環境をより健全な方向に改善することが志向されていた。

そのことは、機械化などの経営努力よりも労働強化に傾きがちな、日本型産業資本の体質の合理的改変への志向性をもつものだった。

また柳田は、この国では労働争議において労働側は、農村からの労働力移動によってつねに不利な状況におかれているとみていた。その点について、労働組合自身が何らかの農民団体との連係のもと、この農村からの労働力移動を管理するなど、労働者と農民の相互援助、その自覚的協同をはかるべきだという。

そしてさらに都市勤労者の生活基盤の安定化は、彼らの都市への永続的な定住をうながし、都市(中小都市を含め)における共同性の形成へとつながっていく。都市が一つの「共同生活体」となり、さらにそのことが、そこでの共同意識、共同の内面的規範を育んでいくだろう。そう考えられていた。

†地域的共同性と地方自治

ちなみに、ここで柳田がイメージしている都市の地域的共同性は、マックス・ウェーバーのいう共同社会関係(ゲマインシャフト関係)に近い。

ウェーバーによれば、共同社会関係とは、主観的(感情的あるいは伝統的な)一体感に基づく社会的関係である。

これと対比される概念として利益社会関係(ゲゼルシャフト関係)がある。それは、合理的(価値合理的もしくは目的合理的)な動機による利害の均衡や、同じ動機による利害の一致に基づくような社会関係をさす。

利益社会関係の典型的な類型としては、市場における自由契約による交換関係、自由な契約による純粋な目的団体などがある。

他方、共同社会関係の例としては、信仰上の仲間、恋愛関係、信頼関係で結ばれた集団、戦友として結束した部隊、家族などがある。それらは何らかの感情的もしくは伝統的基礎をもつ。実際の社会関係は、共同社会関係と利益社会関係が、多かれ少なかれ混合したものとなっている。

ただ、全く計算ずくで作った目的本意の利益社会関係でも、その目的から離れた感情的価値を生み出す場合がある（例えば顧客との関係）。また利益社会関係のなかには、目的の一致を越えて長期的存続をめざし、最初から実質的具体的な結果ばかりを目的としないものもある。これらも同様な感情的価値を生み出す傾向がある。同じ部隊、同じ学級、同じ事務所、同じ工場などに働く人々の関係でそのことがいえる。

それらの関係は、元来は一定の目的に基づくもので、ゲゼルシャフト関係といえる。だがそこでの持続的な関係が、一種の感情的な一体性を生み出す場合がある。そのようなケースでは、ゲマインシャフト関係の性格が生じ、それが濃化されていく傾向にある（マックス・ウェーバー『社会学の根本概念』岩波文庫、一九七二）。

都市住民は、一般に、古くからそこに居住している人々もいるが、多くは何らかの目的でそこに移り住んできた人々から構成されている。したがって、そこでの関係は、元来はゲゼルシャフト関係である。だが、定住し長く住み続けることによって持続的な関係が形成され、ゲマインシャフト関係の性格をもつものとなっていく場合もあることが示されている。

柳田もまた、都市住民の定住による持続的な関係の形成が、都市での共同性を生み出す契機になりうるとみているのである。

柳田は、こうした都市や農村の地域的共同関係、地域的小集団が、文化の中央集権に抗して、人々が自らの生活文化を自覚的に形成していくうえでの拠点となるとみていた。だが、それのみでは不充分で、さらに市町村レベル、府県レベルでの、ある程度の文化的地方分権、それを支える政治的経済的地方分権が必要だと考えていた。すなわち政治面のみならず、経済的文化的な「地方自治」「地方分権」が実現されなければならないとするのである。また、そのような経済的文化的地方分権が、町村や府県における自治のベースとなる、人々の「公共団体の意識」形成にも繫がっていくとみていた。その重要な軸となるのが、前章でふれた、町村レベル、府県レベルでの、ある程度独立した地域経済圏の形成だった（このような都市のモデルとして柳田の念頭には、自治都市の伝統をもつヨーロッパの諸都市があったものと思われる）。

そのような方向が、国のあり方としても、政治的に安定し、社会経済的文化的にも多様で豊かなものとなることにつながっていく。柳田はそう考えていた。

近年、地震、津波、洪水などの災害に対処するためにも、人々の地域的な「きずな」の重要性が指摘されている。また子育てや障害者・高齢者支援などを含む福祉コミュニティー論や、学校・地域間の関連強化論など、様々な形で地域コミュニティーに関心が向けられている。そのような時、柳田の地域的な共同性についての議論は、示唆するところは多いのではないだろうか。

第六章

初期の民間伝承研究から柳田民俗学へ

1　初期民間伝承論

†山人の問題

柳田は、その初期（渡欧以前）、農政論関係の著述とともに、「幽冥談」『後狩詞記《のちのかりことばのき》』『石神《いしがみ》問答』『遠野物語』「塚と森の話」など一連の民間伝承に関する論考を発表している。それらは、のちの民俗学研究につながっていくものである。

そこでのテーマとしてよく知られているものの一つに、山人の問題がある。このことは、柳田についての議論でよくとりあげられるので、まずその問題から検討していこう。

柳田が山人の問題を直接あつかった論考はいくつかある。明治四三年（一九一〇年）の「山人《やまびと》の研究」から、『遠野物語』「山人外伝資料」「山人考」などをへて、大正一五年（一九二六年）の『山の人生』におよぶ。

たとえば『遠野物語』（岩手県遠野地方の伝承）には次のような話が収録されている。

山々の奥には山人住めり。

栃内《とちない》村和野《わの》の佐々木嘉兵衛という人は今も七十余にて生存せり。この翁若かりし頃猟をして山奥に入りしに、遥かなる岩の上に美しき女一人ありて、長き黒髪を梳《くしけず》りていたり。顔の色極めて白し。不敵の男なれば、ただちに銃を差し向けて打ち放せしに、弾に応じて倒れたり。

その処に駆け付けて見れば、身のたけ高き女にて、解きたる黒髪はまた、そのたけよりも長かりき。後の験《しるし》にせばやと思いてその髪をいささか切り取り、これを綰《わが》ねて懐に入れ、やがて家路に向いしに、道の程にて耐え難く睡眠を催しければ、しばらく物陰に立寄りてまどろみたり。

その間夢と現《うつつ》との境のようなる時に、これも丈の高き男一人近よりて懐中に手を差し入れ、かの綰ねたる黒髪を取り返し立ち去ると見ればたちまち睡は覚めたり。山男なるべしといえり。（第三話）

遠野郷より海岸の田ノ浜、吉利吉里《きりきり》などへ越ゆるには、昔より笛吹峠という山路あり。……近年この峠を越ゆる者、山中にて必ず山男山女に出逢うより、誰もみな恐ろしがりて次第に往来も稀になりしかば、ついに別の路を境木《さかいぎ》峠という方に開き、……今はこの方ばかりを越ゆるようになれり。（第五話）

最後の『山の人生』は、おもに『遠野物語』に収録された伝承を、それに関連する各地の伝承も参照しながら、理論的に検討することを主要なねらいとしている。山人の問題についての柳田の論究の総決算ともいうべき位置にあり、それ以後は山人の問題を直接正面からあつかったものはみあたらない。

†山の神の信仰

その間、この問題についての柳田のおもな関心は、山人の存在が一般の人々の信仰生活にどのような影響をおよぼしているかにあった。柳田は山人を、日本列島の先住民の末裔のうち山地に入ったものではないかとみていた。

日本は初めて我々の祖先がこの国に入りこんだ時に、すでに強力なる先住民があった。
（「塚と森の話」）

山人はこの島国に昔繁栄していた先住民の子孫である。
（「山人外伝資料」）

この先住民のもっていた信仰が、一般の人々の信仰生活に一定の影響を与えている。日本人の宗教意識の原像を明らかにするためには、それを構成している一つの要素として、山人の生活やその系統をひく漂泊民の生活と信仰を捉えることが必要だ。そう考えていたのである。

柳田は、猟師や木こりなどの山で生活する人々（山民）の「山の神」に対する信仰と、里に住む人々の「山の神」の信仰とは異なったものとみていた。前者が常に山にいる神であるのに対して、後者は里人の神が山にいる間の姿だとされる。ただ、後者は前者から一定の影響をうけており、また山民のもっている山の神の信仰はさらに、なんらか山人につながるものと考えていた。

柳田によれば山の神は、かつて古代の日本人が自分たちの地域と先住民の住む地域との境界においてまつっていた神で、もとは先住民のもっていた観念だった。それを彼らの地域に浸透していく過程でとりいれたもので、いわゆる道祖神もこの系統をひいていると柳田はみていた。すなわち、先住民の山の神の観念が、山民の山の神に対する信仰にうけつがれ、さらに平地に住む一般の人々の山の神の観念にも影響を与えた。そのように先住民の神の観念が一般の人々の信仰にも混入しているのではないか。柳田はそう考えていたのである。


村に住む者が山神を祀り始めた動機は……採樵と開墾の障碍なきを祈るもので、すなわち山の神に木を乞う祭、地を乞う祭をおこなうのが、これらの社の最初の目的でありました。……山の神の信仰に、もとは山人も山伏も、ともにある程度までは参与していたのを、平地の宗教が段々にこれを無視し、または忘却していったものと思っております。(『山の人生』)

†民間信仰の問題

この時期の柳田の民間伝承研究について、その関心はもっぱら山人や漂泊民の問題にあったとの意見がみられる。だが、必ずしもそうではなく、その研究の核にはやはり一般の人々の古くからの信仰、民間信仰の問題があった。

この時期の研究を理論的に総括する「塚と森の話」(一九一二年)や「神道私見」(一九一八年)では、民間の神社信仰、すなわち氏神信仰に一つのポイントがおかれている。また、柳田が編集・発行した雑誌『郷土研究』(一九一三〜一九一七年)に掲載された諸論考でも、そのような信仰の問題につながる文献資料や民俗資料が集められ検討されている(農政に関係する農民生活資料とならんで)。

一方、一九一七年(大正六年)の「山人考」の段階では、「山人すなわち日本の先住民は、もはや絶滅した」とされる。そして一部は一般の日本人に混淆《こんこう》し、他は討伐されたか、山中を漂泊しつつ消滅していったのではないかと推定している。その後『山の人生』をのぞいては、山人についての言及はほとんどみられない。

そこで、しばしばこれ以後の柳田は、山人への関心を放棄すると同時に一元的な日本文化論に変化し、その多様な可能性を失ってしまったとの意見がだされている。だが、必ずしもそうとばかりはいえない。

たとえば『山の人生』では、現在の村々の氏神信仰には、全国に名の知られた大神（「天つ神系」）と、土着の土地神（「国つ神」系）が重層化していることにふれられている。そのうえで国つ神系の要素は、日本列島の先住民（のちに山人となる）となんらかの関連をもっていたのではないかとされている。そしてこののちも、山人への直接の言及はなされていないが、村々の信仰のなかには、国つ神系と天つ神系の異なった二系統の要素がまじりあっていることがしばしば指摘されているのである。

なお、漂泊民についても、初期にはこの問題に柳田は強い関心をもっていたが、渡欧以後にはそれについての研究を放棄したとの見方がある。だが、そのような理解は必ずしも正確でない。漂泊民の問題は、様々な伝説や昔話、語り物などとの関連でしばしば取り上げられている。たとえば、伝説や昔話を広く伝えたのは、各地を渡り歩き漂泊する木地《きじ》師や轆轤《ろくろ》師、鍛冶や鋳物にたずさわる人々だったとされる。また同様に各地の大社（宇佐八幡、北野天神、諏訪社など）の神人《じにん》・巫女《ふじょ》などの問題として、ひきつづき柳田民俗学において軽視しえない位置をしめている。彼らは広く全国を渡り歩いていた。

†氏神信仰への着目

さて、では初期の柳田の民間伝承研究の内容はどのようなものだったのだろうか。その問題意識はどのようなものであり、また同時期に展開された農政論とどのような関係にあったのだろうか。

この頃の民間伝承研究は、いわゆる郷土生活全般にわたるものだったが、その核は民間信仰研究にあった。その民間信仰研究は、のちの氏神信仰論に集約されていくもので、氏神信仰論の具体的内容については次章で詳しく述べる。そこでこの時期の民間信仰把握の内容については、叙述の重複をさけてポイントとなるところの紹介にとどめ、その問題意識および農政論との関連をおもに検討する。

柳田によれば、日本にはこの国特有の信仰があり、それが「国民の性質」にも影響し、また日本の歴史展開のあり方にも軽視しえない影響を与えている。このことは日本のみにかぎらず、それぞれの民族はそれぞれ特有の宗教をもっている。いくつかの民族が共通の宗教を信仰している場合もみられるが、それでもおのおの独特のものを多かれ少なかれ残している。そしてそれらの信仰や残存している特徴を研究していけば、それぞれの国の歴史の特質や、国民の性質を明らかにすることに資するだろう（「幽冥談」）。

このように柳田は、それぞれの国の特有の信仰を研究することの重要性を指摘し、日本においては、それが「村々の祭礼」であり、人々の「産土神」、すなわち村や区の神社にまつられている「氏神」に対する信仰だというのである。

祖先は自ら神となって、家の末裔を守るのみならず、一部落一民衆としての尊き神［＝氏神］が更にその上に大威力をもって保護している為に、害敵は界《さかい》に立入らず、疫癘《えきれい》の人を悩ます事もないと信頼して、［人々は］その代りには、夏秋二季の収穫毎に、質素にして敬虔なる祭礼を怠らなかったのである。……

村落の安寧幸福は、一に地神［＝氏神］の意志一つであるかの如くに凡人は考えておったのである。この思想は、仏教ならびにいわゆる修験道の影響によって、千年の間に大分の変形を見たけれども、結局するところ、氏神というものの村民に対する威力は、先づ完全に今日まで維持されて来たのである。（「塚と森の話」）

このように氏神信仰は、村の人々を守護する神（氏神）をまつるものであり、村の神社がそのための聖域で、氏子である各家を基本的な祭祀主体とするものだった。それは現実には仏教や修験道など後世の文化の影響をうけて種々のかたちに変形し、さらにはその祭神も八幡や天神など全国に流布した神々の名称を冠している。だが、それぞれの村の氏神をまつるという点は、かなり古くから一般の人々の信仰として全国に共通のものである。しかもその信仰は、現在なお大多数の国民において内面的なものとして保持されている。そう柳田はみていた。

また民間におけるその他の雑多な信仰に関する習俗も、この氏神信仰が外来のものや後世の文化によって変形し、もしくは崩れたものだとされる。

そして柳田は、この日本にほぼ共通する宗教としての氏神信仰を、日本人の内面や歴史の特徴を把握するために重要な意味をもつものと位置づけた。

†氏神信仰と国民意識

またそれだけでなく、氏神信仰を人々の「国民的自覚」すなわちナショナルな意識形成に関わるものとみていた。

すなわち、「国土と国民との連鎖」ひいては「一国の結合」を強固なものにしていくためには、国民ひとりひとりが、郷土の過去と現在を理解しなければならない、と。


一国のために、国土と国民との連鎖のなるべく鞏固《きょうこ》ならんと欲するものは、ぜひとも郷民をして郷土の現在を理解せしめるとともに、その過去をも会得せしめなくてはならない。

（「塚と森の話」）

そしてここでの郷土の現在と過去として、おもに地域での現実の信仰生活のそれが念頭におかれており、土地につたわる伝説や塚、地名なども信仰に関係があるとされる。

つまり、様々な民間信仰やその他の民間伝承の研究によって柳田は、人々の多様な民間信仰の核が氏神信仰であることを明らかにする。それとともに、この氏神信仰が様々な変遷をへながらも独自のものとして過去から伝えられたものであり、一国的レベルで共通のものであることを示そうとした。そのことを人々が自覚し意識化することが、個々人がナショナルな意識をはぐくみ、今後の国民的な結合をより確かなものとしていくと考えられていた。

国民あって以来その生活に最も重要なる関係を持ち来たった、国々村々の神社の性質が、現に今日まで学問上久しく不明に属し来たったうえに、今後またますます不明になりゆかんとすることは、いかにも忍びがたいことと存じます。

（「神道私見」）

このような観点から柳田は、雑誌『郷土研究』を中心に民間信仰その他の民間伝承、それに関わる農村生活の研究を進めていく。もちろん農村生活の研究は、その農政論とも深く関わっていた。柳田が各地の「郷土誌」作成の推進、多様な地域での郷土研究者の育成と組織化などに力をそそいでいくのは、そのような関心からだった。

地方人が自らその地方誌を書かなければならない理由は、要するに地方的の自覚である。一国の結合が、……同地方人の相互の同情、語《ことば》を換えて言えば、祖先の意志を受け継ぐことと、我々が子孫のために務めたということと相表裏して、一国の存立のうえにはもっとも肝要なるものである。

（「塚と森の話」）

†国家神道批判

ただしその際、柳田は、人々の氏神信仰すなわち村の神社に対する信仰を重視しながらも、いわゆる国家神道には批判的だった。

国家神道は、国学系の神道をベースに明治政府によって制度化されたもので、当時の国家体制を支えるものだった。明治政府は全国の神社、神官を内務省による管理体制のなかに組みこむことによって、明治憲法下の国家体制を人々の内面から基礎づけようとした。全国の神社のなかには各地の氏神社（村の神社）も含まれていた。

それに対して柳田は、国家神道の教義と儀礼は、地域における人々の実際の信仰にもとづいたものではなく、「人為的なもの」である。したがって、ある時期がくれば「雲消霧散《うんしょうむさん》」しかねないものだ、という。

神道の学者というものは、不自然な新説を吐いて一世を煙に巻いた者であります。決して日本の神社の信仰を代表しようとしたものではありませぬ。……〔「種々の神道」のなかで〕終局の勝利を得たのは、明治になって神祇官《じんぎかん》が代表していた平田派の神道、あるいは国学院派とも称すべき神道でありますが、これとてもある時代が来たならば雲消霧散せぬものとは断言は出来ず、また今日この派の立脚地が神官選の制度に在るもので、いわば人為的のものだということは争われないのであります。……

今日のいわゆる神道は一家言であり……国民の精神生活に対する観察から出発した了解ではなかったのであります。（「神道私見」）

日本の神道の本来の面目は、本居、平田程の大きな学者でも、いまだ十分に説明し尽くしておらなかった。この人々の学説に基づいて成立しているところの明治の神祇道も、したがってまた大多数の平民の思想を適切に代表しているものではない。（「塚と森の話」）

また、日露戦争後に政府が推し進めようとした神社合祀《ごうし》政策にも柳田は反対した。当時日本は、世界の強国が抗争する中国大陸への本格的進出にともなって、軍備拡張とそれを支える国力の増強を必要としていた。そのためには国家財政の強化とそれを可能にする地方基盤整備が必須であり、そのための方策のひとつとして、地方改良運動が内務省の主導のもとに展開されていた。神社合祀は、この地方改良運動の一環として、国家神道にもとづく神社経営を安定化させ、それを行政町村の一つの結合軸とすることを意図したものだった。そのため、自然村およびそれ以下のレベルの神社を整理し、行政村レベルの神社である「村社《そんしゃ》」に統一し合祀させようとした。

柳田は、そのような神社の統廃合は、氏神に対する古くから培われてきた人々の「心からの崇敬」をうしなわせることになり、中止すべきだとの意見を表明する。また当時神社合祀政策に対して強硬な反対運動をおこなっていた南方熊楠(著名な粘菌学者)を、高級官僚の身分でありながら支援した。これ以後南方との接触を学問的にも深めていくことになる。

†前提としての国民的自覚

このように柳田のナショナルな意識形成の方向は、当時の国家神道を軸とする明治国家体制の方向とは異なる性格をもつものであった。なお、国家神道の教義そのものに対する具体的な批判は、氏神信仰の神観念と儀礼と関連して展開されているので、その内容については次章で改めてとりあげる。

また、このナショナルな意識形成の問題は、さきにふれた農政論における自立的な自作小農維持論とも関わるものだった。

柳田は、耕作地を自ら所有する農民が定着性が強く、当該地域における神社（氏神社）の祭祀主体として安定的に続いていくことができるとみていた。そのことは彼らの氏神信仰を持続させ、「国民的自覚」の涵養につながっていくと考えていたのである。

大農経営の形成は、農業においても賃労働者を増大させることとなる。だが、柳田のみるところ、彼らは農民に比べると定着性が弱く、「国民的自覚」、ナショナルな意識形成という点では問題なしとしない。また柳田が、過剰農業人口の脱農化の方向として地方工業への吸収を考えたのは同様のことが念頭におかれていたからでもあった。大都市への移住は、往々にして頻繁な移動に結果し、そのことは国民的な自覚を希薄化することになりかねないとみていたのである。

このように柳田は、明治国家的なナショナリズムの方向には批判的であり、アジアへの膨張主義的なナショナリズムには、明確に批判的なスタンスをとっていた。

ただ、「国民的自覚」そのもの、ナショナリズムそのものについての省察、内在的な考察はおこなっていない。その意味では、「国民的自覚」、ナショナルな意識は、柳田にとって価値的な前提だったといえよう。

なお、初期の民間信仰論とその後（渡欧後）の議論とのあいだには、いくつかの相違もみられる。

たとえば、村の氏神の観念について、この頃には先住民の神観念からの影響をかなり強く考えていたようである。だが、のちには、後述するように、祖霊の融合体と捉えるようになる。またいわゆる歩き巫女《みこ》についても、初期には先住民の系譜をひく漂泊民が原型ではないかと捉えていた。それがのちに、次章で述べるような見方に変わっていく。また、村落祭祀における神憑依の形態把握にも大きな変化がある。その点も次章でふれる。

2　知的視野の拡大と「民俗学」の方法的形成

†「郷土研究」の目的

さきに述べたように、初期柳田の学問的関心は、主要には農政学にあり、したがってまた農政論的視角からする日本農村の特質——その現状と歴史——の把握にあった。だが、他方、それとは別系列のものとして民間伝承、民間信仰についても関心をもっていた。このような観点から柳田は、一九一三年（大正二年）から四年間、農政論的視角からする農村把握と、民間信仰研究との延長線上に、雑誌『郷土研究』を発行する。

ここでの「郷土研究」は、柳田によれば、右の二つの関心からする、「地方地方の平民の思想、及びこれに伴う生活の変想を詳《つまび》らかにする」ための「農村生活誌」の研究だった。

そこでの方法は、基本的には、社会経済的な農村史把握、伝統的な民間学やいわゆる地方《じかた》の学、それに随筆・紀行文などのいわゆる偶然記録の集積を加えたものだった。さらに、フレイザーに代表される一九世紀までの欧米のエスノロジー（民族学）と、ゴムなどのヨーロッパ・フォークロアの方法も使われていた。

しかしそれらは学問的な現地調査を欠いたもので、そのデータは専門的で詳細な調査方法によるものではなかった。

のちに柳田は民俗資料を、第一部「有形文化」、第二部「言語芸術」、第三部「心意現象」の三つに分類し、それぞれを「旅人の学」「寄遇者《きぐうしゃ》の学」「同郷者の学」としている（『郷土生活の研究法』『民間伝承論』）。渡欧以前の方法では、この民俗資料分類での「有形文化」「言語芸術」までしか把握できない、「旅人の学」「寄遇者の学」であった。

その後柳田は、国連の委任統治委員として渡欧し、一九二三年（大正一二年）に辞任帰国する。固有の意味での柳田民俗学、すなわち独自の課題と方法をもった学問としての柳田の民俗学研究が本格的に展開されるのは、このヨーロッパ帰朝以降である。初期の郷土研究のなかで、徐々にのちの民俗学的な観点が準備されていきながらも、柳田のいう「民俗学」は渡欧以後に形成される。

それは『青年と学問』に収録されている論考（一九二四～一九二七年に発表）の頃から本格的にそのかたちを整えてくる。そして、それが方法的な意味で体系的なものとして確立されるのが、一九三四年（昭和九年）の『民間伝承論』と翌年の『郷土生活の研究法』である。この時期にも、柳田はしばしばみずからの学問を「郷土研究」とも表現している。だが、それはもはや大正前期までの「郷土研究」からは、その問題関心と方法において一つの展開を経たものだった（柳田に関する議論のなかには、柳田民俗学の形成を『遠野物語』から直線的に考える見方がかなりあるが、それは正確でない）。

†生活文化全体の把握

では、この大正末以降展開されてくる柳田の学問はどのような性格のものであったろうか。

柳田はその民俗学宣言ともいうべき『青年と学問』で、次のように述べている。

いまや一般の人々が「眼前の生活上の疑問」をみずから解決し、彼ら自身が「思い悩んでいる生存の問題」を自分の力できりひらいていくための学問が必要である。「痛切なる同胞多数の生活苦の救解」のための学問が求められている。

それにはまず、「平民の祖先代々、生活してきた道筋」、「田舎の生活の過去と今日との繋がり」を全体として把握すること、つまり農民生活の過去と現在をトータルにつかまえることが必要である。農民生活の個々の局面だけではなくその全体像を経験科学の方法によって明らかにすることがなされなければならない。だが、そのことは、おもに文献資料にたよってきたこれまでの学問の方法では不十分だ。文書には記されていない一般民衆の生活と文化をそのものとして捉えうる、学問的な「新しい方法」すなわち民俗学的な方法が必要だ、と。

そして、文献に書かれたものや物的なかたちで残されているものからばかりでなく、これまで学問的には関心を向けられなかった、様々な民間伝承に注目する。その収集と分析を通して、一般の人々の生活の歴史と現状についての全体的な姿を描きだすことがめざされる。こうして普通の人々、過去の生活様式をなお残している農村の人々について、その生活文化のトータルな把握を追求する新しい学問方法が形成されていく。それが、人々の生産と消費の様式・社会制度・信仰・風俗習慣など生活の総体的把握――人々の内面に即した――を可能とする方法すなわち「民俗学」だった。またその際、自らの学問の目的は「世を救う」ことにあるとして、「学問救世」をかかげていく。

それでは、この大正末以降において柳田は、なぜ農民生活の全体像の解明、農村生活の歴史と現状の把握の必要性を強く主張するようになったのだろうか。なぜ初期の農政論的観点からする農村把握や、民間信仰に関わる事柄の検討では不充分だと考えるようになったのだろうか。その背景には、前章で詳しく述べたように、柳田の日本社会についての問題状況認識における新しい展開があった。

柳田はこの時期、内外の政治状況、国内の社会経済構造の変貌をまのあたりにする。なかんずく農村における構造的な危機状況に直面して、みずからの社会認識をさらに展開させた。そして、そのなかから初期（渡欧以前）にはみられなかったような新しい内容をもつ課題意識、新しい社会構想が生みだされてくる。

すなわち、初期の手法ではフォローしきれないような問題状況が生じていることを認識する。そこから農政論や民間信仰に関わる事柄だけではなく、それらを含んで人々の生活文化全体を把握しようとするようになる。

それは、生産と消費のあり方とそれを規定している生活様式、個々の生活がおこなわれる場である地域関係、人々の信仰など生活文化の様々な要素を含む。また農村での教育、コミュニケーションの手段としての言語、人々の価値意識や内面的な倫理意識などにも視野を広げる。こうして柳田は、人々の生活文化とそれをとりまく社会的自然的環境をトータルにつかまえようとする。

そのための新しい学問方法が、柳田独特の「民俗学」だったのである。

柳田はその生涯のあいだに様々な領域で重要な仕事をのこしているが、柳田学と呼ばれるその知の中心はやはり民俗学研究にあった。それは第一次世界大戦後の国際状況と高度資本主義の時代を背景とする、はっきりとした社会的な問題意識をもった、新しい方法に裏打ちされた学問だった。

†欧米のエスノロジーの援用

では、この柳田民俗学の方法的特質はどのようなものだろうか。そして柳田自身、大正前半(渡欧前)までの「郷土研究」との方法的相違をどのように考えていたのだろうか。

新しい方法とは、いわゆる未開民族を研究対象とする二〇世紀エスノロジー、人類学の方法を、自国の人々の生活を把握する方法として援用しようとするものだった。

自国の民衆生活の研究は、欧米の学問ではフォークロアの対象領域だった。柳田はそこに、フォークロアの手法のみではなく、むしろ欧米で発展してきたエスノロジーの方法、ことに二〇世紀のそれを積極的に適用しようとしたのである。

ヨーロッパ・フォークロアは、民間のめずらしい習俗の蒐集と配列によって、おもにキリスト教化以前の社会の信仰や慣習を明らかにしようとするものだった。しかし資料が乏しいうえに断片的で、関心が個別的特殊的なものに向けられ、方法的にもそれによる制約を受けていた。

そこで柳田は、日本の民衆生活の全体像、その現在と過去のトータルな把握の方法として、二〇世紀欧米のエスノロジー、文化人類学の方法を援用しようとしたのである。このような学問的方法は、大正前期までの「郷土研究」とはその性格を異にするものだったことはいうまでもない。

従来の日本では、民間の習俗を研究しようとするものは、検討資料をほとんど古書や随筆類、文芸作品などの偶然記録に頼っていた。また、それによって現在の風俗習慣の由来や意味を解釈しようとしていた。大正前期までの柳田もまたその一人だった。

ただ、当時の柳田においても、すでに文献資料だけでなく直接採集による民間伝承研究がある程度考えられていた。雑誌『郷土研究』の一つのねらいは全国各地からの民間伝承に関わる報告をもとめることにあった。この頃、ヨーロッパ・フォークロアや、フレイザーなど一九世紀的なエスノロジーの方法を参考にはしていた。しかし、直接採集の方法や資料の使用方法において、その学問はいまだ確かなものとなりえていなかった。

これに対して、新しい柳田民俗学の手法は次のようなものだった。

資料採取の分野を出来るだけ小さく区画し、個々の地方を単位とした考察方法、及びその沢山の比較をもって、ある事実ある法則を明らかにしていこう……。文書に恵まれざる広い民衆の為には在来《ざいらい》歴史と名づけていた方法を断念して、かつて蛮夷《ばんい》の国にのみ適用していたもの［＝エスノロジーの方法］を、試みにこの方面にも当てはめて見よう（『青年と学問』）

現地調査による資料採集の対象地域を小さく区画し、個々の集落を単位とした考察方法をとる。そしてその地域の住民生活を全面的にくまなく調査し、人々の内面も含めて、その生活と文化を総体として把握する。そのうえで各地のそれら調査資料の比較によって、民衆の生活文化の事実と法則を明らかにしていこうとする。これはまさに、柳田が二〇世紀初頭の欧米のエスノロジー、文化人類学から学んだ方法だった。

タイラー、フレイザーなどに代表される一九世紀末までのエスノロジーは、だいたい世界各地の古文献、宣教師や植民地行政官の報告書、商人や探検家などの旅行記などを資料的基礎にしていた。したがって、その分析の基礎となる情報・資料は断片的で不確かなものだった。研究者自身による現地調査はなされておらず、資料的根拠や論証手続きにおいて必ずしも厳密なものではなかった。

しかし、二〇世紀に入ると欧米のエスノロジー、文化人類学（社会人類学）は方法的に大きく展開する。専門の研究者自身が現地調査をおこない、その社会と文化の全体を把握することをめざし、それを資料的な根拠として研究を推し進めていくようになる。このような新しい展開のなかから、リヴァース、マリノフスキー、ラドクリフ＝ブラウン（英）、ボアズ（米）など新しいタイプの民族学者、人類学者が輩出する。

柳田は、旧来からの学問的蓄積を生かしながら、この二〇世紀エスノロジー、人類学の方法を日本民衆の社会と文化の研究に適用しようとしたのである。民俗学的な訓練をうけた研究者による直接的な現地調査、その地域の生活と文化の全面調査をおこなう。そのような調査による各地の民俗資料の集積・分析にもとづいて、一般の人々の生活文化の全体的な把握をめざそうとした。

そして、この柳田における新しい方法の形成は、一九二一年から一九二三年にかけてのヨーロッパ滞在によって、決定的な契機を与えられる。そこで、欧米の民族学、人類学の新しい展開と直接に接触する。柳田は、みずからの課題に適合的な方法形成への大きな手がかりを、ヨーロッパにおけるエスノロジー、人類学の新しい潮流との本格的接触によってつかんだのである。それによって、大正前期までの「郷土研究」から新たな「郷土研究」としての『民俗学』への方法的展開がおこなわれる。

†マリノフスキーの「民族誌」

あまり知られていないことであるが、現存する柳田の蔵書のなかにはリヴァース、マリノフスキー、ボアズなどこの時期の民族学者、人類学者の著作が多数のこされている。

たとえば、イギリスのマリノフスキー（一八八四〜一九四二、ポーランド生まれ）については、その基本的な著作がほとんどおさめられている。ことにその主著である『西太平洋の遠洋航海者』原書には多数の書込やアンダーラインがあり、かなり詳細に読まれた形跡がある。その発行は、一九二二年でちょうど柳田の滞欧中にあたる。

マリノフスキーは、新しい二〇世紀エスノロジー、人類学の潮流を代表する人物で、その方法は当時全く新しい地平を切り開くものだった。現地語を習得した専門の研究者が、周到な現地調査によって、住民の生活と文化の全体を体系的に把握するという二〇世紀人類学の方法は、彼によって確立された。二〇世紀初頭から、セリグマンやリヴァースなど専門のエスノロジストによる現地調査が徐々に始まっていた。だがそれらは、なお短期の、したがって通訳を介した、現地人インフォーマント（案内人・情報提供者）に頼ったものだった。

『西太平洋の遠洋航海者』は、足かけ四年にわたるトロブリアンド諸島（ニューギニア東部）の調査にもとづくものである。それは、原住民生活の全領域を、クラと呼ばれる交換の慣習を軸に、文化的諸要素の機能的連関にしたがって有機的統一的に描いた。この仕事は、その調査方法と周到な記述からパイオニア的な役割を果たし、二〇世紀人類学の代表的著作の一つとされている。そこでマリノフスキーは、原住民文化や社会構造など日常生活のすべてにわたって詳細な調査をおこない、それらを統一的全体にまとめあげなければならないとしている。その現地調査の記述が「民族誌」（エスノグラフィー）だった。

柳田の新しい方法においても、一定の地域の人々の生活文化をあらゆる面にわたって全面的に調査する必要が説かれている。そして、そこでの民俗事象の記述である「民俗誌」を、研究の基礎資料にしようとするのである。

たとえば、一九三四年（昭和九年）から三年間にわたって、柳田が中心となって全国的に山村生活の調査をおこなった。その調査項目は、個々の民俗事象の村での生活上の位置や役割の機能的有機的連関にそって調査がおこなわれるよう詳細に配列されている。それによって、村の組織から人々の信仰まで当時の農村における農民生活の総体的把握がめざされているのである。

さきにふれた『郷土生活の研究法』や『民間伝承論』においても、ほぼ同様な観点から民俗資料分類がなされている。

よく知られている『北小浦民俗誌』は、柳田自身の著した民俗誌である。そこにおいても、村の概観から、生産の様式、家族・親族関係、婚姻に関わる慣習、信仰の問題など佐渡の北小浦の生活のほぼ全領域が描かれている。過去からの変遷をまじえ、かつ全国の事例を念頭におきながら、民俗事象相互の有機的連関にそって論述していく方法がとられている。

ちなみに、柳田独特の概念である「民俗誌」は、欧米の二〇世紀エスノロジーの「民族誌」（エスノグラフィー）を直接に転用したもので、それまでの日本にはもちろん、ヨーロッパ・フォークロアにもみられない方法概念である。

†エスノロジーからフォークロアへ

また柳田は、その民俗資料分類において、第一部有形文化、第二部言語芸術、第三部心意現象の三部門設定をおこなっている。そして、第三部の心意現象をその学問の目的ともいい、もっとも重視している。マリノフスキーもまた、原住民の生活の層を、社会構造、行動、精神の三つに区分している。また、最後の人々の内面的なものを捉えることが最終の目標だとして、そのことに大きなウェイトをおいている。すなわち、「行為の隠れたる動機」を重視し、民族学的調査の最終的な目的は、「彼らの物事に対する見方」「人々が何をよりどころに生きているか」を把握することだという。原住民の内面的な関心、彼らの心を内側からつかんでいるものを明らかにすることに、その探求の中心をおいているのである。柳田もまた同様に、人生観や価値観など人々の内面を、「心意現象」として重視していた。

主として農民の心のうちの動き、女や無口の人々が年久しく底に持伝えて、しかも何かというと多数の生活方針を指導しているもの［価値観や倫理観］……私の腹案の民俗資料分類においては、これを第三部［心意現象］の特に重要なる伝承と認め、将来この学問がぜひとも国民的にならなければならぬ強い理由にしているのである。（『食物と心臓』）

以前尋常の日本人が、人の一生というものについてどういう風な見方、考え方、感じ方をしていたろうかという問題［人生観］に、深い興味を抱く者は私たちだけではあるまい。……日本民俗学の方法はその一つの試みである（『家閑談』）

民族誌学者が見失ってはならない最後の目標は、……原住民のものの考え方、およびそれと生活との関係を把握し、彼の世界についての彼の見方を理解することである。われわれは人間を研究しなければならない。人間のもっとも本質的な関心、いいかえれば、人間をつかんでいるものを研究しなければならない。……これらの人々が何をよりどころに生きるかを感じとり、彼らの幸福観の内実が何であるかを理解したい」。（マリノフスキー『西太平洋の遠洋航海者』）

しかも柳田の場合、各地の民俗学研究者を全国的に組織化することによって、日本社会全体に民俗学的調査をおよぼそうとした。

ただし、マリノフスキーにおいては、現にある文化諸要素の機能的な連関の統一的把握に基本的な関心があった。だが、柳田はそればかりでなく、人々の生活文化の歴史的変遷にも強い関心をもっていた。柳田民俗学にあっては、「現在の疑問」を解くために、全国各地の民俗資料の比較研究によって「書かれざる常民の歴史」を再構成することが一つの課題とされるのである。

なお、柳田は『青年と学問』のなかで、民俗学をフォークロアの訳とも考えてもいいし、エスノロジーの訳とも考えてもいいとの趣旨を述べている。柳田民俗学は、方法としては二〇世紀の欧米のエスノロジー・人類学の影響をかなり強くうけている。だが、エスノロジーは、一般に自分の国のことを研究するのではなく、他国のこと、いわゆる未開社会のことを研究する学問である。自国の一般の人々の生活を研究対象とするという点では、フォークロアに近い。

そこで柳田は、エスノロジー的な方法ではあるが、自国の研究というインプリケーションを打ち出したほうがいいのではないかという判断に、その後かたむいてくる。そしてむしろフォークロアに対応するものだと言うようになっていく。

†デュルケームとフレイザー

なお、人類学とは別に、エミール・デュルケームおよび彼を中心とするデュルケーム学派も、この時期の柳田の学問形成にかなり重要な影響を与えている。デュルケーム（一八五八〜一九一七）は、二〇世紀初頭のフランスの社会学者で、当時ドイツのマックス・ウェーバーとならんで、欧米社会科学の最先端を切り開いていた。

柳田の著作のなかでデュルケームそのものに言及した個所はみあたらない（柳田は一般に自分が影響をうけた欧米の研究者にはあまり言及しない）。だが、成城大学に残されている柳田の蔵書中には、デュルケーム学派の書物が相当数含まれており、書き込みや挟み込みからしてかなり詳細に読まれた形跡がある。たとえば、デュルケームの『社会学的方法の基準』『宗教生活の原初形態』や、デュルケーム学派の『社会学年報』（全一二巻）などが原書で収められている。

その影響はいろいろ考えられるが、氏神信仰研究に関わってもっとも重要なのは宗教把握の方法である（ほかにも柳田は社会的事実概念や集合意識論など『社会学的方法の基準』における方法概念の影響を受けているとみられる）。

柳田民俗学のなかでは民間信仰の問題すなわち氏神信仰の問題がもっとも重要な位置をしめている。これまで民間信仰研究については、フレイザーの影響がいわれてきた。初期においては確かにそうである。たとえば柳田の一つ目小僧の伝承をめぐる研究は、フレイザー『金枝篇』（一八九〇年）のストレートな影響のもとになされたものである。それを念頭におきながら太古の日本における祭司殺しの慣習の存在を示唆している。

ずっと昔の大昔には、祭の度ごとに一人ずつの神主を殺す風習があって、その用にあてるべき神主は前年度の祭の時から、籤または神託によって定まってをり、これを常の人と弁別せしむるために、片目だけ傷つけておいたのではないか。（「一目小僧」）

いつかある昔の世に、人を殺して御霊を作る信仰の行なわれていた。（「松王健児《まつおうこんでい》の物語」）

ゴンムの『英国土俗起源』やフレエザーの『黄金の小枝』［金枝篇］などを見ると、外国には近い頃まで、この神霊を製造するために橋や境で男女を殺戮した例が少なくない。（「橋姫」）

†フレイザー『金枝篇』の影響

初期の柳田は、太古の日本では、神祭に際して神の依座《よりまし》となったもの（神主）を、神に対する一種の生牲《いけにえ》として殺す風習があったのではないかとみていた。そして、その神主の予定者、神祭において神が憑依しその意志を伝えるべく定められた者は、ふつうの人と区別するために、聖なる役割をもつものとして片目をつぶされた。また、一定の期間、生きながらの神として特別の取りあつかいをうけた。このはるかに古い儀礼のなごりが、各地の一目小僧その他様々な片目の妖怪や動物に関わる伝承として残っているのではないか、と。

つまり、もとは神祭の際に、あらかじめ片目をつぶされ神主の役を果たすべく予定されていたものがあった。神の依座となることによって、神の名代としてあつかわれ、その口をとおして神の託宣をつたえたものが、その役割を終えたのちに神への犠牲として殺された。それが神の眷属となると考えられていた。そして、それ自身また神として祀られたのではないか、というのである。

したがって、本来の神は、生き物の命を召したまう恐るべき神、畏怖すべき神であり、その依座として神祭において殺されたものも、その眷属神となると想定されていた。そう柳田はみている。

日本では、ひろく各地に一目小僧をはじめ様々な片目の妖怪に関する伝承が分布している。柳田によればそれは、一つ目を特徴とした神のなれのはて、その零落した姿であった。片目を傷つけるということが、もとは神祭に際して神の名代として祭の礼をうける神主に予定されたものについておこなわれた出来事だった。その神主がのちに殺されて神として祭られたゆえに、片目の神の観念が生じたものとされる。

この神は、天寿を全うせずして殺されたものであるがゆえに、祟りをなし畏怖を要求する神、すなわち御霊神と考えられた。この片目の神がのちに新しい文化や信仰によって圧迫され、もはや人々に神としては信仰されなくなり、零落して片目の妖怪となったというのである。

この太古の日本における祭司殺しの慣習の存在を示唆する議論は明らかに、イギリスの民族学者フレイザーの『金枝篇』の影響を受けている。

よく知られているように、『金枝篇』は、イタリア・ローマの郊外のネミにつたわる「森の王」と呼ばれる祭司をめぐる奇妙な伝承を発端とする。そこから、世界各地における儀礼的な意味をもつ祭司殺し、王殺しにつながる慣習ないし伝承を収集し、その意味と起源をさぐることを一つの重要なテーマとして展開していく。柳田もまた、日本にもかつて、はるかに古い時代に、祭司を犠牲として殺す習慣があったのではないかと考えていた。

このように初期の柳田は、明らかにフレイザーの影響を受けていた。

†フレイザーの枠組の限界

フレイザーは、氏神信仰のような民俗的な信仰や自然宗教的なものを捉えようとした。だが、彼の枠組では氏神信仰はいわゆる呪術的なものになってしまい積極的には評価できない。後述するように、柳田の氏神信仰研究の一つのモチーフは内面的倫理形成の問題にあった。しかし、フレイザーによれば、呪術的な観念は、比較的高度の思考形態である宗教と比較して、より低級で単純かつ無倫理的な思考を基礎にしている。したがって、内面的倫理形成の観点からみれば、有意味的には評価しえないものだった。

たとえば、フレイザーは「原始的儀礼の諸特質」として次の諸点をあげている。

(一)儀式執行のために特殊な階級の人物が選別されるようなことはない。換言すればここには祭司なるものはいない。儀式は必要に応じて誰が執行してもよい。

(二)儀式執行のために特殊な場処が選別されるようなことはない。換言すればここには神殿なるものはない。儀式は必要に応じてどこで執行してもよい。

(三)神々でなくて精霊が認められている。

(イ)神々と区別された精霊は、その活動を自然のある特定の部門に限定されている。彼らの名は一般的であって固有的ではない。彼らの性格は個々的であるよりも、むしろ種属的である。換言すればそれぞれの級に属する精霊が無数にあって、同一の級に属する個々の精霊はすべて極めてよく似ている。彼らは決定的に明らかな個性を何らもっていない。彼らの起源、生活、冒険、および性格については、何らの一般的に容認された伝承もおこなわれていない。

(ロ)これに反して、精霊と区別された神々は、自然のある特定の部門に限定されてはいない。一般に神々がその特殊区域として支配するある一部門のあることは事実である。しかし彼らは厳密にそれに局限されることはない。善であれ悪であれ、その力を自然と人生の多くの他の方面に延ばすことができるのである。更に彼らは、たとえばデーメーテールとかペルセポネーとかディオニューソスとか言うような個人名つまり固有名をもっている。そして、彼らの個々的な性格と歴史とは、生きた神話と芸術の表現によって決定されている。

(四) 儀式は宥《しず》めのためのものであるよりも、むしろ呪術的なものである。換言すれば、切望される目的は供犠《くぎ》、祈禱、頌讃《しょうさん》などを通して神的存在の好意を得ることによって達せられないで、すでに説明したように一種の物理的共感を通して、あるいは儀式そのものとそれが現出することを期待した結果との間の類似を通して、直接に自然の運行に影響を及ぼすと信じられている行為によって到達されるのである。

(『金枝篇』岩波文庫)

これらの「原始的儀礼」の特質は、フレイザーにとって「宗教」と区別された意味での「呪術」的な性格をもつものであるが、柳田のえがく氏神信仰にもおおむねあてはまる。たとえば、後述するように、祭礼の執行は特定の祭司によってではなく一般の氏子によっておこなわれ、常設の神殿ではなく臨時の仮屋においてなされる。もちろん柳田においては「氏神」は明確に神とされているが、その性質は、フレイザーのここでの記述ではむしろ「精霊」についていわれているものに近い。氏神は、祖霊の融合体であり、特定の名はもたず他と決定的に異なる個性をもっているわけではない。

そしてフレイザーはいう。「呪術が思惟の最も原始的な過程から出発して、人類がほとんど自然的におちいる一つの誤謬であるのに対して、宗教は単なる動物がどうしても到達し得ないと思われる観念の上に立っている」(『金枝篇』)、と。

したがって、このようなフレイザーの呪術と宗教の枠組のもとにあるかぎり、氏神信仰を内面的倫理形成の観点から積極的に評価することは困難だったのである。

†呪術と宗教の違い

ちなみに、フレイザーは、呪術と宗教との関係を、前者と比較して後者を一つの発展として捉えていた。

そこで柳田は、渡欧後、デュルケームの宗教分析の方法を導入して、氏神信仰の研究を後述するような形にまとめあげていったと思われる。デュルケームの宗教分析の方法とは、彼の『宗教生活の原初形態』におけるオーストラリア原住民のトーテミズムを分析しそれを積極的に意味づけた方法である。

デュルケームの「聖」と「俗」、呪術と宗教の枠組では氏神信仰は宗教的性格をもつものとなる。そして柳田自身は、いうまでもなく氏神信仰を一つの宗教として把握していた。

デュルケームは宗教と呪術について次のように述べている（少し長くなるが重要なのでそのまま引用する）。

知られている宗教的信念は、単純であれ複雑であれ、すべて同じ共通した特質を示している。すなわち、それは人々が表象する実在のまたは理念上の事物を二つの等級、相反した二つの属に分類することを予想している。その分類は、一般には『俗』と『聖』という単語で表現される、はっきりとした区分で指示される。

世界を一つはあらゆる聖なるもの、他はあらゆる俗なるものを含む二領域に区別すること、これが宗教思想の著しい特徴である。……しかし、この定義はまだ完全ではない。というのは、これは両者ともに近親ではあるがしかも区別されねばならない事実の二つの部門、すなわち呪術と宗教とに等しく妥当するからである。……

固有の宗教信念［宗教］はいつも一定の集合体に共通であって、この集合体はそれに帰依して、それと連繫している儀礼を行なうことを公言する。宗教信念はこの集合体の全構成員から個人的資格において認められているだけでなく、集団のものであって、集団の統合をなすのである。これを構成する諸個人は共通した信仰をもっていることだけで互いに結びついているのである。……

このことは呪術ではまったく別である。……それは信者を相互に連結し、同一の生活を生きる同一の集団に統一するという効果をもたらさない。……呪術者とその施術を乞う個人たちとの間には、これらの個人のあいだにおけると同じく、同じ神の信徒、同じ礼拝の遵奉者が構成している団体に比すべき同一の道徳的団体の構成員たらしめる継続的な紐帯がない。呪術者のもっているのは顧客であって……それらの顧客は互いに何の関係もなく、また互いに知りもしないことがしばしばありうる。

(『宗教生活の原初形態』岩波文庫)

すなわち、世界のすべてのことがらを聖と俗とに区分することを、呪術と宗教に共通する思考形態の特徴とする。そのうえで、宗教は、その信者のあいだで集団が形成されるものであるのに対して、呪術は、信者間になんらの紐帯もかたちづくらないものだというのである。

†氏神信仰は宗教か

この宗教と呪術の区別では、柳田の描く氏神信仰は宗教に入る。

そしてデュルケームによれば、宗教的信仰はすべて何らかの倫理形成力をその内にはらむものであり、もっとも原始的な宗教とされるトーテミズムにおいても確固とした倫理形成力をもっていた。

デュルケームは、フレイザーや、その観点を継承したマックス・ウェーバーのような、呪術から宗教への発展というシェーマをとらない。呪術と宗教はある意味で並列的な位置におかれている。

たとえば、ウェーバーは次のように述べている。

呪術的な「アニミズム的観念」では、「神々」や「デーモン」、つまり「超感性的」な力の観念が存在する。しかし、その超感性的な力は、「人間に役立つようにこれを強制することが可能」である。「この力に対して正しい手段を用いるカリスマの所持者は、神よりも強く、また自分の意志通りに神を強いることができる」。

だが、「神概念の合理的体系化」の進行によって、現世の厄災を避け、また現世の利益心を傾ける「実際的かつ打算的な合理主義」が後退する。こうして超現世的な「非世俗的な目標こそが、宗教的行為に特有のものとみなされる」ようになる、と（ウェーバー『宗教社会学』創文社）。

少しわかりにくいが、神観念の合理化による、呪術から宗教への発展という見解を示している。

だが、デュルケームのみるところ、人間はそのもっとも原初的な社会形態において宗教的な存在、宗教的信仰をもつ存在である。いわゆる神の観念より、アニミズム的な観念よりも原初的だと考えられる、オーストラリア原住民のトーテミズムにおいても、そこには確固とした倫理的なものがある。

トーテミズムはもっとも原初的な形態の宗教であり、したがってその社会は倫理的な社会である。そこでは、人は聖的な存在に対して精神的威力を感じており、それゆえこの聖なるものを分有している人々に対して倫理的にふるまわねばならないと考えている。

> トーテム的存在に対して彼ら［＝オーストラリア原住民］がなにがしかの様式で処する場合、それは単にこれらに宿っている力が物理的におそるべきものだからではなく、彼らが、精神的にこのように振舞わねばならない、と感じているからである。彼らは、一種の命法に服し、義務を果しているという感情をもっている。彼らは、神聖な存在に対して恐怖だけではなく、尊敬すら抱いている。
>
> またトーテムは氏族の道徳生活の源泉である。同じトーテム原理のなかで交通しているあらゆる存在がそれによって互いに道徳的に結ばれている、とみなしている。
>
> （『宗教生活の原初形態』）

†デュルケームの規定

デュルケームによれば、オーストラリア原住民の諸部族は、いくつかの氏族（クラン）にわかれており、各氏族は聖なるものとしてそれぞれのトーテムをもっている。このトーテムは一般になんらかの動植物もしくは無生物で、氏族員と氏族のトーテムとは親縁関係にあるもの、通常は同じ祖先から出自したものと考えられている。原住民は、このトーテムに聖なるものが内在しており、それと親縁関係にある氏族の成員のなかにも聖なるものが分有されていると信じているのである。

ちなみにフレイザーは、「オーストラリア土着民で、呪術が普遍的におこなわれているのに反し、超人間的な力の宥和または慰撫としての宗教が、ほとんどおこなわれていない」（『金枝篇』）という。

デュルケームのみるところ、現代のいわゆる未開社会においてもまた原始古代の社会においても、人間はすぐれて倫理的な存在であった。それは未開社会の人間、原始的な人間が自然により近い存在であるがゆえではなく、人が原初において宗教的であるがゆえである。人間の倫理性は、デュルケームにおいては、すぐれて宗教的なものによる事柄であった。このような観点は、一方では、マリノフスキーやレヴィ＝ストロース（仏）にうけつがれ、他方では、アナール学派につながっていく。

このように、柳田のえがく氏神信仰は、いわゆるフレイザー的な規定では宗教というよりも呪術的な性格が強いものとなる。だが、デュルケームの呪術と宗教の規定では宗教に入るものであった。そして柳田は氏神信仰をはっきりと一つの宗教としてあつかおうとしている。そして、後述するように、この氏神信仰が、一般の日本人の生の意味づけや価値観に強い影響を与え、さらには人々のあいだに内面的な倫理意識をはぐくむうえで重要な役割をはたしてきたと考えていた。

なお、柳田は氏神信仰を大きく神観念と信仰儀礼にわけ、その両面から記述していく方法をとっているが、その点もまたデュルケームからの影響があるのではないかと思われる。

二〇世紀の知の流れをみるとき、宗教把握、人間・社会把握において、大きく二つの流れがある。一つは、フレイザー（英）からウェーバー（独）をへてパーソンズ（米）へと至るもので、もう一つは、フレイザーに批判的なデュルケーム（仏）からレヴィ＝ストロース（仏）へと受け継がれたものである。

そのような見方からすれば、柳田は後者の流れに属するといえる（ちなみに、丸山真男や大塚久雄など戦後社会科学は、どちらかといえば前者の流れに属する）。

†柳田民俗学の国際的視野

一般には、しばしば次のような柳田についての見方がある。

柳田国男の著作はもっぱら日本のことを中心にあつかっている。したがってその学問は日本的な視野からのみ形成されているのではないか。そういう意味ではかなり視野が限定されているのではないか。普遍性のない国際的な通路を欠いたかたちで形成された学問なのではないか。そういう見方である。

しかし、じつは柳田の視野は相当国際的なひろがりをもったもので、世界の政治や経済・社会のうごきのみならず、欧米の学問動向にも関心をむけていた。そもそも柳田民俗学の形成そのものが、ヨーロッパの当時の最先端の学問展開から強いインパクトをうけたものだった。

ふつう、柳田民俗学は日本の伝統的な学問を継承し、そのなかから形成されてきたといわれている。それは事実である。しかしそれだけでは柳田民俗学という独特の学問は捉えきれない。その方法は国際的にも独自のもので、欧米のフォークロアと同じ性格のものでもなく、また日本に伝統的な学問の内的な展開だけによるものでもない。このような世界でも独特な学問が形成されるベースには、たんに日本の伝統的な学問だけではなく、それにプラスして当時の欧米の最先端の学問を導入していたのである。いうまでもなくこれは直輸入したという意味ではない。

柳田は欧米の学問からの影響について多くを語っていないが、『青年と学問』や『民間伝承論』などをみると、当時のヨーロッパの学問からの影響にある程度ふれている。

近年、日本民俗学の危機がいわれ、民俗学の新しい展開が模索されるようになって久しい。これまでみてきたように、柳田はその民俗学形成に際して、日本社会の抱える問題への広い関心とともに、当時の世界最先端の人文社会科学の学問的動向から強いインパクトをうけていた。このことは、柳田の仕事を乗りこえ、民俗学の新たな地平を切り開いていくためにも、示唆するところが大きいのではないだろうか。

第七章

知的世界の核心 I

——日本的心性の原像を求めて

1　氏神信仰の神観念

†日本人の精神文化を構成するもの

柳田はその生涯において、様々な領域で多くの仕事を残しているが、その主要部分は民俗学研究にある。それが彼の知的世界の中心部分だった。

柳田民俗学は、すでにふれたように、一般の日本人の生活文化を、その歴史的変遷を含めて体系的に明らかにしようとするものである。そこにおいて柳田は、とりわけ人々の信仰の問題、とりわけいわゆる氏神信仰の問題をもっとも重視している。

柳田にとって氏神信仰は、様々な民俗事象の基底にあるものとして、民俗学研究において中核的位置を占めている。その意味で氏神信仰の問題は、彼の知的世界の核心ともいえるものだった。

氏神信仰は、日本人の宗教意識の原基形態をなし、人々のものの考え方や価値観、その生きがいや生の内面的意味づけ、さらには内面的な倫理意識と深く関わるものと柳田はみていた。いわば日本人の心性の根源にあるものと考えていたのである。

一般に、日本人の思想や精神文化を形作っているものとして、大きくは、神道、儒教、仏教、そして欧米の諸思想があげられる。

柳田もまたそのようにみている。だが、柳田の場合、神道をさらに、国家神道やそれにつながる国学などの教義系の神道と、民間の各地域の神社に対する人々の信仰すなわち氏神信仰にわけている（教義系の神道とは、かなりはっきりした教義をもつ神道諸派を意味する。いわゆる教派神道も含む）。そのうえで、後者の氏神信仰こそ普通の日本人のものの考え方や価値観に、もっとも大きな影響を与えていると考えていた。そして、それをいわゆる日本的心性を構成する最もベーシックなものと捉えて重視し、その解明にとりわけ大きな力をそそいだ。


民俗学の引受けなければならぬ仕事は……色々とあるのでありますが、その［さまざまな民俗事象の］恐らくはすべての部面に通じて、最も重要なる底の動力、今まではあまり気が付かれず、これがわからぬ限りは一切の現象に、一部の不可思議というものを取り残しておかなければならぬもの……は、祖先以来の信仰でありました。

今後いかなる分業が民俗学の中に行われようとも、この根源の一つの問題すなわち家と先祖の祭ということだけには、すべての研究者の関心が集注せざるを得ぬのであります。

（『神道と民俗学』）

これまで、日本人の精神や文化を考えるうえでは、仏教とならんで神道が重要視され、その際、おもに古事記・日本書紀をベースにする教義系神道が念頭におかれてきた。海外においても、W・G・アストン『神道』のように、同様に考えられている。

†なぜ氏神信仰研究を重視したか

だが近年では、氏神信仰が、日本人の生活と文化や日本的心性を考えるうえで、重要なファクターとみられるようになってきている。そして、その氏神信仰研究としては、現在のところなお柳田民俗学のそれが最大のものである。その後の研究は、柳田のものを部分的に修正するか、ないしそれに新しいものを付けくわえるというかたちで展開している。

しかし、これまで一般の人文社会科学では、柳田の氏神信仰研究はそれほど注目されてこなかった。また意外なことであるが、多くの柳田論があるにもかかわらず、その氏神信仰論の全体像をまとまったかたちで検討したものはほとんどみあたらない。

その理由はいくつか考えられるが、一つには、現実の氏神信仰そのものについて、丸山真男をはじめ多くの批判があったことによる。すなわち氏神信仰は国家神道と直接つながるものであり、近代天皇制、明治国家体制を支えるもっとも原基的な要素であるとされてきた。そしてそのような観点から、氏神信仰の意味を重視する柳田の研究もこれまであまり評価されなかったのである。

しかし柳田の氏神信仰研究の一つのモチーフはむしろ国家神道批判にあった。その氏神信仰研究の直接の目的は、日本人の価値観や生の内面的な意味づけを明らかにすることにおかれていた。だが、さらに人々の内面的な信仰である氏神信仰を、国家神道から切断するというところにもねらいがあったのである。

国家神道は、後述するように、地域の神社に対する人々の信仰すなわち氏神信仰をその内部に組みこむことによって、近代天皇制および明治国家体制を支えていた。柳田は、その氏神信仰を国家神道から切断することによって、国家神道の基盤を解体し、それに支えられた当時の国家体制をより議会主義的な方向に改変していこうとした。

ただこの問題に関わる柳田の叙述は断片的で、そのような国家神道批判の意図がわかりにくい。それは、その内容が国家システムの根本に関わることであり、当時の言論状況ではストレートにいうことは困難だったからである。またこのことが、柳田の氏神信仰研究の全体像を把握することを困難にしてきた一つの要因だった。

しかし、柳田の氏神信仰研究は、その著作の一部を見ただけではほとんど想像できないことであるが、全体としてある体系性をもっている。したがって本章では、その柳田の氏神信仰論をできるだけ体系立ったかたちで検討し、その全体像を明らかにしていきたい。

ただ、この氏神信仰の問題が柳田自身もっとも力を注いだところであり、議論は膨大かつ詳細にわたる。それゆえ、あまり細部に立ち入らず、ポイントとなる部分を中心にみていこうと思う。

†氏神とは何か

では氏神信仰とはどのようなものだろうか。

近代日本社会には、それぞれの地域（村落や区）にだいたい一つ、「氏神さま」「うぶすなさま」「お宮さま」などと呼ばれる、森や林にかこまれた小さな神社がある。氏神信仰とは、そこにまつられている神、これを一般に氏神というが、その氏神に対する人々の信仰である。

全国の隅々に及ぶまで、児が生まれて産屋《うぶや》の忌《いみ》が晴れるや否や、まずうぶすなの御社《おやしろ》を拝みに詣《もう》でることと、秋毎の収穫の終わりに際して、村を挙《こぞ》って氏神の祭に、一年の歓喜を傾け尽すこととの二つだけは、ほとんど例外もなしに現在もなお持続している……。何神どこの神と名を呼ぶのは色々あっても、村には神の森または御宮といって通ずるものは一つしかなかった。……それがまた各郷土の信仰の、争うべくも無い中心であった。（『日本の祭』）

この氏神信仰について柳田は、大きく神観念に関わる事柄と、儀礼（信仰儀礼）に関わる事柄にわけて議論を展開している。そこで以下それぞれについて検討していく。

ちなみに、彼のほとんどの著作は何らかのかたちで氏神信仰やその儀礼に関する事柄に言及している。なかでも、比較的まとまったものとしては、神観念に関するものとして、『先祖の話』『氏神と氏子』などが、儀礼に関するものとして、『日本の祭』『祭日考』などがある。また双方にまたがるものとして、『神道と民俗学』『山宮考』などがある（なお、これらの著作は敗戦後に出版されたものが多いが、同様な内容は戦前すでに様々な論考で提示されている）。

それでは、まず神観念に関わる事柄からみていこう。

さて、氏神信仰における「氏神」とは何だろうか。

柳田によれば、氏神とは、本来、それに奉仕している人々の祖先の霊魂を神としてまつったものと考えられていた。したがってしばしば「御先祖様」とも呼ばれた。

氏神が本来氏の祖先を祀るものであったことは……［過去に］その著しい実例があるのみならず、今でも地方によっては家々の先祖たちが、氏神となったものと思っている人は多い

（『先祖の話』）

同じ血筋に繋がるものが集まって、共々に同じ祖先の好意に信頼し、またこれに感謝しようとするのが、社《やしろ》において神を祭り始めた唯一の動機だった　（『氏神と氏子』）

その際それは、初代の祖先の霊のみでなく、代々の祖先の霊をも包含した祖霊の融合体として捉えられていた。

つまり氏神とは代々の祖先の霊が融合一体化したものであり、したがって人は死後一定の期間の後それに融合していくと考えられていた。

以前の日本人の先祖にたいする考え方は……人はなくなってある年限を過ぎると、それから後は御先祖様、またはみたま様という一つの尊い霊体に、解け込んでしまうものとしていたようである。　（『先祖の話』）

彼等は皆死ねば祭られるものと信じ、それを確実にするために、めいめいもまた生きているうちは、他意もなく先祖の祭を営んでいた。　（『神道と民俗学』）

†氏神と氏人の保護・被保護関係

近代日本の村落はそれぞれ、複数の異なった家系に属する人々、苗字系統を異にする人々によって構成されている。したがって、現実の村落にある氏神は、家系のちがう人々によって共同で信仰されていたわけである。しかしずっと古い時代（いわゆる古代）には、一つの集落の住民は、だいたい大家族制のもとに「氏」と呼ばれる単一の家系によって構成されていた。それゆえ柳田は、個々の氏がそれぞれ集落を形成しながら各々の氏神を信仰していたとみている。

そして柳田によれば、本来、氏神は、血縁的な氏の集団すなわち氏族集団とそれが占有している一定の土地との結合を保障するものと考えられていた。また、対自然の関係においても、他の氏族集団との関係においても、氏族成員全体の生活をまもり、その領域を保護するものだった。その意味でこの神は、氏族の土地の境をまもる神であり、また氏族員の誕生と成長を保護し動植物の成育をうながす神、氏の成員を守護し助ける神とみられていた。それは「霊融合の思想、すなわち多くの先祖たちが一体となって、子孫後裔を助け護ろうとしているという信仰」（『先祖の話』）といえた。

我々が先祖の加護を信じ、その自発の恩沢に身を打ち任せ、特に救われんと欲する悩み苦しみを、表白する必要もないように感じて、祭りはただ謝恩と満悦とが心の奥底から流露するに止まるかのごとく見えるのは、その原因は全く歴史の知見、すなわち先祖にその志があり、またその力があり、また外部にもこれを可能ならしめる条件が具わっているということを、久しい経験によっていつとなく覚えていたからであった。さうしてこの祭の様式は、……著しく我が邦の固有信仰を特色づけているのである。

（『先祖の話』）

この氏神の守護に対して人々は年々一定の時期に神をまつる儀式、春秋の祭をおこなっていたのである。

したがって氏神は、農産物のなかでもことに重要視される稲をはぐくむ神、そしてそれに必要な水をめぐむ神とも考えられた。「田の神」「水の神」などとして、農耕祭祀の対象となる性格をもっていた。それゆえしばしば、特定の水田でも神祭と関連した儀礼的祝祭的な行事がおこなわれた。

この氏神と氏人との保護・被保護の関係は、古くからの「神の黙約」によるものだった。人々は、「神の年久しい御親しみによって、単なる黙約として伝わるもの」（『日本の祭』）、「遠祖以来の有難い御約諾」（『神道と民俗学』）を信頼していた。それゆえ、自分たちの祈願を言葉にあらわさなくとも神は何もかもご存じであると、安心しきっていた。「氏人として為すべきことは、前々から定まっておりまして、その通りさえ怠らず守っていれば、神もまた親代々の御契約を御果たし下されるものというのが信仰でありました」。それゆえまた神に対してことさら「我々は言挙げをしなかった」のである(『神道と民俗学』)。

そして氏人の本来の意味は、神の血筋の者、神の後裔であり、その貴き血筋をひくがゆえにその祭に奉仕する資格ありとされる人々のことだった(『山宮考』)。

このような氏神は、もともと霊の融合体であることから、必要に応じてその分霊がおこなわれた。何らかの事情で氏族の一部が他の場所に移動する場合、また人口増大などの理由で氏族が分裂する場合には、それぞれの集団が氏神の分霊をたずさえていった。それがまた新しい地での氏神となったのである。

また、ふつう氏神は特定の名前をもたないか、そうでない場合でもその名を口にすることは忌み禁じられていた。外部から各地域の氏神を区別するには、氏の名もしくは地名でもって特定するのが一般だった。

なお、氏神をウブスナともよぶことについて柳田は、ウブスナにもとは産土、本居の漢字があてられている。これは本居にいます神、産土に祭られたまう神、つまり生まれ在所の神という意味である。古くは一般に単一の氏族が占拠する土地では産土神はすなわち氏神であり、二ついずれの名をもちいても誤りではなかった、としている(『氏神と氏子』『神道と民俗学』)。

†死後すぐ氏神に融合しないのはなぜか

ところで、さきほど氏神は代々の祖霊の融合したものと考えられていたと述べたが、人々は死後すぐに祖霊と融合して神になるとされていたわけではない。

死後一定期間ののち、死のけがれから清まり浄化されてから、氏神に融合し一体化すると観念されていた。すなわち、人々は死後相当程度の期間を経過してはじめて、清まった霊となり神としてまつられるようになる。しかし同時に、個人の霊はその個性を失って氏神と融合する。したがって氏神は、特定の人格的姿態をとらない一種の霊体、あとから来るものも区別なくそこに融けいり加わりうるような、特定の人的個性をもたない霊的融合体と考えられていたわけである。

人が眼を瞑って妻子の声に答えなくなるのも、一つの生死の堺にはちがいないが、その後にはまだ在りし日の形あるものが残っている。

それがことごとくこの世から姿を消して、霊が眼に見えぬ一つの力、一つの愛情となり、また純なる思慕の的となりきる時が、さらに大きな隔絶の線であるように、昔の人たちには考えられていたのかと思う。

（『先祖の話』）

つまりは［死後］一定の年月を過ぎると、祖霊は個性を棄てて［氏神と］融合して一体になるものと認められていたのである。……

それから後は人間の私多き個身を捨て去って、先祖という一つの力強い霊体に解け込み、自由に家の為また国の公の為に、活躍し得るものともとは考えていた。（同右）

では、なぜ死後すぐに氏神に融合しえないのであろうか。

それは、柳田によれば、死のけがれを忌むことからきている。死者のもつけがれは、聖なるものにとって最も強いタブー（禁忌）となるもので、死者の霊はこのけがれが浄化されないかぎり、神となって氏神に融合することはできない。この死のけがれの残っている霊は、まだ氏神に融合し神としてまつられるにはふさわしくないものだった。

我邦では、死ということは穢れであり忌はしいことである故に、これを至って清きものと一つに置くことはできませぬ。それである期間を中に立てて、神として仕うるに適する条件の成就を待ったようであります。（『神道と民俗学』）

したがって、この喪のけがれを忌みきらう感覚から、近い身内に死なれかつその死に触れたものは、晴《はれ》の行事、ことに神祭や儀式に参加することが許されなかった。また、そのけがれは彼等と交わりのあった第三者にも伝播して、程度の差はあるが公の行事に参加し神に仕えることができないようになるとされていた。

では死者の霊はどのようにすれば、けがれから脱却し浄化されると考えられていたのだろうか。

死のけがれを浄化し、清浄なものとなり、神となるためには、一定の期間さだまった条件のもとにおかれて子孫の供養をうけ、その死後の生活を落着かせる必要がある。そう観念されていた。

本来は人の霊も終いには神として祭らるるものと、古くから我々は考えていたのだが、それには準備の期間がありまた方式があり、子孫一門が自ら祭るということと、ある年数の間別途の祭を重ねてから、それを次々と氏神の中に送り入れるのが条件であった

(『氏神と氏子』)

この点は、後述するように、日本人の心性とりわけ家の観念に軽視しえない影響を及ぼしていると柳田はみていた。

†けがれと埋葬場所

さて、人が死後すぐに氏神と融合するわけでないとすれば、その霊がけがれから清まり、氏神に融合していくには、死後どれぐらいの年数が必要とされていたかが問題となる。これについては各地にさまざまな伝承があるが、柳田はほぼ三〇年前後と推定している。それは、世代がだいたい一循環する年数といえる。その死者の記憶がうすれ、さらに肉体が完全に土にかえり、埋葬場所を示す木や石のしるしも他の自然の木や石と区別がつかなくなる、そのような期間を意味していた。

私は以前に新しい埋葬地の上へ、若木を栽える風習の下越後などには有ることを報告している。あるいは色なり形なりに特徴のある小石を、海川の辺から拾って来て、枕石として埋葬地の上に置く風なども、今なお国の端々には広く行われる。

葬儀に参与したほどの人々は、誰でも明確にその木その石を記憶しているのだが、ちょうどその人たちが居なくなる頃には、次第に忘れられてただの松原、ただの石原になってしまうのは自然である。（『先祖の話』）

墓の木は林となり、しるしの石は見覚えがなくなり、有ったものはすべて土にかえっているわけで、清まわりは即ち完成するのであります。

(『神道と民俗学』)

通常、死者の埋葬場所は、そのけがれを避けるために集落からかなり離れた共同の区域、だいたい近くの山のふもとの谷の奥ふかくや野のはずれにあった。いまでも各地でしばしば蓮台野《れんだいの》や三昧《さんまい》と呼ばれている場所がこれにあたる。この葬送様式に対応する墓制としてよく知られているのが両墓制といわれるものである。実際に死者を埋葬した墓、いわゆる「埋墓《うめばか》」と、子孫がその死者を年々供養する墓、「参り墓」とがわかれて別のところにある墓制をさす。参り墓は、里墓とも呼ばれ一般に集落の近くにあった。現在では、両墓制はすたれ、以前の参り墓に埋葬するようになっているが、近年までその慣習の遺風がいくつかの地方で残っていた。

この両墓制について、柳田はそれをもっとも古い墓制と捉えていたとする見解がしばしばみられる。だが、必ずしも柳田はそうは考えていない。そのまえに、谷奥や野のはずれなど埋葬地への葬送のみがあって里に墓をつくらない、一種の単墓制があったとみている。そして近年では、集落から遠く離れた場所に共同の埋葬地を区別して置くことをせず、それまでの里墓に直接埋葬する第二の単墓制が一般化しているというのである(「葬制の沿革について」)。

このように氏神に加わるには死後一定の期間が必要とされていた。したがって、死者の霊には、死後三〇年前後がすぎ浄化され清まって氏神に融合したもの、すなわち本来の「みたま」がある。また、その年限に達しない、いまだ死のけがれが残存している霊、いわゆる「荒忌《あらいみ》のみたま」とがある。そう考えられていた。そして、この荒忌のみたまのなかでも死後一年未満のものは「荒年の初みたま」「新精霊《にいじょうりょう》」などとも呼ばれた。

だが、死者の霊にはもうひとつ別の種類のものがある。それは、子孫に供養されない霊で、子孫の死に絶えたもの、行きだおれ、事故などによる身元不明の死者などの霊である。これは一般に「外精霊《ほかじょうりょう》」「無縁」などと呼ばれる一種の荒れる霊、すさんだ霊で、病虫害の異常発生や天候不良、伝染病などの厄災をもたらす。したがって、さきの「荒忌のみたま」も何らかの事情で子孫の供養をうけられないと、同様に荒れる霊となって災いをひきおこす。また、強い恨みをのこして横死した霊も、怨霊としてこの荒れる霊となる。そうみなされていた(この種の荒れる霊は、後述するように、八幡や天神など有力な神々の勧請の問題とも関連している)。

このように日本人にはもともと三つの霊魂観念があったと柳田はみている。第一に、清まって神となった霊、第二に、子孫の供養をうけてながらも、まだけがれの残っている霊、第三に、子孫の供養を受けられない、もしくは怨念をもった霊である。

現在の盆の精霊には、やや種類の異なる三通りのものが含まれている。……これに……地方によっては意義の分化が行なわれて、特にその一つのもの〔死後一年未満の霊〕にこの語〔精霊〕を用いた結果、いよいよ本来の精霊〔みたま〕をないがしろにする原因を追加した例さえある。過去一年の間に世を去った荒忌のみたまを、アラソンジョだのワカジョウロだの、また新精霊だの呼ぶことは前にも述べた……。

次になお一つ、九州の南部から島々にかけて、外精霊と呼んでいるものがある。……関東以西の広い区域にわたってこれがあり、ただその名称だけは土地によって、あるいはホカドン、トモドンといい、御客仏といい無縁様といい、または餓鬼とさえいうところも少なからず、従ってその考え方にも大分のちがいが出来ている。

しかしともかくも必ず家で祭らなければならぬみたまより他の霊が、盆の機会をもって集まって来ると見たまでは一つである。

（『先祖の話』）

†魂はどこに行くのか

さて、では最初の浄化され清まった霊はどこへ行くのだろうか。死後人々の魂はどこへ行くと考えられていたのだろうか。

この、死者の清まった魂が融合していく氏神は、柳田によれば、この世から離れた別の世界に存在するのではなく、現世から完全には断絶せず、氏人の居住地からあまり遠くない山の頂きにとどまっていると考えられていた。

そして代々の祖霊は氏神となって郷土や子孫との縁をたたず、年々、時をさだめて子孫の家に行きかよい、ながく家の成員をまもり郷土をまもるものと信じられていた。「死んでも「その魂は」同じ国土を離れず、しかも故郷の山の高みから、永く子孫の生業を見守り、その繁栄と勤勉とを顧念している」(「魂のゆくへ」)。そう人々は考えていたのである。

だいたい古代から中世の日本では、農業を営む一般の人々は、山のふもとの、前方に平野のひらけたところに住んでいる場合が多かった。それはおもに水稲作の便宜のためであるが、祖霊たちは、その山のいただきにとどまり、人々を見守っていると信じられていたわけである。

かつては我々はこの現世の終わりに、小闇《おぐら》く寂《しず》かなる谷の奥に送られて、そこであらゆる汚濁と別れ去り、冉々《ぜんぜん》として高く昇って行くものと考えられたらしいのである。我々の祖霊はすでに清まわって、青雲たなびく嶺の上に休らい、遠く国原を眺《なが》め見おろしているように、以前の人たちは想像していた。(『山宮考』)

霊山の崇拝は、日本では仏教の渡来よりも古い。仏教は寧ろこの固有の信仰を、宣伝の上に利用したかと思はれる。……

五月田植の日、田人早乙女《たうどさおとめ》が一斉に振仰いで、山の姿を礼讃する歌をうたうような峰々は、いずれも農作の豊穣の為に、無限の関心を寄せたまふ田の神の宿りであった。春は降り冬は昇りたまうという百姓の守護者が、遠い大昔の共同の先祖であって、その最初の家督の効果が末永く収められることを、見守っていて下さるというような考え方が、あるいは今よりももっとはっきりとしていたのかも知れない。　（『先祖の話』）

この死後一定の期間ののち魂が肉体を去って高い嶺へ昇っていくという考え方と、集落から離れた共同の埋葬地である山すそに棺を送る慣行との間には関係があった。人々の魂は、肉体が土にかえりその痕跡が消えさるとともにしだいに清まって、ふもとの埋葬地から徐々に山に昇っていくと考えられていた。そこに、山すそにある谷の奥や野のはずれに遺骸をおくる理由があったのである。

なお柳田は、各地の「賽の川原」と呼ばれている場所も、もとはそこに亡骸をおくったらしい形跡があるとする。賽の川原のサイは、しばしば村境や峠などにおかれている道祖神《さえのかみ》のサエとおなじように境をさす。そこはこの世とあの世、人々が現実に生活している世界とそれとは異なる他界との境である。そして、現実のものとしては山すそや野のはずれ、もしくは海村の荒浜など人里からはなれた共同の埋葬地周辺を意味したのではないか、というのである。

佐渡から数十里の海を北に隔てて、羽後の飛島にもまた一つの賽の川原がある。……やはり何人が積むとも知れない石の塔が幾つもあった。……ここが昔から島の人たちの、死んでから行く処となっていた……。島には秀でた峰はない代りに、この賽の川原と相対して、海中に大きな岩が一つあり、周囲が崖になって登ることが出来ぬのを、神聖の地として崇敬しており、そのまた正面には遠く鳥海山の霊峰が横たわっている。今はそういう言い伝えも残っていないが、恐らく精霊がこの浜から、追々に渡って行くものと信じられていたのであろう。（『先祖の話』）

近年では一般に氏神は、村の社に常在しているものとみなされている。だが、もともとは近くの山のいただきから子孫たちを見守っていると信じられており、去来する神、一定の時期に訪れまた去っていく神だった。つまり、ある時期がくると山から氏神をむかえ、その時期がすぎるとまた村里から山におくるものとされていた。

そして、この氏神の祭式は、古風なかたちとしては、常設の神社ではなく、一般に村の清浄な地に神を迎え、そこに臨時の仮屋をたてておこなわれたのではないか。そう柳田はみている。

†山の神と氏神

ところで、春に山から神をむかえそれが田の神となり、秋に稲の収穫がおわるとふたたび里から山に神をおくり、それがいわゆる「山の神」になる。そのような観念が全国各地にみられる。そこでそのような見方がもとからのものであり、柳田もそう考えていたかのような記述が民俗学や柳田についての著作にしばしばみられる。

しかし柳田自身は神の去来のあり方として、必ずしもこれが本来のかたちであったとは考えていない。おそらくそれ以前に、それぞれの祭礼ごとに神を迎え、かつ送る慣習があったのではないかとしている。

神が半年ずつ一処に御止住なされるという考えよりも前に、春秋の両度に神の御降りを仰ぎ、やがてお送り申した信仰があったのかも知れぬのであります。（『神道と民俗学』）

一度は我々も神は祭の季節毎に、来てはまた御還りになると信じて、それでも安心しまた満足しておられた段階があったかも知れない。（『祭日考』）

なお柳田は、ここでの山の神は、木樵《きこり》や猟師など山で生活する人々にとっての山の神とは異なるものとみている。それら山民にとって、山の神は一年を通して山にあり、文字どおり山の神としての性格をもつものである。だが、村里の人々にとっては、それは氏神のある期間の存在場所をあらわす名称だった。

また、柳田によれば、その神迎えすなわち氏神の降臨は、定まった日のものと臨時の不定期のものとがあった。定まった日は、春と秋、だいたい旧暦の四月と一一月の頃の満月の日とされていた。

そしてこれが氏神の本来の春秋の祭の日であり、もともとは、この春おそく旧四月の頃の満月の日をもって年の初めとしていたのである。

このことは稲作の季節的循環と関係している。後述するように、稲は氏神信仰において特殊な意味をもっており、春と秋の祭は稲作の始めと終わりとを表示し、しかも稲の生産が開始されようとする時がもっとも重要な神の降臨の日で、その時をもって年の初めとされていたのである。このことは現在日本においても春が新年度の初めとされていることと無関係ではない。

ところが、新しい暦の導入によって、年の初めはいく度かの変化をへて現在の正月の時期にうつった。現在の八月中旬の盆は、それと連動して秋の降臨の日の観念がうごいたものなのである。したがって正月にまつる年の神（歳神《としがみ》）も、盆にくる精霊とともに、本来は祖霊すなわち氏神だった。

もとは正月も盆と同じように、家へ先祖の霊の戻ってくる嬉しい再会の日であった。……正月と盆とは春秋の彼岸と同様に、古くは一年に二度の時祭《ときまつり》で、儀式もその趣旨も、双方異なるところがなかったろうと私は思っている。（『先祖の話』）

†氏神の依代

ところで、この来訪する神としての氏神は、目にみえないもので具象的な姿をもたない。したがって、里にむかえられる際には、特定の自然物、多くの場合ある特殊な木、いわゆる神木を神の依代《よりしろ》とする。そうみなされていた。

以前は我邦の野山は到るところ樹林をもって覆われ、その中には杉とか樅栂とかの大木の空高く伸びたものが多かった。……さういう中から特に秀でたる一本を選定して、これを神様の天降りたまう木ときめ……最初は皆この自然の生木に依って、容易に霊界交通の目的を遂げ得たことと思う。（『日本の祭』）

神を峰から迎える方式としては、木草に依《よ》らせ申すことが自然であり、従ってまた類例は幾らでもあげられる。

（『山宮考』）

そして、その示現あるいは意志の表示は、特定の個人、原則として女性（神の依座としての巫女）に憑依することによって、その口を通して啓示や託宣を発するというかたちでおこなわれた。

［神の］示現の方式は今日は祭る者の欲する形となっているかと思われますが、本来は依坐《よりまし》の口を透して、御言葉を聴いたのでありましょう。

（『神道と民俗学』）

近い頃まで、神が原則として女に憑《よ》りたまうこと、およびその巫女が神の御語を伝えるということは、これを信じて疑はぬ人が多かった。

（『日本の祭』）

ちなみに、しばしば日本人の信仰の原型を、木や草などの自然物に様々な精霊がやどっていると考える一種のアニミズムだとする見解がある。

しかし、柳田はそのような見方には批判的だった。すなわち、個々の自然物にそれぞれ精霊がやどっていると考えられているのではない。神が、具体的には祖神としての氏神が、もともとそれらを神の依座として憑く性格をもっており、その神が憑いた草や木を聖なるものとしているのだ、というのである。
この点は柳田の見方の一つの特徴といえる。

神木崇拝については日本人でも研究した人が少ない為に、あるいはこれを簡単なるアニミズムの一現象と見る外人の説に容易《たやす》く同意するかも知れませぬ。……本来神は祭の時に限って天から御降りになるという信仰であったことを、それこそ外国振りの感染の為に忘れた為……であります。

(「神道私見」)

日本では特に神霊が人に憑いて語るということ、木でも草でも何にでも依るといふこと、この二つが大衆の古い常識であった。

(『日本の祭』)

また、この国では神々の数が無数にあるようにいわれているが、柳田のみるところ、それは個々人が同時に多くの神を信じたことを意味するわけではなかった。元来、それぞれの氏は一つの神すなわち氏神だけをまつっていた。したがって社会全体をとれば、氏の数だけ神々が存在するわけであるが、個々人はそのなかの自分の氏の神ただ一つを信仰していたのである。それゆえ柳田は、本来の日本人の信仰を、一つの集団ないし個人が同時に多数の神を信仰するという意味での多神教とすることはあたらないと考えている。

神々の数は我邦では無数のように言はれておりますが、個々の国民の祭らなければならぬのは、そう色々とはなかったのであります。（「神道と民俗学」）

古い頃に我々の祭っていたカミは、専ら祖先の神霊のことだったのではないか（「神社のこと」）

†生まれかわりの思想

なお、柳田によれば氏神信仰には、いわゆる「生まれかわり」の思想がある。祭礼の際の神迎えとはべつに、ある場合、特定の個人の魂がこの世に復帰し新しく誕生する子供に生まれかわるという観念である。

死に臨んで、なおこの世において人々のために何ごとか特定の事業をなしとげたいとする願望が、きわめて強い場合がある。そのようなとき、その意志によって、死してのち清まった霊となって氏神に融合する前に、同じ家系の子供に新たに生まれかわることができると考えられていた。したがって、死後の霊は、ある期間内に人間に生まれかわるものと、そのまま氏神に融合していくものとが思いうかべられているわけである。

神になるというのと、生まれ替るというのとは、かならずしも両立せぬ考え方ではない。死後ある期間に再び人間に出現しなかった霊が、永く祖神となって家を護り、またこの国土を守らうとするものと、昔の人たちは考えていたのかもしれない。（『先祖の話』）

人々が子供を大切にする感覚は、それが次代を担うものであるということに加えて、この生まれかわりの信仰とも関係している。もしかすると祖先の霊がたちかえって子供に宿っているかもしれないというかすかな考え方が、なお伝わっていることにもよっているのである。

しかし、他方、生まれたばかりの幼児はまだ魂が入っておらず、産屋の忌みが晴れたのちの氏子入りの宮参りによってはじめて魂を氏神にいれてもらうとする考えもあった。地方によってはその間の幼児の状態は社会的に不安定なものともみられていた（たとえば乳幼児の間引きなどはこの間におこなわれた）。

また老人は、伝統の継受と長い経験とにより、伝統的な知識と技術を豊かに蓄積している存在であるばかりでなく、神に近い存在、神となることにより近い存在とされていた。たとえ病気や老衰によって社会的な役割を果たしえなくなっている場合でも。

老人ばかりでなく、一般に人はすべて神となる存在であり、不幸にして身体的もしくは精神的障害により、たとえなんらの社会的役割をはたすことができない人々でも、神となるべき存在であり、その意味で尊ばれるべき存在と考えられていたのである。ただしそれは子孫の供養をうけるかぎりにおいてであった。それゆえ氏神信仰においては、子孫が絶えず、家系が続いていくこと、すなわち「家の永続」が重要な意味をもっていた。

我々の祖霊が血すじの子孫からの供養を期待していたやうに、以前は活きた我々もその事を当然の権利と思っていた。死んで、自分の血を分けた者から祭られねば、死後の幸福は得られないという考え方が、何時の昔からともなく我々の親達に抱かれていた。家の永続を希《こいねが》う心も、何時《いつ》かは行かねばならぬあの世の平和のために、これが何よりも必要であったからである。（『明治大正史世相篇』）

昔の日本人は死後を信じていた。死んでも盆毎に家に帰ってきて、眼にこそ見えないが子の子、孫の孫たちと、飲食休養を共にしうるということが、どれほどこの家の永続を切望させ、また大きな愛着をこれに対して抱かしめたか測りしれないのである。（『婚姻の話』）

†家の永続の重視

なお、この家の永続を重視する観念が、日本において、子のない家々での養子縁組を一般化させ、擬制的な子孫、擬制的な血縁関係を容認させたと柳田は考えている。

柳田のみるところ、この祭祀をなすものが血縁のものでなければならないとの思想は、自分の血をうけた子孫に死後も養われたいという人々の念願が基本をなしている。

しかし、そのような神観念の根底には、死してのちも子孫を愛護し何らかその役にたちたいという人々の痛切な願いがあった。そして、その意思と願いを「想像によって不可視の世界にまで引き伸ばした」(「田社考大要」)もの、すなわち「子孫後裔を死後にも守護したい」(『先祖の話』)そしてそれが可能であるとの考え。それが何らかそのベースになっている。


人がめいめい一代限り、長生安泰であればそれでよろしい、というような「いわゆる」個人主義の時世に入ってくるまでは、もとは子孫の愛をもって、この世の幸福の主要部分としていた。

それを想像によって不可視の世界にまで引き伸ばしたのが、我々日本人の旧式な人生観であった。……人の霊魂がもしも死とともに消えてしまわぬものならば、必ず生きていた間のもっとも痛切な意思、すなわち子孫後裔の安全のために、何か役に立とうという念慮ぐらいは、いつまでも持ち続けられるだろうと、昔は生きているうちから、そう思っていた者が多かったのである。

我が国固有の神の信仰には、こういう推理の基礎があり、無言の約束への期待があり、これに対する無限の感謝が……あった。（「田社考大要」）

家を富ませたいという思いの底にも、やはりこのような考え方があった。そして人々は、その家の永続のために真剣に働いたのである。

この家永続の問題が、人々の生きがい（生きる目的）や価値観に軽視しえない影響を与えており、日本人のいわゆる家族主義の根源をなしている。柳田はそうみていた。

なお家の永続という場合、必ずしもその直系の子孫がつづいていく必要を意味しない。たとえば子供のない人々でも、その親族の家系がつづいていくかぎり、兄弟や甥、姪などの供養によって「みたま」となり氏神に融合することができるとするのが本来の観念だった（『先祖の話』）。そう柳田は指摘している。

ところで、さきの生まれかわりの思想とも関わるが、柳田によれば、死に際した人の強い念願は、必ず後の世にうけつがれると信じられていた。

人々は、みずからの志が子孫にうけつがれ、もしくは自身が生まれかわってその事柄を実現することを望み、またそれが可能だと考えていた。人の一代を傾けつくしてもなお成しとげられぬ事業は多い。それを成就しようとする意志は、たとえいかに微《かす》かなかたちでも次の世代にうけつがれることを、人々は信じ伝えてきた。先人の事業が継承され、社会が前代の人々の意志を無言のうちにうけついできたのは、そのことにもよっている。

さらに柳田はいう。

人生は時あって四苦八苦の衢《ちまた》であるけれども、それを畏《おそ》れて我々が皆他の世界に往ってしまっては、次の明朗なる社会を期するの途はないのである。我々がこれを乗越えていつまでも、生まれ直して来ようと念ずるのは正しいと思う。……淋しい僅かな人の集合であればあるだけに、時の古今にわたった［時間的な］縦の団結ということが考へられなければならぬ。未来に対してはそれが計画であり遺志であり、また希望であり愛情である。……我々はこれから後の世の中の、今の通りではないことを予期することが必要であるのみでなく、それを力の及ぶ限り、現在我々が善しと信ずる方向へ、変わらせて行くように骨折らなければならぬ。

（『先祖の話』）

柳田は、氏神信仰の神観念、その原型をこのように考えている。

2　神観念の展開

†他の氏神との融合

このような氏神信仰における神観念は、その原型からどのように展開していったのか。それについて柳田はどう考えていたのだろうか。次にその点をみていこう。

柳田によれば、氏神はもともと、それ自身他の氏神と一緒にまつられ合祀されることが可能な性質をもっていた。さらには他の氏神と融合しうる性質があった。このことが神観念の展開と関わってくる。

そもそも氏神は、さきに述べたように、氏の始祖のみではなく代々の祖霊の融合したものだった。また帰依している氏神が異なっても、同じ氏神信仰として、人々の氏神に対するイメージと心的態度において少なからず共通するところがあった。つまり氏を異にする人々のあいだでも、同じ氏神信仰をもつという意味で信仰の形式が共通で、信仰内容においても基本的な部分で共有するところがあったのである。さらに、当初より人々はたがいに他の氏のまつる神を承認し、その信仰を認めていたばかりでなく、他の氏々の氏神を尊重し尊敬しあうことを通例としていた。その意味でいわゆる「敬神」（『氏神と氏子』）の慣習をもち、信仰において相互に協調しやすい性質をもっていた。

我々の神様は……信仰が共通のものであるから……互いによその神々をよく知っておられました。（『神道と民俗学』）

氏神には融合一体の信仰が古くあった（『氏神と氏子』）

我々の固有信仰［氏神信仰］は……いたって協調しやすい素質を始めからそなえていたものと、推測し得られるかと私は思う。（『日本の祭』）

それらのことから氏神は、場合によっては相互にいっしょに祀られ、かつ融合して一体となることが可能と考えられていたのである。

しかもそれぞれの氏神は、祖霊の融合体として同様の性格をもちながらも、その働きには地域的風土的な特性などからくる差異があった。そして氏神自身が、氏人とともにその差異を認めているとみなされていた。そこから、他の地域の働きを異にする氏神に祈願しそれを合祀することや、名の知られた、より強力な神々を勧請することが相当はやい時期から許容されていた。

時と場合によって神の御力にも能不能があり、または管轄というべきもののあること……、人と土地とによって神の領域が別になるという信仰では、これは必然の推理だった

（『神道と民俗学』）

神の霊異の種々なるちがい……が、いつとはなしに他氏の神をも信ずるようになる素地は作っていた。……

人間の魂が霊と清まはってすなわち神となると信じた我々が、その神々のすべてに、万能の力を認めていなかったとても不思議はない。古来の我々の氏の神には、全く予想のできなかった新たな災厄、また新たなる不安が、社会機構の複雑化すると共に、次々と我々の生活を脅かし始めたのだから致し方がない。

その事だけは此方よりも、某々の神に往って御願い申せというようなことを、夢にまたは託宣に、神に御言葉として承ったというのも、いわば民衆の心理の映発であって、すなち彼らは自らもそういうふうに思い得たのである。

（『氏神と氏子』）

神の尊さに等差のあること、すなわち自分たちの氏神までが氏人と共々に、こういう「名の知られた」大きな神たちを仰ぎ敬われるというふうに、以前の日本人は考えていたのではないかと思う。

（同右）

したがって、名の知られた有力な神々の勧請、すなわちその分霊をむかえ祀ることを許し、それと合体しうるものと考えられていたのである。

†他の有力な神々の勧請

氏族のもともとの氏神は、一般的な種々の苦難からは氏人を守りうる。だが、特殊な困難、その能力をこえる危機に際しては、他の氏神、他の有力な神々を勧請し、合祀することを必ずしも禁じるものではないとみなされていた。

人口集中や生産様式の変化などにより社会機構が複雑になるにしたがって、新しい厄災、新しい生活上の不安が人々を脅かしはじめる。そのような、もとからの氏神の能力をこえると考えられる事態に対しては、他の有力な神々を勧請し人々の生活を守るためにそれに祈願しようとした。そう柳田はみている。

しかも、氏神はもともと一種の霊的融合体と観念されていた。それゆえ、他の氏神との合祀や名の知られた有力な神々の勧請は、同時に本来の氏神とそれらの神々が合祀され融合一体となることを意味すると想定されていた。また、この名を知られた大神の勧請は氏神自身の意志によるものでもあると考えられていたのである。

一国に特に有力な神、あるいは氏神自らも生時には、共々に崇敬せられたかと思うほどの大神の支援を求むること、これなども、かつては我神の同意または発意によって、行われた時代が一度はあって、今ある多くの勧請社、または相殿ということが始まったように想像せられる。（『祭日考』）

さて、柳田のみるところ、そのような有力な神々に祈願する必要は、まず水の問題に関して起こった。人口の増加や特定の地域への人口の集中によって、耕地がふえ灌漑用の水路が拡張されると、それにともなって水の供給が不安定化し旱魃や洪水の危険が増大した。それに対して、有力な神々、すなわち各地の氏神のなかでことに水をつかさどり雨を制御する力の強いとされる神々を勧請し、それに祈願しようとしたわけである。

水の問題は水稲作にはことに重要な条件で、農村に古くからあった凶変としては水の害がとりわけ早く、これには洪水と旱魃の二つの面があった。しかしその土地元来の自然的な条件による洪水と旱魃はまだ規模の小さなもので、古い時代には、その統御を土地の氏神の管理にゆだね、それで安心していた。

だが、人口の集中や増大による新しい耕地の開発は、一般に自然的な条件を大幅に変化させ、洪水や旱魃《かんばつ》による災害を大規模なものとし、そのほかの新しい災害を発生させた。したがって新田の開発がおこなわれてくるとともに厄災は拡大し、もとの氏神にとって過大な、手におえないものと考えられるようになり、ついにその庇護をもとの氏神のほかに求めなければならなくなったのである。

他神祈請の必要の最も早く、農民の間に現われたのは、灌漑用水の補給であろう。自然の水流がいつも過不足なく、稲田の水を保障し得るような土地は限られていた。ほんの僅かばかりでも、その比例以上に耕地を拡張し、または川池の水路を大きくすると、すぐに旱魃または洪水の危険が現われる他に、また年々の季節によって、調節の困難は加わってくる……。数多い氏族の中には、稀にはこの点において有力な氏神を持つものがあった……。今日の村氏神社の中にも、雨乞虫追までの祈願を掛けるものが少なしとせぬが、だいたいからいうと、これだけではなお心もとなく感じたものか、別に雨の神や雷の神の為に、祭場を設けた例が、東国方面には普通というほどにも多い。（『氏神と氏子』）

その代表的なものはいわゆる天王《てんのう》信仰と呼ばれるものである。この「天王さま」の信仰においては、水の神としての性格が重きをなしており、水をつかさどり雨をほどこす力をもつと考えられていた。一般に天王信仰としては京都の八坂神社（祇園《ぎおん》社）と愛知の津島神社系統のそれがよく知られている。だが、いわゆる天王社は八坂神社や津島神社系統の天王信仰がはいりこまなかったと思われる土地にもある。しかも公式の神社祭儀とは関係のない民間の天王祭が年中行事としてなお農村には広くおこなわれている。

そのことから、おそらくもともと天王信仰は、それら八坂や津島の系統の信仰が流布される以前から各地に広範にひろがっていたのではないか。むしろ八坂天王や津島天王は、そのようなもともと農村に広がっていた一般的な天王信仰を背景として各地に浸透していったのではないか。

†悪霊を統御する神々

そして、このような本来の氏神以外の神に祈願する事態は、天王信仰にかぎらず、すでに大和時代の終わり頃から進行していた。柳田はそのように捉えている（『日本の祭』『氏神と氏子』『祭日考』）。

さらに、ほぼ平安期の頃から、新しい都市形成、外国との交流の拡大、都への物流の集中にともなう人口の密集、相当な新田開発などが進む。それによって、疫病の流行をはじめとする新たな災害が多くなってきた。これを、さきに述べた荒霊つまり祀る人のいない霊や現世に怨念をのこした人の霊の増加とその霊の荒びによるものと、人々は考えるようになる。はじめは祟りをなす悪霊(御霊)を直接なだめようとしたが、のちにはその上に名の知られた有力な統御神を認め、その神徳によって悪霊の害をのがれようとした。そこから悪霊を統御する強力な神々を招き迎えようとする信仰がおこってきた。

山城の京[京都]の奠定《てんてい》せられた初期に、帝都の急激な繁栄につれて、諸種の天変災害の頻々として起こったことがあった。それを当時の人々はその前後の政変と結び付けて、若干の憤りを含んで横死した者の、霊[御霊]となって祟りをなすものと解して怖れおののいたのである。(『先祖の話』)

新しい都市[京]の生活が……新たに災害の予期せざる種類を加えた。そうして疫癘《えきれい》はその主要なる一つだったのである。……[それは]一言でいうならば霊の荒びということで、これを慰撫するための祭式と共に、霊を統御する強力なる大神を、禱《まつ》るべしという信仰が起こったのである。(『氏神と氏子』)

そして、このような厄災が各地に広がっていくとともに、地方でも悪霊、荒霊を統御しうる大神、たとえば「八幡」や「天神」「祇園」などをむかえ、それぞれの氏神といっしょに祀るという風習が一般化していった。そう柳田はみている（なお、様々な厄災と祟る霊とをむすびつける考え方にはまた、成仏の観念を重視する仏教の影響もあったと考えていたようである）。

ことに、たびかさなる戦乱は祀られぬ霊を増加させ、人々は新種の災害の多くをいわゆる御霊のしわざと解するようになった。その不安がいよいよこの統御神の信仰を強烈にした。

人々は、洪水・旱魃・地震・火災をはじめとする各種の災害の多発、稲の病虫害の異常発生、伝染病の流行などを、御霊の荒《すさ》びによるものと考え、それをおそれた。したがって戦乱や社会的混乱が各地にひろがった中世（鎌倉・室町期）には有力な神々の全国への拡大がとりわけ進行した（『神道と民俗学』）。

ほかいの十分でなかった外精霊が、この世に害をするという俗信ばかりは、以前は今よりも強かったと見えて、農作を損ずる旱魃暴風、稲の虫なども亡霊のわざと言われた。……疫病はいつも群霊のわざと考えられたらしい。（『先祖の話』）

力ある多くの神々の中には、特にそういう荒い小さい神、あるいは諸霊と名づけてもよいもの［外精霊］を、押さえて働かせぬようにする威徳があり、人が懇願すればその災害を、事後にまたは予め防止なされるという風に、いつの頃からともなく我々は信じていたのである。新しい言葉だが、私たちはこれを統御神と呼ぼうとしている。

我々の代々祭ってきた村の神一門の神も、その統御の御力は無論そなえておられるのだが、相手があまりに多いか、または余りに猛烈であると、時々は御手がまわらぬこともあるものと、思わずにはおられぬことが折々あった。……統御神といふことが知られてくると、我が氏神を経由せずに、直ちにこの神を祈る者が多くなるのも自然である。（『祭日考』）

たとえば、天神は、もともと強力な雷神として神みずからの憤怒が災いをなすものと解されていた。そして、その怒りの強さ祟りの激しさによって、他の荒霊を統御する力能があるものと考えられ、また、様々の厄災はその眷属神のしわざであるとの神自身からの啓示があったとされ、人々はその神によって眷属神の暴威を抑制しようとした（『妹の力』『氏神と氏子』『祭日考』）。

八幡《はちまん》も、もともと雷神、火の神として考えられていた。それが少なくとも京都南方の石清水《いわしみず》に座した頃（奈良大仏建立時）には、同じように多くの災いをなす神々を眷属神として支配し、それらを鎮撫するものと信じられていた（『海南小記』『氏神と氏子』『祭日考』）。

これらは、柳田のみるところ、固有の巫女神人組織と強い託宣力を背景に、在地の氏神信仰の託宣の形式と融合することによって各地にひろがっていった。さきにふれたように氏神信仰においては憑依した巫女の口を通して神の託宣がなされていた。これらの神々もまた前述の分霊が可能とするの考え方にもとづいて、各地を漂泊する巫女・神人に担われ全国に波及した。そして、それぞれの土地で、その神の憑依したとされる彼ら巫祝《ふしゆく》の口をとおしての託宣によって人々にうけいれられていった（『神道と民俗学』「みさき神考」）。

†八幡と天神

八幡、天神は、その託宣の力によって政治的な出来事（前者は奈良の大仏鋳造、後者は菅原道真怨霊事件）とむすびついてその地位を高め、勢力を拡大した。

八幡はもともと九州宇佐《うさ》をその発祥の地とし、おもに鉄や銅の製造加工とむすびついて全国にひろがる（奈良の大仏鋳造が一つの画期）。そして、源氏の氏神、守護神とされるようになってから武家政権のもとでとくに有力になっていった。

天神は、天王信仰と同様、各地に雷神としての天神信仰が一般的にひろがっていたところに、菅原道真怨霊事件（平安前期）を契機に北野天神があらわれ、その巫女神人組織と強い託宣力によってそれらを統一したものとされる。

また祇園《ぎおん》は、前述のように天王信仰の一つとして知られているが、他の天王信仰とは異なって最初から水の神であると同時に防疫の神だった。その隆盛は平安期以降の京都への人口集中による疫病の流行を背景としている。水が都市での伝染病の媒介物をなすと考えられたからだった（『氏神と氏子』『祭日考』）。

新しい伝染病が地方にもひろがるとともに、そのような考え方も各地に浸透していった。北野や八幡と同様、祇園も本来はその憤怒が災いをなすと考えられたのであるが、やはりその恐るべき力のゆえに有力な統御神として、在地の天王信仰と習合しつつ各地に受け入れられていったのである。

柳田はこのように捉えている。

一般に八幡は応神天皇を、天神は菅原道真を、祇園はスサノオを祀ったものと考えられている。だが、柳田はそのような観念はあとからつけ加わったもので、もともとはそうではなかったとみているのである。

このような、様々な災害を霊の荒びによるものと考え、祟りをなす悪霊を直接なだめようとするもの。またその上に有力な統御神を認め、その神徳によって悪霊の害をのがれようとその神をまつるもの。これらは一般に御霊信仰と呼ばれる。また各地にある「若宮」、「みさき」、「御霊今宮」などは、祟りをなす霊、御霊が有力な統御神の眷属神となったものと人々にみなされている。

ことに八幡は、鉄との関係で強力な武神とされ、御霊を統御する力もとりわけ強いとされた。したがって多くの戦乱などによって非業の死をとげた者や怨みをのんで横死した者の霊で厄災をなすものが、若宮八幡もしくは若宮として祀られた。そして八幡そのものがその統御神として勧請された（なお、御霊信仰については、しばしば仏教との関係が強調されているが、このように柳田はむしろ氏神信仰における霊魂観念がベースにあるとみている）。

†大神の勧請、合祀

これら八幡、天神、祇園のほか名の知られた有力な大神としては、賀茂、春日、鹿島、香取、諏訪、白山、熊野、住吉、稲荷、出雲、愛宕などがある。これらの有力な大神が各地に分霊勧請され、それぞれの氏神と合祀されることによってそれと融合することとなった。たとえば柳田によれば、八幡、天神、祇園を勧請したものだけで、全国一〇万あまりある全神社数の約半分を占める。その他の神社もほとんどが、ここにあげた有力な大神を勧請し合祀している。ただ、これら多くの名の知られた大神も、元々はほとんどその発祥の地、本来の土地の氏神であり、それがその特異な力能のゆえに各地にうけいれられ広がっていった。そう柳田は考えている（『日本の祭』『祭日考』）。

このような事情から、その後各地の氏神が、八幡や天神をはじめとするいくつかの有力な神々の名をもつことになる。

というのは、柳田によれば、本来各地の氏神は特定の名前をもっていなかった。もしくは名をよぶことはタブーとされていた。氏神は「名のない、もしくは名をとなえることを許されぬ神」(『神道と民俗学』)だったのである。

そこに名の知られた大神が勧請され合祀されたため、それと融合一体となったと考えられた氏神も徐々にその名で呼ばれるようになったわけである。

しかし、そのことは祭神の中心をなすものの交替を意味するのではなかった。もとの氏神に、勧請され合祀された神が融合し、新しい力をくわえた一体の神として考えられたのである。

氏神によその神を勧請するというのは、元の氏神の思し召しまたは許諾という以上に、神が氏人と心を合せて、新たに第二第三の神を、招待せられるという考へ方で、元の祭神の交替または退隠を意味したものでなかったように私にはみえる。(『氏神と氏子』)

氏神が名ある中央の大神の御分霊ただ一ところと決している場合にも、なお古来の祭神は退き隠れたまわず、永く住民との間に立って公共の願望を伝達なされるのみか、あるいは寧ろその大神の名によって、もしくはその御威徳を身に副《そ》えて、自ら氏子たちの指導と庇護に御当たりなされるかと思われる形跡はまだ色々とあります。(『神道と民俗学』)

ただ、よく氏神社の敷地内に多数の末社、境内社がおかれている場合がある。それらは火事や天然痘など特定の厄災の回避や生活上の必要のために、氏神の統制下にある小さな神々、一種の客人神として後の時期にまつられはじめたものである。柳田はそうみている（『神道と民俗学』）。

ところで、各地の氏神の社にまつられている大神としては、八幡がもっとも有力なものである。その点は一般にはそれを氏神ないし守護神とする武家政権の影響力によるものとされている。しかし柳田はその要因は認めつつも、それ以前の、在地の銅や鉄の精製および加工とむすびついた巫女神人組織と固有の託宣の力によるところが大きいと考えている（『氏神と氏子』『海南小記』『妹の力』『神道と民俗学』）。

柳田は、このように氏神への名の知られた大神の勧請、氏神がそのような有力な神々の名で呼ばれるようになったプロセスを捉えている。

†大家族制の解体と訪問婚

さて、また他方、中世以降いわゆる大家族制の解体が進行し、人口増大ともあいまって氏族の分裂、分化がさかんになってくる。それにより、別系統の複数の家系に属する人々がまじりあうかたちで新たな集落が構成され、氏を異にする複数の家系による村落形成が一般的となってくる。このようにそれぞれ異なった氏神をもつ人々が集合して村を形成するようになると、各々の家系に属する神々の合同、いわゆる氏神の合同がおこなわれた。

柳田は、前述したように、この大家族制解体のプロセスの要因を次のように考えている。

軍事的に、中世から戦国時代にかけて軍事編成が変化し、この面での大家族制の意義が低下したこと。

また政治的に、租税徴収の観点から小家族制への移行がはかられたこと。

経済的にも、生産様式の改革がおこなわれ、基本的には小家族を単位とする農業経営がいちおう可能になってきたこと。

そして人々の意識においても、小さな独立した家や自由な職業がもとめられ大家族の分解を促進したこと、などである。

このように、中世以降の社会変化のなかで強力な集団的結合を必要としなくなり、大家族制が解体していった。

では、なぜその際に、異なった血縁に属する家々によって村が作られるようになったのであろうか（ちなみに中国では現在でも村落が同一家系によって構成されている場合が少なくない）。

それについて柳田は、おもに婚姻上の便宜からだとみている。日本では小規模水系での水稲作農業における女子労働力の比重の高さから、ふつう婚姻後も女性は相当の期間生家をはなれず、婚舎は女性の実家にあるのが一般的だった（『家閑談』）。したがって若い夫婦の場合、夫は妻の実家にかようのを通例とした。その便宜のため、つまり相互の家が離れすぎていると不便なため、同一村内で婚姻が可能なように別々の家系の家々によって村落が構成されるようになったのではないか。そう推定している。

わが国の村々には、最初から恐らく縁組の目的をもって、数戸の異なる苗字の者が、打連れて入って来て草分けとなったものが多く……一姓が村を建てるといふ例は不思議に少なかったようであります。（『神道と民俗学』）

わが国の慣習では、婚舎すなわち若い夫婦の住む小屋は、通例は女の方の里方に付いていて、もしも双方の家があまり離れて居ると、男はある期間妻を得るために、家を出て行かなければならなかったので、それを避けようとしたらしいのである。……村を同じくしていれば昼は自分の家の生産に従い、夜は女房の家に行って休息するといふことが出来たわけである。（『氏神と氏子』）

なお、この夫が妻の家にかよう訪問婚を、母権制の名残とみなす見解がある。だが、柳田はそうは考えていなかったといえよう。

さて、柳田のみるところ、このように家系を異にする家々によって村が構成されるようになり、そこからいわゆる氏神の合同がおこってきた。

前述したように氏神は他の神々との合祀を許すものだった。しかもそれ自体本来代々の祖先の霊の融合体であることから、相互に融合し合体しうる性格をもっていると考えられていた。氏神の合同はそのような神観念を背景におこなわれた。すなわち、複数の異なった氏の系統をひく家々によって一つの村が構成されることになると、通常それらの家々の氏神がともに合祀されるようになった(各家々の氏神は、もとの地から氏神の「分霊」によって各家々がたずさえてきたもの)。それは村の住民の内面的な共同性を形成し村の内部的結合を安定化させるために必要なことだった。

そして、しだいにそれら複数の氏神が相互に融合し合同して一つのものになると考えられるようになった。はじめは、たんに祭の合同といったほうが適当なもので、同じ期間に同一の場所で祭をおこなっていた。それが徐々に神そのものが一つに融合し、家々の氏神の合同体と観念されるようになったのである。

幾つかの一門の神が、合同するに至った径路も尋ねられる場合が多い。事実は祭の合同といった方が当たっているかと思うが、つまり同じ日に同じ場所において祭をしているうちに、段々と神も一つの如く、感ずる者が多くなったのである。

(『先祖の話』)

村の統一、［氏を異にする］住民を仲よくさせる為に、同じ日同じ処の祭を必要としたこと、その必要は世と共に痛切に感じられてきた。現に今知られている多くの村の歴史では、［氏神の］合同の主たる理由を皆この点に置いている。（『氏神と氏子』）

†「村の氏神」の成立

この氏神の合同によって、家系を異にする家々が、一つの氏神を共同でまつるようになった。その場合、ある有力な家系の氏神社の勢力が比較的強く、他の家々の祭を吸収した事例もある。だが多くは、計画的にいくつかの氏神の祭を協同でおこない、一つの氏神に合祀統一することがなされた。

近代日本の農村において一般的にみられる、複数の異なった家系によって共同で祀られる、いわゆる「村の氏神」「村氏神」（『先祖の話』）はこうして成立してきたのである。

一つの氏に一つの氏神という古い世の習わしが改まって、多数の氏々が合同して、一つの氏神を戴くようになった時が、同時に本居の神の合同にも成ったので、それらの氏神とは独立して、別に共通の地縁神をもつ必要は、恐らくはなかったろうと思う。（『氏神と氏子』）

寄宮相殿《よりみやあいどの》、行進祭と称する共同の祭式、あるいは末社と名づけて一つ御社の境内に、名有る多くの大社の神々を勧請してあることなどは、日本の信仰の一つの特色であり、従ってまた我々を外にしては、その原由を究め得る者はない。

私は必ずしもこのような複合状態が、国の最初から備わったものとは思っておらず、むしろその反対に個々の氏族が、各々単一の祖神のみを祭っていた時代を想像しているのだが、とにかくに近代の現実は明らかにこうなっている。

我々は村の氏神、うぶすなの神の御心に、すこしも逆らうことなくして、一時に他の多くの神々を巡拝し、また迎えて我土地に祭ることが出来たのである。これは言うまでもなく一つの時代変遷であって、結局はその原因を新旧文化の折合い、またはこれに動かされた農民心理のはたらきに尋ね求むべきであろうが、とにかくに我々の固有信仰の中にも、この変遷を可能ならしめるだけの条件が、夙《つと》にそなわっていたことは認めぬわけにいかない。

(『日本の祭』)

ところが、異なった家系のものが同一の氏神を祀りはじめると、この村の氏神と、新たな「みたま」すなわち新しい祖先の霊とのあいだに溝が生じることとなる。

村の氏神に自分たちの祖先の霊とは異質なものが混入することになり、観念上氏神そのものの性格が変容する。それが境となって両者の連続性が徐々に忘れられるようになってくる。このことにより、死後の霊魂が、氏神に融合していくとは、ストレートには考えづらくなった。

多くの村の氏神の歴史はまだ判っており、……幾つかの一門の神が、合同するに至った径路も尋ねられる場合が多い。……ともかくもこれが一つの区切りとなって、以前は可能と考えられていた次々の神の追加がなくなり、次第に各家の先祖棚の祭と［村の氏神の祭とが］、二つ別々のもののように考えられてきた

（『先祖の話』）

氏神合同……これが間接の影響として、何としても免れることの出来なかったことは、氏神の固定といったら最もよく当たるもの、すなわち今までお祭り申している神と、これから更にその氏神のなかに加わりたまう神との境が確立して、越え難いものになってしまったこと、……それからあと次々に神に加わるべき霊魂の、納まり処がなくなったように考えるものが多くなって来たことであります。

（『神道と民俗学』）

†有力な神々、そして仏教の影響

しかも、村の氏神に全国的に名の知られた有力な神々を迎えた場合には、この隔絶は大きなものとなる。

つまり新しい祖先の霊のおさまるべきところがなくなったのである。こうして氏神が代々の祖先の霊の融合体であることの記憶がしだいに薄れ、神はより尊いものと観念され、神と人との境は隔絶され越えられないものとなった。

そこで各家々でその代々の祖先をまつる必要が感じられ一門氏神や屋敷氏神が残されることとなった。

一門氏神とは、マキの氏神、一家氏神ともいわれ、ふつう一つの村のなかで同じ家系に属する一門の家々が、一緒に年々の祭祀を営んでいるものである。この集団が、マキやイッケと呼ばれる小同族団を形成している。

屋敷氏神とは、しばしば各農家の屋敷のすみに一つずつ祀られている小さな祠である。各家々の神棚、先祖棚は、その転化形態といえる。

今日日本人の氏神といっているものにも、土地により場合により可なり著しい差異がある。

大体に私はこれを三つに分けているが、その一つは仮に村氏神といってよいもの、すなわちある一定の地域内に住む者は全部、氏子としてその祭に奉仕している氏神社である。……

次に第二の種類の氏神を、これも便宜の為に私は屋敷氏神ということにしている。……屋敷すなわち農民の住宅地の一隅に、斎き祀られている祠《ほこら》である。……

［さらに］氏神の第三種のもの、……特定の家に属する者ばかりが、合同して年々の祭祀を営むという、マキの氏神又は一門氏神というものが、今も地方によっては残っているのである。（『氏神と氏子』）

さらに、仏教の影響はこの隔絶を決定的なものとした。すなわち人間は死してのち彼岸の世界へ成仏するものであるとされ、この国土にとどまって村人の生活を守る氏神とは関係のないものと考えられるようになってしまった。

そしてまた仏教の在地への浸透は、柳田のみるところ、大神の勧請や氏神の合同によって氏神と代々の祖先の霊とのあいだに間隙が生じてきたことを背景としておこなわれた。仏教は、死後氏神に融合すると考えることが困難になった人々の魂のゆくえの問題に、ひとつの解決を与えるものだった（『氏神と氏子』『先祖の話』）。

しかし、代々の祖先を神として祀るという、以前の感覚そのものは完全には消失せず、各家には仏壇とならんで神棚、先祖棚が残されている。一門氏神や屋敷氏神も同様な面をもつ。そう柳田は指摘する。

なお柳田は、さきにふれたように、氏神信仰はもともと至って協調しやすい性質をそなえていたとみている。そして、そのことは国内の神々に対してのみならず、海外からの諸宗教（仏教など）の浸透についても、それを容易にするものとして作用したのではないかと推測している。

こうして、大神の勧請や氏神の合同、仏教の影響などによって、村の氏神と代々の祖先の霊との関連が忘れられるようになってしまった。そして、これらを背景に、信仰の一種の個人化、信仰対象の流動化が進行した。また、個々人が共同の祭礼以外に村の氏神や他社の大神などに願をかける、いわゆる個人祈願も一般におこなわれるようになってきた。そう柳田は捉えている（『氏神と氏子』『日本の祭』）。

以上が柳田のえがく氏神信仰の神観念の原型とその展開のアウトラインである。

†「固有信仰」の意味

なお、改めていうまでもないことであるが、柳田は必ずしも神の存在を事実として前提にしているわけではない。あくまでも一般の人々の観念の世界、人々が信仰し思いえがいている神の観念の原型とその展開を、明らかにしようとした。

また、先の引用にもみられるように、柳田は氏神信仰をしばしば「固有信仰」と表現している。つまり、氏神信仰は日本固有の信仰だというのである。

柳田は、この固有信仰という言葉を、だいたい「外から学んだ形跡のない一つの民族の昔ながらの信仰」との意味で使っている。つまり、「ひとりでにこの国に発生して大きくなり、また広まってきたにちがいない」信仰（『氏神と氏子』）であり、それゆえ日本固有の信仰だとしている。

外から学んだ形跡のない一つの民族の昔ながらの信仰を外国の学者は天然宗教と呼んでいるらしい。そういわれると何だか野蛮のようにきこえる故に、私たちは今までこれを固有信仰といっていた。（「童神論」）

それは、必ずしも直接には、他にはない独特のものとの意味を、それほど強く含むものではない。なぜなら、他から影響をうけなくても同じものが存在する可能性はあり、他から学ばないということがすなわち他にはないという意味とはならないからである。

そして、後にふれるように、柳田が固有信仰と呼ぶものの個々の要素は、東アジアの諸々の地域と共通なものがあることを彼自身しばしば指摘している。独特のものがあるとすれば、むしろそれらの諸要素相互の組立ての骨組みにあり、したがって相互理解を不可能にするようなものではない。そう考えていたようである。

さらに柳田は次のようにも述べている。

だいたい人の心というものは民族の差を超越して、同じように展開する可能性があるのではないか（『日本の祭』）

世界の多様な民族の心性（それぞれの信仰）には、相互理解を可能にするような通底するものが含まれているのではないかとみていたのである。

3　氏神と信仰儀礼

†祭日――春祭

次に、氏神信仰における儀礼、信仰儀礼の問題をみていこう。

柳田はそれを「祭日」「神地」「神供」「神屋」「神態」の五つの項目にわけて議論を展開して

いる。そこで以下この項目にしたがって検討する。

ちなみに、祭日とは神事が行われる期日、神地とは神祭がとりおこなわれる場所、神供は神への供物、神屋は神事を主催する者、神態は神事の具体的な内容をさす。

まず第一に、「祭日」について。

祭日には、だいたい大祭として春祭と秋祭がある。

柳田によれば、春祭は、本来農作の豊凶を占い、豊作を祈願する信仰行事である。ほぼ田植まえ苗代の支度に取りかかろうとする頃の満月の日を中心におこなわれた。それは旧暦の四月頃で、ただ、日本列島全体では、地方によってその季節感（実際の田植え時期）はかなり異なり、西日本が基準になったものと推定される。

人々にとって稲の生産が開始されようとする時期が、とくに神の降臨の待ちのぞまれるときで、元来はこの春おそくの満月の日をもって年の初めとしていた。

かつては月の満ち欠けをもとに月の満ちた時を起点として日をかぞえていた。それゆえ、いわゆる新年は旧暦四月の一五日頃（満月の日）だった。


信州では……四月の十五日、またはその一週間前後の、四月の八日もしくは二十二日をもって祭日とした……。

（『先祖の話』）

この季節の最も伸び伸びとした展開の姿を見て、農民はいよいよその生活の烈しい営みに入って行くので、私たちは……支那の暦法のまだ一般に普及しなかった時代には、この「春祭の」日が一歳の循環の古い区切りでなかったろうかとさえ考えているのであります。

（『神道と民俗学』）

また、かつての一日の始まりは、日の入りの時、ほぼ現在の午後六時頃とされていた。したがって一年の第一日は、旧四月の一五日夕方から一六日にかけてだった（『日本の祭り』『先祖の話』）。

氏神の祭は、もともと夜を主とするものであり、その行事の中心は夜を撤しての屋内での神への奉仕にあった。これがふつう「お籠《こも》り」と呼ばれるものである。そして庭には松明その他によって篝火がたかれた（この間におこなわれる祭式の内容については後述）。なかでも神霊が祭場の神聖なものや人に憑依するときは、儀式のもっとも神秘な部分で、信仰のないものには見せないのが普通だった。

信仰心のあつい人々にとっては、神の来往すなわち「神渡り」の部分が祭のかなめをなすところだった。それゆえ、それだけは一定の条件をそなえた奉仕者以外のものには見せてはならないという戒めを厳しく守っていた。したがってたとえば、暗闇祭などと称して家々の灯火を消させ誰にも見られぬようにして神渡りをおこなうところがある。また特定の奉仕者以外それを見たものは死ぬとまで言い伝えているところなどが残っている（『日本の祭』「神社のこと」）。一般に、このお籠りの明けた日の昼間に、見物人の多い華やかな祭礼行事、飾り神輿のお渡りやこれにともなう様々な美しい行列などがおこなわれている。これらは、のちに都市での御霊信仰の祭の影響によって付けくわわったものである。

もちろん神を祭場にむかえる方式になんらかの乗り物、たとえば神馬をもちいた例は早くからあり、その乗り物として神輿がつかわれた例もあった。この、もとは前夜におこなわれた神の降臨が、のちに神輿を中心とする華やかな行列などをともなう昼間の祭礼行事を、町からうけいれる一つの基礎となっている（『日本の祭』）。

柳田は、春祭について、このように考えている。

†秋祭

これらの点は春祭にかぎらず、次の秋祭にもいえる。

秋祭は、秋の稲の収穫後におこなわれるもので、農作物もゆたかで供物の品もそろい、もとは一年のうちでもっとも大きくにぎやかな祭だった。

祭のなかで一番重要なのは穀物収納の時の祭である。……全国何万とある部落ごとの御宮の祭のなかで、最も多くかつ賑かで、しかも古風なのは何といっても秋祭である。それというのが秋には、お初穂を取って神様に供える物がいろいろとあり、かつ豊富なるがゆえであろう。すなわち秋には米が収納されて、酒は醸され餅は搗《つ》かれ、その他の野菜物も多く、供物の品もたくさんに調ったからであろう。（『郷土生活の研究法』）

一年を通じて一ばん大きな祭は、何としても秋の収穫後の、物の豊かな時に行われるもので、その次には春の末または夏のかかり、農村では苗代ごしらへにかかる前のものがあった。……人のよく言うのは春秋両度の祭、これは農業ことに稲作の始めと終わりとを、表示したことはほぼ確かで、その前と後と定まった日を、山の神が田に下り、また田の神が山に入る日として、祭るという風も農村には多い。（『日本の祭』）

この秋祭は、元来は旧暦一一月の満月の夜に、春祭について述べたところとほぼ同様の様式でおこなわれた。ただ柳田は、この頃はすでに高地や北の土地では厳しい寒さの季節になっており、祭をするにはむしろ不自然で、暖かい土地でのならわしが寒い地方にもそのまま持ちこまれたものと考えている（『祭日考』）。

なお、四月と一一月以外に、春祭を旧二月に、また秋祭を旧九月におこなっている土地がしばしばある。これは、柳田のみるところ、二月九月がもとは四月一一月の祭式のための物忌《ものいみ》（特定の飲食や行為をつつしむこと）が始まる時期であったことによっている。神祭に奉仕するには、十分な物忌によって清浄な状態になることが必要とされていたからである。

神と人との相饗……に参列して共食の光栄にあずかる人もまた十分に物忌をして、少しの穢れもない者でなければならぬのは当然の考え方で、この慎みが足りないと、神は祭を享けたまわぬのみでなく、しばしば御憤りさえあるものと考えられていた。この点が我々の同胞の信仰の、最も大きな特色であった……。

我々の先祖は、この慎みの最も完全なる状態をもって、古くは物忌と名づけ、後には精進ともいっており、オコモリをもってその徹底を期する手段としていたのである。

（『日本の祭』）

たとえば九月は、収穫直後で農民にとってもっとも祭を営みやすい月、またはもっとも祭をすることが望まれる月であった。しかし多くの地方で、この神祭りにふさわしい旧九月をさしおいて、霜深い日もある旧一一月を待って神祭がおこなわれた。

これは神との交感の準備として相当の物忌の期間が必要だったからである。祭に奉仕するに適した精神状態となるには、一ヵ月以上も厳しい謹慎をへなければならないとされていた。九月におこなわれる秋祭は、もとは一一月の本来の祭の準備をはじめる一つの儀式であった。だが、のちに物忌の感覚がゆるみ、一一月の祭が、その地方では季節的にあまりにも不自然であるなど何らかの事情でこの時期に引き上げられたものである。このような祭のための物忌の感覚は、その後もしばしば短い期間の「潔斎」のかたちで伝わっている。

おそらくは旧暦の二月に神をむかえ四月に神をおくり、また秋にも同様に九月に神をむかえ一一月に神をおくる慣習が古くはあったのではないか。その神をむかえてから大祭までのあいだが物忌の期間でもあったのではないか。そう柳田はみている（『祭日考』）。

この間に特に忌まれたのは、様々な穢れ、ことに死の穢れで、たとえば穢れのある人の利用する火をともに使うことは慎重に避けられた。また物忌の期間、身を清めるための禊《みそぎ》には水の力が重んじられた。それには物事をあらい清める力があると考えられていたからである。海に近い地方では祭に必ず海の水を使わねばならない仕来りがある。潮水そのものに事物を浄化する力があると認められ、海水による禊、いわゆる潮斎がおこなわれた（『日本の祭』）。

†祭の移行と変化

なお、春と秋の大祭について、春祭は山から村に神を迎えて豊作を願うものであり、秋祭は穀物収納の感謝の祭で、山に神を送り返すものだとの観念がしばしばみられる。だが柳田はそれ以前に、それぞれの季節ごとに氏神を山から里にむかえ、その時期の神祭が終わるとまた山におくる習慣があったのではないかとみていた。

たとえば、奄美・加計呂麻島の二月の御迎祭と四月の御送祭の例をあげ、古い時代には「我々も神は祭りの季節毎に、来てはまた御還りになると信じて」いたのではないかと指摘している（『祭日考』）。

また、この季節季節での「神の去来という信仰」は、春と秋の祭がのちに移行したとみられる正月や盆の行事にも今なおその名残をとどめているとされる。

山に死者の霊魂がまず入って行き、次第に高く清らかなる処に登っては行くが、久しい約束があって、春秋の初めの満月の夜頃に故郷の家に還って来るものと、我々の祖先たちは考え、または想像していた……。熊本県南部の地方記録をあさっていると、村の持山の中にはほとんど一村毎に、年神山または年山という地域があって霊地である。山から新春の神「年神」が降り来り、祭終われば再びそこに復して安鎮せられるものという古い観念を、推測せしむべき少なくとも一つの資料であった。（『山宮考』）

奄美大島と九州本陸との間に連なる七島の島々では、祖神は毎年十一月の末に訪れ来たり、翌十二月の六日まで留まって還ると信じられ、その為に大切な祭があった。これが世上で有名な七島正月であるが、我々の正月といふものにも、今もなお神来訪の感覚が伝わっている。

(『祭日考』)

次に夏祭は、柳田によれば、現在多くの土地でおこなわれているような華やかな大きな祭としては、春秋の祭よりあとから起こったものである。

もとはおもに稲の成長のわざわいをふせぐ年中行事の一つだった。稲作に対する水の欠乏や洪水、虫の害、それと人間のいわゆる厄よけ、すなわち人間の労働力をそこなう疫病などの防除のための祈願の祭事がなされていた。この時期は田の水がとくに重要とされる頃で、以前から川岸や堰で、ほどよく田がうるおい洪水や旱魃がおこらないよう、水の問題について氏神に祈願し祭儀をおこなう習わしがあった(『郷土生活の研究法』)。

そこに、中世頃から、市街地への人口集中などによって流行した疫病が農村にもはいりこんでくると、水が疫病の媒介物となると考えられた。それを契機に、都市で発生した御霊信仰による華やかな祭礼の形式によって夏祭がおこなわれるようになる。

都市での御霊の祭礼そのものが、水と疫病との関連から夏の農村の水辺の祭儀をもとにして夏におこなわれていた。その都市起源の夏祭の形式が逆に農村に流入してきたのである。したがって祇園信仰や八幡信仰など有力な大神への信仰は、まずこの夏祭を契機に農村にはいってきた。そう柳田はみている(『祭日考』『氏神と氏子』『日本の祭』)。

たとえ起源は農民と共通の信仰にあるにしても、特に夏の祭をこの通り盛んにし、また多くの土地の祭を「祭礼」にしてしまったのは、全体としては中世以来の都市文化の力であった(『日本の祭』)

†盆踊りと夏祭

夏祭に各地でおこなわれる盆踊りについては、悪霊(供養を受けられない霊など)を足ふみ荒らかにこれを追い払おうとしたのがもとのかたちであった、とみている。稲の病虫害、風害、旱り、疫病などはすべて悪霊の仕業だと信じられていたからである。

ただ、柳田は他方で、夏祭はもともと盆の行事とも関連しているのではないかとも考えていた。

旧暦七月一五日の盆は、四月春祭の日だった年の初めが暦の変化(太陰暦の浸透)によって一月に異動したため、連動して秋祭の行事の一部がこの時期に移動したものである。したがって例えば、各地で夏におこなわれているネムタ流しまたはネブト流しなどと呼ばれる行事は、もとは虫送り、厄払い、疫病払いのためのものだとされている。だが、さらに古くは「魂送り」「神送り」を意味し、ネブタ、ネムタ、ネブトなどの名は、神の依座《よりまし》（神の代人）が憑依状態となって一種の催眠状態におちているさまをさしていうのではないか。柳田はそうみている（『年中行事覚書』）。夏の水辺での祈願と盆の行事（秋祭の一部が移動したもの）とが重なりあったものとして夏祭を考えていたようである。

そのほか、一般に神祭は種々の特別な行事と密接な関係にあり、節句その他の民間の年中行事、いわゆる暦のうえの節日も、もとは神祭を基礎にしたものとされる。たとえば、いわゆる五節句については、旧暦で正月はいうまでもなく元旦、七月は盆、九月は秋祭だった。三月桃の節句と五月端午の節句は、四月の春祭すなわち元の年初めの前後の区切りとして昔から重要視せられた日だった。

暦は我邦では農作の為、同時にまた神祭の為に備えられたもののように思われる。少なくとも祭に関係の無い節日といふものは元はなかった。

（『日本の祭』）

要するに古くからあったのは信仰で、暦の方が後から来たものであった

（『郷土生活の研究法』）

人々の生活は、これら種々の年中行事と、さらには誕生から、死にいたるまでの様々な一生の節目——氏子入りの宮参り、子供組加入、若者組へのイニシエーション（加入儀礼）、結婚、出産、厄年、還暦など——によって「ハレ」と「ケ」に分けられている。人々はそのような日常性と非日常的な緊張のくりかえしのバランスによって、生活の単調さからまぬがれていたのである（『家閑談』『年中行事覚書』）。

柳田は祭日について、こう考えている。

†神地と御旅所

第二に、「神地」について。

神地すなわち祭の場所は、一般には村にある神社とされている。だが、柳田によれば、かつては、常設の神社はなく、ふだん山の上にとどまっている氏神を祭礼時に里の清浄な地にむかえ、そこに臨時の仮屋をたててまつるのが一般的だった。

現在では、村のなかに社殿があり、神は常時そのなかに座していると考えられ、神祭の行事もそこでおこなわれる場合が多い。それでも祭の行列（「神幸《みゆき》」）をおこなう際、途中の御旅所《おたびしょ》と呼ばれる場所もしくはそれにかわる特定の民家で休憩するのを慣行としているところがよくある。そのような土地では本来はそこが神地だった。

平生は丘や山の上の社に祀ってある神様を、祭礼の時には御旅所という場所に降ろし迎えて祭るのが一般である。……むしろ神社の方ははじめは神輿の置き場にすぎなかったようである。（『郷土生活の研究法』）

御旅所とは、もとは、そこに神をむかえ祭式がおこなわれるところで、臨時に祭場がつくられる場所をさす。それは、海にちかい村落だと海岸にあることが多く、それ以外の村でも、川や池や泉に近いところに置かれている。水は氏神信仰において重要な役割をもつもので、人々は身を清めるためには水の力を欠くことができないと考えていた。そこから、海川池泉に近いということが、その要件とされた。

また御旅所がなく、祭りの行列が途中にある特定の家で休憩する様式は、「民家を神宿として毎年の「神の」御降りを迎える風習」の名残である。そこが神輿がしばらく休止するか、少なくともその前で大いに揉みたてられるのを通例とする。これは、後述する、村人が順に交代で祭を主催する頭屋《とうや》制によるもので、その制度が比較的おそくまで残っていた地域でしばしばおこなわれている。そう柳田はみている（『神道と民俗学』）。

では、なぜ氏神の神社のほかに、このような御旅所やそれに類するものが残っているのだろうか。それは、柳田によれば、もともと氏神信仰では二つの場所で祭式をおこなっていたからであり、いまも各地にのこっている里宮と山宮の存在がその原型をなすものである。

各地の神社のなかには、集落に付属する神社とならんで、付近の山の中腹や山頂ちかくに山宮と呼ばれる社《やしろ》をともなっているものがある。そしてこの山宮と、里の神社すなわち里宮とのあいだに、神の往来、季節的な神の移動が言い伝えれ、これを象徴する神幸その他の神事をおこなっている例が多い。

柳田によれば、ふだん近くの山の頂にいるとされる氏神は、祭の季節ごとに山宮にむかえられ、そこから里宮に移ってくる、そしてまた山宮にかえり山の頂におくられる。そう考えられていた。したがって祭場が山宮、里宮と二カ所あったわけで、里と山中と、二つの祭場で信仰儀礼をおこなう慣行がなされていたのである。

神を平地の里宮でお祭り申す以前に、まず山頂［付近］の清浄なる地において、御迎えする形は多くの社に伝わり、また民間の春秋の行事にも残っている。正月には松迎へ、盆には盆花採り、いつでも高い処に行って植物によって神を迎えるのが常の習いである。……

我々の祖霊は……青雲たなびく嶺の上に休らい、遠く国原を眺め見おろしているように、以前の人たちは想像していた。それが氏神の祭に先だって、まず山宮の行事を営もうとした、最初の趣旨であったように私には思われるのである。

（『山宮考』）

†依代と依座

ところで、柳田のみるところ、この氏神の祭は、本来屋内でなく屋外の清浄な地で営まれた。その際、特定の自然物、ふつうは特殊な樹が、神の憑く依代《よりしろ》（神木）とされた。

祭には必ず木を立てるということ、これが日本の神道の古今を一貫する特徴の一つであった。

（『日本の祭』）

自分たちの神……を木の依座《よりまし》によって拝むということも昔からの風であった。……わが国ではこの通り木を依座として立てるのが常であった。

（『先祖の話』）

そして、この神木は、そこが霊地であることを表示するほかに、また年々の祭式もこの樹の下でおこなわれていた。主要な神事はおもにその樹のもとでなされ、氏神はそこからさらに、神の代人として託宣を語る巫女に憑依するものと考えられていた。すなわち、かつて神祭は、多くはある樹木の下を選んでおこなわれ、そこで神の代人である巫女に飲食を供し託言をきいたのである。

昔の神祭には、しばしばある樹木の下を選んでこれを行う者があり、かつその場合に尸をその樹の下に坐せしめて、飲食を供し託言を聞いたかと思われる（『神樹篇』）

この神の依代としての神木は、もともとは自然のままの状態の伐採されない生樹が選ばれた。松や杉、樅栂とかの大木の空高くのびたもののなかからとくに秀でた一本を選定して、これに神が降りるものとされた。

しかし、移住や開拓によって、居住地が変化したり、もとの集団から新しい集団が分化してくると、祭場を人為的に移動したり、あらたに設定する必要がおこってきた。そこで、自然に成育している木のかわりに、木製の高い柱や竿を代用するようになった。

それが各地の祭の日の幟や、東北のオサシボウ、関西のオハケサンなどの大幣のかたちでつづいており、諏訪大社の御柱《おんばしら》や伊勢神宮の心《しん》の御柱《みはしら》もその古型をのこすものであると柳田はみている（『日本の祭』『神樹篇』）。

柱松と称して上元［一月一五日］または中元に桿の尖端に火を焚く風習は、今も村々の祭の日にたてる幟《のぼり》と起源同一のもので、火といい旗というのも結局は夜の柱・昼の柱の区別にすぎず、すなわち柱の所在を天降る神に知らしめる手段であった。しからばその柱は何の用かというに、つまりは一尺でも天に近くするためで、すなわち神霊用の梯子である。

(『神樹篇』)

†様々な神木

正月の門松もまた一種の神木であり、さらに墓に立てる卒塔婆や木製の位牌も、この木に神霊が依るという観念を引くものと想定している。

また、このような木柱の頂点において火を燃やす風習が各地にあるが、それは柱の所在を夜来る神に知らせるためだった(『火の昔』『神樹篇』)。

ちなみに、諏訪の御柱祭では、四本の柱を六年おきに山から切りだし、社地の四角に立てる。その四本の木には一定の高さの順序があり、前面左隅のものがもっとも高い。柳田は、もともとはおそらく、このもっとも高い御柱が神の依代となるものであったのではないかとみている。

また、この四本の柱は、祭の場処を指定して、これから内は清浄の土地、神の降臨する庭であることを表示するものでもある。このように境に木をたてて外部の穢れを遮断する風習は各地にみられる。これは木を特定の場所に刺すことによって聖なる土地、聖なる時の標章となす、いわゆる柴指《しばさし》神事や忌刺《いみざし》神事ともつながっている(『日本の祭』)。

ところで、ある時期から、集団の一部の新しい土地への移住による氏神の分霊や、また名の知られた大神の各地への勧請がひんぱんにおこなわれた。その場合、このような神の依代としての神木は、いわゆるミテグラとして、人がもって移動できるものともなっていった。ミテグラは、一般には木の串に紙または布帛《ふはく》をとりつけたものや榊の小枝などがそれとされる場合が多い。柳田によればミテは手であり、クラは神の降臨するところを意味し、手にとって移動することができる神の依代、がその名の起こりだった。

一般に神前に奉納する御幣や玉串もこのミテグラの系譜をひくものである。また歩き巫女、口寄せ巫女などが手にもつ様々な「執り物」(梓弓やオシラサマなど)も元来は同様の性格をもつものだった(『日本の祭』『神樹篇』)。

柳田はそうみている。

神祭には必ず大きな常緑の樹を立て、その木の下には神を迎えるための御座が設けられます。……立てるところの木も、やはり天然のものを用いて神の御階段としたのが、最も古い形式に相違ありませぬ。

神木というものは今では何のために注連縄を張って置くかも不明になりましたが、これは神が一年中社殿の中におわしますと考えてから後の変化で、祭の日に天から御降臨なさるるものとして祭った時代には、今よりも遥かに重要な地位を占めていたことと思います。その神が憑りたまう特定の木から枝を折り取って持つのが、すなち神の依坐の標章で、次から次へとその枝を挿木にしたのが神の勧請かと思います。（「神道私見」）

なお天然の樹とならんで、特徴のある岩が、神の依るクラ、すなわち岩座（岩倉）として神の御座とされていた場合がある。それが各種の石に関する信仰や伝説、たとえば貴人や高僧、武将などが休んだとされる休石や腰掛け石の伝説などの一つの源泉をなしている、と柳田は推定している（『神樹篇』）。

†神供と相饗

第三に、「神供《じんく》」について。

神祭の際に神に供えるものが、「神供」である。

これは、柳田のみるところ、神の食物として様々な収穫をそなえるだけでなく、神と人々が食事をともにするためのものだった。

この神に供え物をすすめ、それを神と人とがいっしょに食する儀礼（直会《なおらい》）は、氏神信仰において神祭の必須の要件をなす。

日本のマツリは……神の大前に侍坐して、しばらく時を過ごすことを意味する。……古来の習わしに従へば、こういう場合には必ず酒饌があり、共同の飲食があった。

（「神社のこと」）

本来は酒食をもって神を御もてなし申す間、一同が御前に侍坐することがマツリであった。さうしてその神にさし上げたのと同じ食物を、末座において共々にたまわるのが、直会であったろうと私は思っている。

（『日本の祭』）

三月三日や五月五日など、一年の節目節目におこなわれる行事である「節供」（節句）も、その名のもとづくところは、この「節日の供物」にあった。つまり節句は、いくつかの一年の節目にあたって神祭を催し、必ず何らかの供物をささげて神と人とが共同で飲食する行事だったのである。

田舎では、正月と盆は申すに及ばず、大小の祭礼や休みの日には、カワリモノと称して通例でない食物を給与せられる。……今でも改まった晴《ハレ》の食事の機会は多いのである。節供は本来はこの食事を意味する語であった。供とは共同食事、神や祖霊と共に総ての家族が相饗することであり、節はすなわち折り目、改まった日ということであった。

（『木綿以前のこと』）

この神祭における神と人との直会（相饗《あいあえ》）は、いわば一種のコンミュニオン（共食儀礼）として神と人とのつながりを具体的に作りあらため、継続させるものとされた。これは、神と人とのあいだに目に見えない神秘の連鎖が、食物という体のなかへ入っていくものによって、新たに補強せられるという考え方にもとづく。

しかも、この行事は、聖なる食物を媒介にして人々のあいだの相互の結合を強固にする一つの重要な儀礼でもあった。それゆえ食事の共同ということが、祭礼のみならず様々な儀礼的行事において重視されている。

人が相会して酒食を共にするというのは、昔は相応に重々しいことであった。同じ飲食物が御互いの体内に入ることによって、眼に見えぬ連鎖が出来ると、かつては信じられていた。

（『婚姻の話』）

多くの人の身のうちに、食物によって不可分の鏈鎖を作るということが、人間の社交の最も原始的な方法であったと共に、人はこれによりて互いに心丈夫になり、孤立の生活においいては免れ難い不安を、容易に除き得るという自信を得たのである。（『食物と心臓』）

このように、同一の飲食物を、神と人が、また人々が相互に、共同で消費するのは、目に見えない力の連鎖を作るという古い信仰が根本にあったからだった。すでに面識があり、また親しく行き来している人々のあいだにおいても、そのような儀礼が必要とされた。

とりわけ「神々や先祖の霊に対しては、かたちが眼にみえぬだけに、それをくり返さないと精神の連絡が心もとなく」感じられたようである。それゆえ神と人との相饗が、神祭において必ずおこなわれた（『年中行事』）。

それゆえ、晴の食物には目にみえない力がやどっており、また人間の生命力や、神と人との、人々相互のつながりは、その食物によって得られるものと考えられていた。柳田はそう捉えている。

†稲の特殊な意味

ところで、神祭の際の種々の供物のなかでも、日本では古くから稲が特殊な意味をもっている。柳田によれば、稲はたんに食料としてだけの意味で栽培されたのではない。一般の人々には量的には米は本来常食の位置にはなかった。にもかかわらず、稲は神への正式な供物、ことに神祭の際の神と人々との相饗の枢要な食物としてもっとも主要な地位を占め、神供として枢要な意味をもつものだった。

稲米は……土地毎の神々の供物であり、また神を祭る人々がその期間、正式に賜るところの食物であった。（『日本の祭』）

このような古くからの米を尊ぶ感覚は、いわゆる力の観念の問題と関係しているのではないかと柳田はみている。つまり、稲を力の源とする古い信仰、米には力の根源となるものがやどっているとの考え方、が背景にあったのではないかとされる。

神をまつる人々のみならず神それ自身も、稲の力によってその生命力を回復し活力を持続していくことが期待された。このように米がそれを食する者の生命力の源泉になると考えられた。米をついて作る餅も、それを食べるものに力がつくとされる、いわゆる力餅の例にみられるように、また同様に考えられていた。それゆえ稲作は、氏神信仰においてことに重要な意味をもっていたのである（『食物と心臓』）。

たとえば、沖縄諸島では、稲は、ニーラの島から遠い昔に送りとどけられた神聖なる作物であると信じられている。ニーラは、ニルヤ、ニライカナイなどとも呼ばれ、亡き人の住む場所、神と祖先とのいるところと思われている。根源をこのニーラにもつ稲は、人間の力を豊かにし幸福をもたらすものである。稲は、この世を支えはぐくんでいるニーラの本源的な力を内包しており、その力をこの世界につたえるものだ。そう人々は考えている。

このような沖縄に伝承されている古くからの観念は、日本の聖なる食物としての稲についての考え方の古型をつたえてきたものではないか。そう柳田は推定している。ちなみに、沖縄諸島には日本の信仰の古いかたちが残されていると柳田はみていた(『海上の道』)。

このように稲は、その穀霊(「稲魂《いなだま》」)によって人間の生命力の根源をなすものと考えられていた(「食稲魂考」)。そこから米が神供として、したがってまた人々が晴の日の共同の食事においてとる聖なる食物として、もっとも重視されたのである。そのため稲は、どのような地においても必ず栽培された(「稲と水」柳田国男ほか著『稲の日本史』)。

柳田は、もともと日本人はその多数が南方から日本列島に移住してきたのではないかと考えていた。そして、その際に稲とそれを聖なる食物とする観念もたずさえていたのではないかとみている(『海上の道』)。ちなみに、この点はたんなる事実の指摘にとどまらず、後述するように、稲をアマテラスによってもたらされたものとする国家神道への批判を含んでいた。

また、米からつくられる酒も、神供として、とりわけ相饗における聖なる飲物として重視された。本来それは嗜好物としてよりも、人々が神事の際に共同で一種のトランス状態に入るためのものとして作られたのだった。

中世以前の酒は今よりもずっとまづかったものと私たちは思っている。それを飲む目的は味よりも主として酔う為、むつかしい語で言うと、酒のもたらす異常心理を経験したい為で、神々にもこれをささげ、その氏子も一同でこれを飲んだのは、つまりはこの陶然たる心境を共同にしたい望みからであった。（『木綿以前のこと』）

†畑作文化圏の問題

なお、現在では米や魚、野菜類などの供物を生のままささげるのが本来のかたちであるとする考え方が有力で、多くの神社でもそれが一般となっている。だが、柳田によれば、もともとは人間が食べるのと同様に調理したものを神にもそなえるのが正規の様式であった。炊《かし》いだ飯米をおもな神供としているものは、相饗の本来の様式がよく残されている例である。多量の米を大きな飯釜で炊いて、それを神にそなえるばかりでなく人々が共同で食する慣習が各地でみられる。

その際、神にささげる部分は、しばしば錘形の三角むすびに作られたり、その飯米を高く盛りあげそれに藁の鉢巻をつけたりしている。柳田によれば、これは神の御料ということをそれによって表示するもので、したがっていわゆる高盛り飯や三角握り飯はもとはそのような意味をもつものだった。

餅もおなじく晴れの日の食物をあらわす形態で、正月の鏡餅、三月桃の節句の菱形餅、五月端午の節句の巻餅やちまきの円錐形などがその例である（『日本の祭』『木綿以前のこと』）。また、熨斗《の》鮑《しあわび》や昆布などの海産物が神供として比較的重視され、贈答その他儀礼的な慣習においても一定の役割をはたしている。柳田のみるところ、それは日本人がもと海洋民族として南方から移住してきたものであることと関連している（『食物と心臓』「民俗覚書」）。

こう柳田は神供の問題を考えていた。

なお、このような稲作の重視から、柳田は畑作を軽視しているのではないかとの批判がある。だが、柳田は神供として稲が重視され稲作が不可欠とされた旨を述べているのであり、必ずしも畑作を軽視しているわけではない。むしろ一般の食料としては畑作物の比重は決して軽いものではなく、畑作が多くの農民にとって食料生産や手工業原料生産の上で重い意味をもっていたことを指摘している。

ただ、餅なし正月のように、神供としての稲を意識的に排除し、畑作に固執している地域がある（坪井洋文『イモと日本人』未来社、一九七九）。

柳田自身、多様な文化の混在を認め、「日本民族の構造については、今までだって人種の混淆ということを認めている。決して単一な民族が成長したものとは思っていない」と述べている（『民俗学について――第二柳田国男対談集』）。ただ、アイヌなど少数の人々を除いては、人種的混淆が古い時代にほぼ完了し、だいたい単一民族、単一文化（稲作文化）といいうる状態になったと考えていた。

したがって、一般の日本人の間で、なお稲作文化を拒否している地域が、ある程度のまとまりとして現存していることは必ずしも想定していなかった。

したがって坪井らの畑作文化圏現存の指摘は軽視しえない意味をもつといえよう。

†神屋と巫女

第四の「神屋」について。

この供物を神にそなえ、その他いっさいの儀式をとりしきって神祭を主催するもの、それが神屋である。

柳田によれば、大家族制のもとでは、この祭祀執行権をもつものは正統直系の血縁系譜をもつ家父長とその妻たる主婦（「家刀自《いえとじ》」）だった。そしてこの氏神に対する正統の祭祀権をもつことが、家父長の社会的政治的地位の高さを基礎づけていた。

本家すなわち個々の氏族の中心たる家は、単なる信仰上の必要からだけでも、高め重んじまた愛護せられなければならなかった

（『神道と民俗学』）

祖先に対して崇敬の念を有する者は、祖先と子孫との結び目にあたる一家の主人に対しても、尊敬の念を有するが当然である。……一家の主人は祖先の祭を絶やさぬために、一家族をよく統率して子孫の繁昌をはからなければならぬと堅く信じていた。

（「農村家族制度と慣習」）

柳田のみるところ、ことに主婦が神との仲介者として重要な位置を占めていた。そして信仰と祭を主導する職分を有した。

一般に氏神は、霊媒としての憑依者の口をかりて人々に託宣を示すとされていた。この神の依座として神が憑依し託宣を語るものが、その大家族の家長の妻である家刀自《いえとじ》である。これは一種の巫女で、おそらくもとは正統直系の未婚の女性がこれにあたった。

氏神は、巫女である特定の未婚の女性に依り、その口を通して神語をかたると考えられていたのである。

近い頃まで、神が原則として女に憑りたまふこと、およびその巫女が神の御語を伝えると

いうことは、これを信じて疑わぬ人が多かった。（『日本の祭』）

祭祀祈禱の宗教上の行為は、もと肝要なる部分がことごく婦人の管轄であった。巫はこの民族に在っては原則として女性であった。後代は家筋に由りまた神の指定にしたがって、彼らの一小部分のみが神役に従事し、その他は皆凡庸をもって目せられたが、以前は家々の婦女は必ず神に仕へ、ただその中の最もさかしき者が、最も優れたる巫女であったものらしい。……

かつては人間の処女の心姿ともに清き者の中から、特に年若く未だ婚がざる者のみを点定して、神の尊き霊が御依りなされし時代があった。（『妹の力』）

現在の神社では、巫女は、鈴を振って舞い、白い着物に赤い袴をはいて神前に立ち、祭式のたんなる色どりのように思われている。だが、本来は神の奉仕者として、人々のなかでも神により近い存在と考えられ、いくつかの重要な宗教行為は彼女らの管轄に属していた。

そして、このような巫女をつとめる正統直系の女性は、ふつうは家長の地位にあるものの妹もしくは姉だった。つまりより古い時期には、正統直系の血縁系譜をつぐ男系の家長（必ずしも最年長者とはかぎらない）とその妹または姉が、一組となって祭祀を主催していたのである。

このことは、その女性が神と自分の兄弟との仲に立つことを意味した。そして、彼女たちがその生涯を神にささげていた目的は、その兄弟の家、したがって自分の属する家を繁栄させ永く存続させることにあった。その場合、その女性の兄または弟が神職を占め、巫女たる姉もしくは妹を保護し、その神の力によって大家族の成員を指揮し服従させたとみられる。

†女性への神の憑依

また、このように神の祭に奉仕した者が、もとは必ず未婚の女性であったゆえに、その奉仕の職は女系によって伯母から姪へと伝えられた。母から娘へと伝えられなかったのは、いうまでもなく未婚のままでは正式の子を生むことはなく、結婚すれば他家の嫁となりその娘は他家に属するものとなったからである（『妹の力』）。

この巫役の女系による相続について、しばしば母系制のなごりではないかとの見解がみられる。だが、柳田は、巫女が未婚の女性にかぎられていたゆえに伯母から姪へとその役割が継承されたのであり、必ずしも母系制の遺制とはいえないとみている。

では、なぜ女性が神の依座とされたのだろうか。

それについては、憑依状態になりやすい繊細な感受性などその心理的生理的要因によるものではないかとしている。

最初この任務が、特に婦人に適すと考えられた理由は、その感動しやすい習性が、事件ある毎に群衆の中において、いち早く異常心理の作用を示し、不思議を語り得た点に在るのであろう。……殊に婦人の特殊生理は、このごとき精神作用に強く影響した。（『妹の力』）

しかし、現在ではこの柳田の説明は、必ずしも説得的ではない。近年のシャーマニズム研究によると、世界的にみれば神や精霊が男性に憑依するケースも少なくないからである。柳田は初期の頃から、神が巫女（女性）に憑依する現象の存在を指摘している（「巫女考」など）。だがそれは遠い過去の人物や、先住民の系譜を引く歩き巫女についてで、根拠も古文献や伝説などによっている。

それがこのように、一般の村落の女性に神が憑依するとの見解に変化したのは、退官後の沖縄旅行が大きな契機になったものと思われる。

沖縄ではよく知られているように、村落祭祀が村の女性たちによって執り行われている。ただ、沖縄本島や石垣島など多くの島々では、その女性たちは憑依状態にはならない。これは琉球王国のノロ制度によって、特定の家系にノロ（村落祭祀を主催する女性）が固定化され憑依が困難になったからである。女性なら誰でも憑依状態となりうるわけではなく、それにはそのような資質が必要だった。

ところが柳田も訪れた宮古島では、憑依を伴う女性による村落祭祀（ウヤガン祭）が近年までおこなわれていた（『平良市史』）。そこでは、この憑依型の女性村落祭祀組織が強固で、ノロ制度は定着しなかったとされている。宮古島のウヤガン祭では、村の中でその資質をもった女性がいわばランダムに憑依状態となる。このウヤガン祭は宮古島ではよく知られており、柳田も宮古島滞在中におそらく概要は聞かされたと思われる（柳田国男『南島旅行見聞記』［酒井卯作編］にも、それを想起させるメモがある）。

おそらく、このような沖縄での知見が、一般女性による憑依へと柳田の見解を変化させ、その根拠を女性の心理的生理的資質に求める要因となったものと推定される。

†ハレとケ、ケガレ

ところで、柳田によれば、民間には古くから女性にはいろいろな禁忌がある。家庭で神にそなえた供物を女の子にはいただかせるものではないという風習など、しばしば女性が特殊なあつかいをうけた。また、ことさらに男子との自然なまじわりが避けられてきた地域もある。

これは女性が、神の依座となりうるもの、したがって目にみえぬ霊の力、男子の膂力と勇猛心をもたやすく破壊しうる力があると信じられていたなごりである。それが漠然とした畏怖となってそのようなかたちで残ったものだ。そう柳田はみている。

天然と戦い異部落と戦う者にとっては、女子の予言の中から方法の指導を求むる必要が多く、さらに進んでは定まる運勢をも改良せんが為に、この力を利用する場合が常にあったのである。

故に女の力を忌み怖れたのも、本来は全く女の力を信じた結果であって、あらゆる神聖なる物を平日の生活から別置するのと同じ意味で、実は本来は敬して遠ざけて居たもののようである。（『妹の力』）

さきの供物と女子の禁忌も、その理由として縁遠くなるからといわれている。それは、神に仕える者がかつては必ず未婚の女子であり、同時に神供の品々を取得するものが、神の憑依したその女性にかぎられていたことによっている。古くは巫女として定められたものは、神の奉仕者として一生独身で通した場合が多かったからである。

これらのことは、柳田における「ハレ」と「ケ」と「ケガレ」の独特な把握と関係している。横道にそれるが、柳田の信仰儀礼把握の理論的背景と関わるので、この問題に少し立ち入ってふれておきたい。

民俗学界では一部に、ハレは、あらたまった、神聖なもので、ケは、ふつうの、日常的なもの、ケガレは、ケがカレた（枯れた、涸れた）もの、などとする見解がある。だが、柳田は必ずしもそうは考えていない。

柳田が影響を受けたと思われる、エミール・デュルケームは、この問題に関わる、聖と俗、浄と不浄の問題について次のように述べている。

宗教力には二つの種類がある。一方は好意的なものであって、物理的および道徳的序列の保護者、生命・健康・人間が尊敬するあらゆる特質の給与者である。……宗教力が鼓吹する尊敬には愛と感謝とがまじり合っている。……

他方には、また、無秩序の産みの親であり、死や病気の原因であり、瀆聖の教唆者である、不浄な悪い力が存在している。これに対して人が抱いている唯一の感情は、恐怖であって、これには、一般に、驚愕も含まれている。……それらの間には、浄と不浄と、聖と瀆聖と、神的なものと悪魔的なものとの間のそれと同じ対立がある。

しかしこれらの宗教生活の両面は、互いに対立していると同時に、それらの間には、密接な親縁関係がある。まず、二つともに、俗的存在と同じ関係を維持している。俗的存在は、きわめて神聖な存在と同様、不浄な存在とのあらゆる関係を慎まねばならない。不浄な存在は、神聖な存在に劣らず、禁忌されている。……それというのは、不浄な存在も、また、神聖だからである。……

それだけではない。不浄な物または邪悪な威力は、性質は変えないが、外的状況の単なる修正によって、聖物または守護的威力、かつまた、その逆となることがしばしばある。……浄と不浄とは、したがって、別個の二綱でなくて、すべての聖物を含む同じ綱の二変種である。聖の二種があって、一方は吉で、他方は不吉である。しかも、相反した二形態の間には、継続の断絶がないばかりでなく、同一物が、性質を変えることなしに、一方から他方へと推移できるのである。浄から不浄が作られ、不浄から浄が作られるのである。

（デュルケーム『宗教生活の原初形態』岩波文庫）

つまり、浄と不浄は、相互に対立するものであるが、より根本的には、非日常的なものとしてともに俗に対立し聖の範疇に属する。しかも、浄と不浄は相互に移行しやすいもの、いわば容易に暗転ないし相互転位するものであるとされている。ここでの浄がハレに、不浄がケガレに、俗がケに、だいたい対応している。

†**非日常的なハレとケガレ、日常的なケ**

柳田もまた、ハレとケとケガレの関係をほぼ同様に考えていた。

たとえば、薩摩などでは、かつて一人前の男子は、女性をことさら「憎みきらう」態度をとり、「きたないとか穢れる」などの表現を女性に対して使っていた。だがこれは「女には目に見えぬ精霊の力があって……男子の膂力と勇猛とをもって成し遂げたものを、たやすく破壊し得る力あるものの如く、固く信じていた名残」にほかならない(『妹の力』)。つまり、女性に対するケガレの感覚は、かつて女性がもっていると考えられていた聖なる力、ハレの場での力に由来しているというのである。いいかえれば、もともと女性に対してもっていたハレの感覚が、ケガレの感覚にいわば暗転したものと考えている。そして、双方とも非日常的なものをはらむがゆえに、日常的なケの感覚とは、鋭く対立するものだった。

また、神観念に関わる事柄において、もとは祟りがあり厄災をもたらすものとして忌みきらわれ恐れられていた御霊が、その威力のゆえに、神として祀られること。またそれが人々の生活と領域を守り、悪しきものをしりぞける神として崇拝されるようになること。逆に、本来神聖な霊と考えられていたものが、子孫の祭りを受けられないことによって、暴虐な、災いをもたらす悪霊となり、忌みきらわれること。これらの例がしばしば語られている。これも、ある意味では、ケガレの観念がハレに、またハレの観念がケガレに、相互に転換しやすいものとして考えられ、ともにケに対立するものとして位置づけられているのである。

さらに、柳田は、「忌《い》み」の問題について次のように述べている。

日本の語でイミといふことは一見矛盾するかと思うような色々の珍しい場合に用いられている。古い記録を見ても、忌機殿は神に捧ぐる貴い衣を織る場処であり、諱は口にしてはならぬ貴い御名であり、忌部斎部は神々に仕うる家の名であって、しかも一方には血族に死者があり、妻が産をした為に特に行動を慎まなければならぬ場合をもイミと謂っている。

今日ではイミといえば主としてこの方になったようだが、なお至ってめでたい神の祭りの日の前の謹慎をも忌籠《いこもり》といい……この祭典の準備として必要なイミだけは、中世以後は特に物忌というのが普通であった。……めでたいめでたくないの二つの両端にある出来事でも、これに携わるべき者の境涯が特殊であり、従って是非とも常人と別置せられなければならぬという必要だけは一致していたのである。

(「忌と物忌の話」)

すなわち、「忌み」は、本来は、ハレの日の慎みを意味すると同時に、ケガレに関わる謹慎をも意味し、ともに日常性であるケと区別されるものだったのである。

しかも、ハレの忌みとケガレの忌みは、相互に転位するもので、忌みの特殊な概念として早くから学者に心づかれていることは、ある物ある行為の効果は極端な凶か、または極端な吉に転ずるかで、ちょうど真中のいい加減、好くも悪くもないというものの無いことであった（『笑の本願』）

という。

このように柳田は、ハレとケとケガレの関係について、ハレとケガレは対立しつつも非日常的なもの、非日常的な力をはらむものとして、同じく聖の範疇の側に属する。そして両者は日常性であるケと、根本的な対立関係にたっている。そう考えている。つまり、ハレとケガレは、いわば聖の両義性をあらわしており、対立して互いに他を排除するものではあるが、相互に転換可能なものである。それに対して、両者とケとの間は、聖と俗との関係に対応するものとして、本質的に相容れないもの、根本的に異質なものとみているのである。

このような聖と俗、浄と不浄についての見方は、網野善彦の『異形の王権』（平凡社ライブラリー、一九九三）、『無縁・公界・楽』（平凡社ライブラリー、一九九六）などに受け継がれている。

†職業的な巫女集団

さて、その後、成人した女性を長期間未婚のままで巫女として抱えておくことは、大家族制の規模の縮小とともに、困難になってくる。

巫女には、物忌や潔斎の関係から生産活動にたずさわるには様々な支障があったからである。そこで、主婦がそれにかわって一定の時期にのみ巫女の役割をはたすようになる。それにともなって、夫が介添え役ないし託宣の注釈をおこなう一種の神主として実際の神祭の執行をとりしきることとなっていく。

柳田によれば、沖縄ではいまも祭祀が女性に独占されているが、本土においては、この男の神主の力が強くなり、しだいに巫女をしのぐようになる。また神の依座としての役目は、徐々に女性から子供に移っていくこととなった。そのことも相まって、通常の氏神の祭では重要な神役はほとんどが男性によっておこなわれるようになった(『日本の祭』「大白神考」)。

神の依座の役目が女性から子供に移った経緯については、柳田は次のように想定している。かつては家々の主婦が巫女役をはたしていた。だが、日常の主婦としての生活・労働面の多様化などによって、物忌の問題その他のため巫女としての役割を続けていくことが困難となってくる。そこで自分はただ管理者のような立場にしりぞき、神との仲だちの任務は、もっと無邪気な少年や少女の手に引継ごうとした。周囲の人々もそれを承認した。

こうして村の祭にも家々の先祖の祭にも、この役割を子供の手にゆだねて、彼らの言うことから神霊の意をうかがおうとするようになった、と。

少年をもって神の尸童《よりまし》とすること、これは南の島々にはないことのようだが、本州の方には古くからその例がある。……

土佐のある社の祭で大行事と称した子供の役なども、やはりその祭の続く間だけは神であった。白粉をもってその童子の額の上にあるしるしを描くと、その瞬間からいわゆる催眠状態に入り、馬に扶《たす》け乗せられて祭場に到着する。祭終わってその白粉を洗い落とせば、たちまち正気に復するとも伝えられていた。

現在の尸童は何れも無言で、ただ祭の式に臨むだけである故に、いつとなくその重要性を失ってきているが、一方には中世以前の多くの記録にも、また近世の民間の記録にも、こういう幼稚な者が突如として、神の御言葉を口にして、周囲の人々を驚かしたという話が、幾らともなく伝わっているのである。

（『日本の祭』）

また他方、氏神への有力な神々の勧請に関わって、新しいタイプの巫女が各地をめぐり勢力を拡大していくようになった。全国に名の知られた大神が村々に勧請される場合、それには必ず外部からそれを運びいれる者がいた。それが多くの場合、信仰に関するいろいろの知識をもち、一種の技術として神おろしの方法を習得して各地を巡りあるいていた特殊な巫女集団だった。

八幡、祇園、鹿島、熊野などの大神は、だいたいこのような巫女によって各地に運ばれ勧請された。これらの大神には、神がかりとなった巫女の言葉によって顕現し神徳をしめすという、一つの託宣方式がそなわっていた。それをおこなう多くの巫女やそれを補佐する神人（男性）が各地を旅行していたのである。かれらは本来はそれらの大神をまつる著名な神社に付属する巫女神人集団に属しているものが多かった。この遊行する巫女のおこなう託宣によって、それらの大神が各地に勧請されていったのである。

これらの旅の巫女たちは、濃密な宗教的雰囲気のなかで育ち、経験を重ねて、神懸かりと託宣の技能を習得していた。したがってその技術と能力は、とうてい一般の家でその時々に巫女の役目をはたす主婦などには肩を並べることもできないものだった。こうして神おろしの技術がいわば職能化し、職業的な巫女が全国に展開していった（『伝説』「巫女考」）。

そしてその後、氏神社において託宣があまりおこなわれなくなる（後述）と、神祭の公式の行事における主要な役割は、だいたい成人の男子によって担われることとなる。それにともない女性や子供の役割は、巫女舞や稚児行列などのように周辺的付随的なものと位置づけられるのが一般的となった。そのように柳田は捉えている。

†頭屋制の形成

他方、氏族的な大家族制の解体が進行し、中世後半から近世初頭、複数の家筋に属する小家族の集合によって村が形成されるようになる。そうすると、村の有力な家筋の本家が氏神の祭祀権を独占する場合もあったが、多くは各家筋の本家が輪番によって祭祀を主催する「頭屋《とうや》制」がおこなわれた。

頭屋は「廻り神主」とも呼ばれ、祭祀権をもつ家々が、もちまわりで順に氏神の神役をつとめる。だいたい一年で交替するためにしばしば「一年神主」ともいわれる。頭屋制とは、この祭主の役の輪番制のこと、つまり村内のおもだった家々が順に一年神主すなわち祭主の役をつとめるものである。そして、一般に頭屋となりうる家々によって、その神社の祭祀執行集団である「宮座《みやざ》」が構成され、実質上はこの宮座が神祭の全体をとりしきるようになる。

供物を供え、その他一切の儀式を取り仕切って、神様に仕える家が通例村に何軒かあって、通例はそのなかから一軒ずつ当番が定められて、これに当たることになっている。その年々の神様の祭を管理する家を……トウヤ(頭屋または当家)あるいはトウニン(頭人または当人)と言っている　(『郷土生活の研究法』)

日本の農村には……家筋というものだけは非常に重んじられていた。氏人・宮人その他色々の名がこれに附いている。滋賀県などの村々では、この家筋をもろとうと呼んでいる。……その昔からのもろ人［もろとう］のみがいわゆる宮座を組織し、他の小前の者、新移住者や名子分家という類は加えずに、自分たちの間だけで順まはりに、今も頭屋の役を勤めている

（『氏神と氏子』）

このような頭屋制の形成は、柳田によれば、氏族を異にする家々によって村落が作られ、氏神の合同によって一つの村氏神を共同でまつるようになったことによっている。すなわち、いくつかの異なった家系に属する人々によって村が構成されるようになり、氏神の合祀がおこなわれた。その際神祭にできるだけ衆の力をあつめて効果を大きくしようとした。そこから祭主となりうるものの数を多くし、祭主の役を輪番でおこなう頭屋制の形態がとられるようになった（『神道と民俗学』）。

そしてもとは、頭屋となった家は「神の家」とされ、主人のみならず地域によっては主婦も長男長女もそれぞれに神聖な役目があった。これを果たすためには様々な準備、ことに厳重な精進潔斎があって、ほとんど通常の生産行為は中断せざるをえなかった。その面の便宜のためにも頭屋輪番制がとられた（『氏神と氏子』「農村と秋まつり」）。

幾つかの氏族の合同によって、多数の村民が一つの御社の神を祭るやうになると……唯一戸の重なる家に、祭祀の特権を委ねてしまうことが出来ず、我も彼も共々に神の御側に仕えたいということになって、順番交代して神主の役を勤めようとして、終に今見るやうな廻り神主、または頭屋の規約というものが出来て来たのである。……

昔の農民には当たり前であった祭前斎忌、祭を中心とした様々の拘束、それが新しい世の経済生活には一通りならぬ障碍であった。……しかも一方には忌の期間は相応に永く、これを完全に守らぬと祭の効果が現われず、またはかえって悪い結果を招くかもしれぬという不安のみは、依然として平民の心の中を支配していたのである。

この二つの必要の対立を折合わせる為に、頭屋交替の制度も恐らくは大いに発達し……て来たのである。（『日本の祭』）

なお、柳田はこの頭屋制においても、もとは女性が主で、男性は介添え役だったのではないかとみている（「神道私見」）。

†村の外部からの専門の神職

さらに、徳川中期を前後して、本家に対して対等な分家、独立性の強い分家が一般化した。分家の経済的独立の強化によって本家—分家関係が弱まり、在地の共同体の構造が比較的フラットになってくる。

そうすると、頭屋になりうる家、宮座を構成する家の数が増加し、村の正式の構成員すなわち本百姓は、一般に頭屋たりうる資格をもつようになってくる。こうして各家が均一に、一代のうちに少なくとも一回必ず神聖な祭主役を体験できるよう、頭屋を一般の氏子のあいだから順番に出すところが多くなってきた。そのようなところでは、村を構成する本百姓系譜の家々すべてが、宮座の構成員となった(『日本の祭』『神道と民俗学』『氏神と氏子』)。

だが、このように一般の人々が神役を交替でおこなうようになると、実際にはだいたい数十年に一回の割合ぐらいでしかその役がまわってこない。したがって不慣れなために祭式の執行に問題がおこりやすく、なかには神役として能力的に不適任とみられるものもいた。そのため、専門的な知識と技術をもつ第二の神職の必要が生じることが多くなってきた。

ここから村の外部からの専門の神職が、氏子による一年神主(頭屋)とならんで一定の役割をはたすようになっていった。

頭屋の管理する神事は……その一部を神主［専門の神官］が分担することがあるが、この場合頭屋のことを一年神主と呼んでいる。これは神官はおっても、祭を主管するのはその神主ではなくて頭屋であって、ただ神主は介添役としているだけである。

（『郷土生活の研究法』）

現今の神職なるものの根源が、最初から、または中世以後、すでに幾通りかに分かれていたのである。それに新たなる［明治以降の神官］任命制度が加わったのだから……いたって複雑なものとならざるを得ない。それで自分はこれを出来るだけ判りやすくする為に、大体に二通りに分けて見ようとしている。その一つは土地の住民、神の氏人の中から出た神職、他の一つは中世以後に、外から入って来た神職、これに又新旧のかなり著しい差異があるのである。

（『日本の祭』）

この第二の、外からの神職のなかに、さきに述べた、八幡や、熊野、春日、北野天神、祇園、鹿島などの有力な神社に属する神人もあったのである。

その後、産業の発達や文化の進展にともなう職業労働の多様化、社会的交流の多面化が進行した。そうすると、通常の日常生活をおくる一般の人々が祭祀をおこなう頭屋制では、祭祀執行に必要な物忌と潔斎を守ることがさらに困難となってくる。しかも村の共有財産の減少などによって頭屋制を支える物質的慣習上の条件が失われ、そこから頭屋制そのものの崩壊が進行してきた。

宮座の組織、頭屋廻り神主の慣行が、時世の進みに伴のうて、段々と持続し難くなって来た……。まず最初には宮田頭田の消滅、頭に付属した共同財産の減少によって、毎年の頭屋の経済上の負担が重くなったことが挙げられる。……次になお一つの困難は、祭の物忌の守りにくくなって来たことである。……一年打通しの謹慎などということは、よほど周囲の者が共々に支援してくれぬと、もう実行のしにくいことのように、思う者が多くなってきているのである。（『氏神と氏子』）

そしてそれに対応するために、神祭をとりしきる権限を専門の神職にまかせる傾向が増大した。

ことに明治以後、国家神道体制のもとで、政府から公的に派遣されてくる神官が神祭の執行をおこなうようになってきている。

このように柳田は頭屋制の形成と展開を捉えている。

しかし、頭屋制もしくはそのなごりは、なんらかのかたちで各地に残存している。職業的な神官がいる場合でも実際上は「一年神主」と呼ばれる頭屋が祭を主管し、その神官はただ介添役をつとめるという形をとっているものがなお各地でみられる。

柳田は、ながく神社を中心とした村の結合を支えてきたのは、現実にはこの頭屋制に負うところが多いとして、今後の氏神信仰にとってのその意味を重視し、頭屋制の継続を望んでいる。

†神態と余興

最後に、第五の「神態」について。

これまでみてきたような神祭の中心をなすものが、「神態」すなわち神事の具体的な内容で、柳田はこの部分をもっとも重視している。この神態が、人々の信仰を把握するうえで重要な意味をもっていると考えていた。

カミワザ（神態）といい、あるいはまた神事ともいうもの……これが我々の最も力を入れて調べようとしている部分なのである。……実は我々の数十年来やってきたことはここにあった。すなわち祭りのもとの意味は何か、日本固有の信仰はいかなるものであったかを、知るにあったのである。……要するに神態は、日本の固有信仰を調べるのに、なかんずく大切な問題である。

（『郷土生活の研究法』）

すでにみたように、柳田によれば、神祭においてその中心となる神事がおこなわれる際には、神供をそなえ、篝火《かがりび》をたくのが一般だった。神をむかえ、あたりを明るく暖かくして食物をささげて、歓待しようとしたのである。

日本の祭において神々を御もてなし申す方式だけは、人が最上級の賓客を迎えた場合と、完全によく似ている……。すなわち食事の時刻ともなれば、酒と食物とを力の許す限り清らかに調理して供するのみか、少しでも永くその楽しみを続けたまうように、有りとあらゆる手段を尽くすのであった。

現代は一般に夜が明るくなった故に目に立たぬが、神の御食事の時刻は座上にも庭上にも、常の日に何倍するほどの火を焚く。……この薪の火の燃え盛るのを眺めながら酒宴をするのは、昔の人たちの大きな歓びであったので、神々もまたこれを賞でたまうべしと、単純に推測したらしいのである。

（『日本の祭』）

そして、この饗宴の際に、余興として様々な催しものがなされた。それは神を歓待するためのたいせつな手段だった。弓射や競馬、相撲、綱引き、闘鶏などがおこなわれたが、これらはまたそれによって神意をはかる年占いの方法でもあった。

たとえば「御弓の神事」「御的射の式」などと呼ばれる弓射の行事が、祭と不可分のものとして各地でおこなわれている。これは本来は村落または家筋によって組をわけ成績を競ったもので、その結果によってそれぞれの集団のその年の吉凶をうらなった。相撲、綱引き、闘鶏なども また同様で、祭の際の楽しみであるとともに、もとは神意を推し測るためのものだった。その結果が一年間の神の好意のあらわれと解されていた。また競馬もしばしば祭において神占いの催しとしておこなわれた。

そのほか、インジ（印字）、インジウチ（印字打）と呼ばれる集団での石合戦や、円形の的（ハマ）を投げ上げそれを弓で射るハマユミ（浜弓、破魔弓）なども、もとは年占いの方法だった。賭博もその起源はやはり神占いにあった。そう柳田はみている。

これらの競技の勝敗は、神の後援によるものと考えられており、したがって勝敗の利害をはなれてもなお「愉快な、喜ばしい感覚」がともなっていたのである。

柳田のみるところ、そのような感覚は今もなお残っており、贔屓《ひいき》とか応援のたぐいがその必要を認められているのも、そのような一種の宗教的共感の延長によるものだった。競技や戦いにおいて無形の支持が欠かせないとするのも、必ずしも由来のない民衆心理ではなかった。

†神の託宣

人々は、祭の日におこなわれる、このような年占いには正しい効果があり、その日にしめされる神の啓示にはことに間違いがないと信じた。そして一年間の計画はできるかぎり祭の日に定め、かつこれを守ろうとしたのである。

わが国の神々には、何かこういう単純なる方式をもって、御自分の御心持を信ずる人々に覚らせんとしたまう思し召しがあるということを、昔の人たちはかなり固く信じていた。さうして年に一度の祭の日の御くつろぎは、その神意を伺うべき最もよい機会とも考えられていたようである。（『日本の祭』）

祭のなかでも秋は収穫の時期で、神に一年の生産が完了したのを感謝するのが主であった。だが春はそれとは異なり生産開始前のもっとも問題の多い季節で、したがって年占いはこの時期におこなわれた。柳田によれば、様々な年占いの式は、この生産開始前の不安を神への信頼と覚悟とに取替えるための行事だった。

このようなある意味では単純な占法などとならんで、神祭においては託宣のかたちで神の啓示をうける方法があった。そしてそれが本来の神態の中心をなしていた。
それは、神が特定の人間の口をかりて具体的に託宣や予言をおこなうものだった。

感謝と祈願の毎年の方式、何を御供え申し、またどれだけの物忌をすべきかといふことも、人が定めたものに依ることは心もとなく、普通は神様の御差図を受けて、それを守ることにきまっていた。右か左かというような単一な疑問ならば、卜によって決する方法もあるが、言葉の説明がなくては判らぬものは、依りましの口を通して聴くより他はなかったのである。

（『伝説』）

柳田によれば、この神の託宣、神語（ミセセリ）には、臨時のものと定期のものの二種類があった。

臨時の託宣は、なんら予期しないときに突如として神が人（巫女）に憑依し、その口をかりて啓示をかたるもので、なにか特別の好運または災害のおこるときになされる。名の知られた有力な神々の勧請も、多くはこの臨時の託宣によっておこなわれた。しかし、人々の生活が安定化してくると、そのような特別な突然の啓示もしだいに間遠くなり、通常の氏神社ではこの臨時の託宣はおこなわれなくなっていった（『日本の祭』）。

定期の託宣は、神祭の日に定まった様式でおこなわれ、氏神社の敷地内の神聖な場所においてなされる正式の託宣で、これが神態の中心に位置するものである。

この定期のものもまた、人を神の依座として託宣を語らせるものだが、それを一定の手続きによっていわば人為的におこなおうとするものだった。

†「湯立て」もしくは「問湯」

人を神がかりの状態にする方式は様々で、古くから知られ今なお各地にその風習の一部がのこっているのは、「湯立《ゆだ》て」もしくは「問湯《といゆ》」と呼ばれるものである。

これは、祭の庭に大釜をすえ火をたき湯をわかす。それに浸した笹の枝で釜の湯しぶきを周囲の人々の頭上にふりかけ、人々の衣服がしっとりと濡れ透るまで湯をそそぐ。これは一種の湯垢離《ゆごり》で、一般にこれをかけられるものは何ともいえない厳粛な気持になるという。

現在はこの種の行事はだいたいここまでであるが、もとは、この方法の繰り返しによって神の託言を語りだすやうな心理的な異常状態をつくりだした。そしてそのような集団的トランス状態のなかで、巫祝《ふしゆく》（神に仕える者）が自らにまたは側にいるある一人に神を依らしめ、その人間の言葉をとおして神の啓示をうけようとしたのである（『日本の祭』）。

三河北設楽郡の花祭に、湯たぶさという一種の手草を手にとって、湯釜の周囲をまわる舞がある。見物の衆までがこの時には口をそろえて、タァフレ・タフレと囃すことになっているが、このタフレは、あるいは物狂いを意味するタフルまたはタクラフという動詞の、命令形ではないかと私は想像している。　（同右）

このような、人を憑依状態にする過程において、一種の異常な集団的心理状態に導きトランス状態をつくりだすため、しばしばアルコール類が使用された。
それに加え、普通には琴・笛・太鼓・弦などの素朴な楽器をつかった音楽がもちいられ、またはやや単調な神をたたえる詞が連唱された。その強烈な繰り返しによって、すみやかな神の降下を切望していることを表現するとともに、連唱する人々も、それによって特殊な心理状態になっていく。

今でも信心深い人々の間に行われる千度祓い、もしくは六根清浄、謹上再拝やドウカミエミタメの類も、文言それ自身に本来の意義があったのではなく、目的はむしろその熱烈なる繰返しをもって、速やかに霊媒の出現を見ようとするにあったので、それ故に満座の奉仕者が皆浄く、所定の物忌を誤りなく守っていることを宣言して、神の降下を切望したのだろう

（『日本の祭』）

†神語りと憑依

この神をたたえる詞は、かつての「神歌」「神語り」の系譜をひくもので、もとは神の現れを待つあいだの期待を表出するものだった。神語り、神歌は、本来神をたたえ、神についての長い物語と人々の神への崇敬をかたり、祈願の成就を求めるものである（この内容が次節で述べる氏神信仰の神話にあたる）。

このような神語りをおこない、「たたえごと」をくりかえしているうちに、人々は一種のトランス状態となる。そのような雰囲気のなかで、神の依座となる巫女は、意識が人か神かの境の朦朧とした精神状態に入っていく。

私の考えでは、舞は神祭の信仰上の現象であったように思う。

本来は「たたえごと」と称して神様の大きな力、無始の昔からの里人との因縁、必要ある場合にはいつでも出現なされて、尊い啓示をたまわることを、一同がかたく信じて少しも疑っておりませぬという意味などを、熱心をこめてくり返して語っているうちに、自然に恍惚として人か神かの境に、入っていくのが最初の舞であって、こう手をさしこう足を踏むといふ型が定まってしまったのは、次々の変化であろうと私は思うのである。……

年々の祭を機会として神の御心を和め、いよいよその幸いを民人の上に垂れたまうを期するには、ただ抽象的に神徳の高く尊いことを、くり返しているだけでは足りない。

あなたは大昔、こういう事もなされたということではありませんか。こういう言い伝えも手前どもは記憶していりますということを説く以上に、更にまたこういう大きな願いも、あなた様ならば御聴き届け下さる。もしくはそれが我々の遠い祖先との、堅い御約束であったと心得ておりますという程度までの物語を、最も慎み深い言葉をもって恐る恐る、神の御機嫌の最もうるわしいと思う時を測って、述べ立てることが許されていた。

それが感極まって起って舞うまでに、身に沁み肝に銘じて敬聴せられた　（同右）

こうして神の依座である巫女に氏神が憑依して託宣を下し、その年の様々な事柄について予言し、また人々を導いたのである。

柳田は神態をこう捉えている。

ところで、このような定期の託宣も、人々は充分な心構えをもって待ち迎えた。しかし、柳田のみるところ、生活が安定化し平穏無事の日がつづくようになると、眉目をそばだてるような感動の大きな神の言葉はなく、年とともに形骸化していく。そして長い間についには他の

様々な祭の行事のなかに埋もれてしまうようになった
こうして氏神が巫女に憑依して、その口をかりて託宣をおこなうことが、徐々に間遠くなり、ついには神社とは関係のない現象のようになる。通常の神祭においては神の定期的な託宣がおこなわれなくなり、一般の人々に神の啓示をうける能力、神に憑依される資質がうしなわれた。そこで、梓神子《あずさみこ》、口寄せ、イタコ、瞽女《ごぜ》、ユタなど霊媒として特殊な技能をもつ人々が、独自の立脚地を神社（沖縄では御岳《うたき》）以外において活動することとなった。氏神が託宣を語ることがなくなってもなお、一般の人々はいまでもかなり神霊の語を信じており、そこにそのような人々の活躍する余地があった。
以上のように柳田は氏神信仰の諸儀礼を描きだしている。

4　氏神信仰の神話的世界

†氏神信仰の神話と記紀神話

神祭において、いわゆる神態がその中心的位置を占めていたが、なかでも神をたたえ、その来歴をかたる「神歌」「神語り」が最も枢要な部分を構成していた。そして、柳田によれば、この神語りは、原初的には氏神信仰における神話といいうるものだった。

我々の神話というのは、それを語る者は言い伝えたその内容を堅く信じており、神の祭の日のごとき最も改った機会に、必ずこれを信じようとする人々の耳へ、厳粛に語り伝えようとするもので、あらゆる方法をもってその忘失を防ぐべく努力する種類の口碑である。すなわち信仰の純一な時代の、熾烈な帰依信仰を表現したものであった……。信仰の純一であった時代の神話は……それを語る辞句にしても美麗なものを選び、あるいは七五の調を帯び、四句連繋の律語で、荘重な趣を持ったものであったろうと考えられる。

(『民間伝承論』)

この神話は、本来は神祭の日のもっとも改まった時と場所で、その内容を信じている人々にきわめて厳粛な方式のもとに語り伝えられた。これを語る人と機会とが厳しく限定され、みだりにこれを口にすることは厳格に戒められていた。そして、おそらくなんらかの韻律をともない荘重なおもむきをもったものだった。それは人々の信仰によって支えられ、また同時にそれによって人々の信仰そのものを支えていた(『木思石語』『民間伝承論』)。

この氏神信仰における神話は、かなり古い時期に忘れられ、もはや、そのままのものとしては残っていない。それは、わずかに「昔話」「伝説」「語り物」などのかたちでその残影をとどめているのみである。それゆえ柳田は、この三つのものの民俗学的分析を通して、氏神信仰における神話の原型を再構成しようとした。

多くの昔語り、すなわち神秘なる古代人の生活伝承が、歴史の最も大切な部面として我々を動かすのも、本来は神を信じた人々の極めて真摯なる［神への］礼讃だからであった。たとえば人間に災禍をもたらす鬼どもの退治、その鬼は後世狒々《ひひ》となり大蛇となりまたは山賊とも変わっているが、今なお文芸の一趣向として、大衆小説の中にまで続いているのは、言わば我々の遠い親たちの空想の遺産だからではなかったか。……

その他いやしくもローマンスを愛する人々のいつでも胸にえがくことのできる幾つかの物語は、試みにその水源に遡ってみれば、一つとして神に属しなかったものはないのである。

（『日本の祭』）

そして柳田のみるところ、日本の神話として一般に引かれる『古事記』『日本書紀』の神話的記述は、皇室およびその周辺の諸家の神話にすぎなかった。必ずしも一般の人々が信じ持ち伝えてきたものではなかったのである。

もし『風土記』とか『日本書紀』にあるものが神話であるならば、それはこれをもっている家々の神話であって、日本民族全体の神話とみることはできない。原料を供給した家々の記録があって、自分らの信仰を維持するためにもっていたものかもしれぬからである。日本が神話をもっているということで、すぐに『古事記』、『書紀』を出されることは誇らしいかもしれないが、これを日本民族全体の神話とは見られません。

(『民俗学について――第二柳田国男対談集』)

記紀神話は、むしろこの在地の氏神信仰の神話を背景に、それを素材の一部にとりいれ、もしくはその基本的なパターンを所々で踏襲しながら形成されたものだった(『神道と民俗学』)。その意味で氏神信仰における神話は、基層神話ともいうべきものであった。ふつう日本の神話に関するテクストとして、記紀や風土記などがあげられているが、柳田の神話像もそのひとつの検討対象となりうるものといえる。

†語り物の世界

さて、「語り物」は、現在ではなかなかイメージしにくいが、『平家物語』の原型となった琵琵琶法師による平家語り（平曲）などがその一例である。

　柳田のみるところ、これは、神話における語りの形式を残しているもので、信仰がなくなったのちにもその型を踏襲し、七五調などの一定の調律でもって語られる叙事的な物語である。その内容は、伝奇・歴史叙述、合戦記、寺社の縁起など様々だが、だいたい琵琶や琴、鼓、笛などの伴奏楽器をともなう。『平家物語』のほか、『義経記』『曽我物語』などはもともと語り物だった。また浄瑠璃や歌舞伎もその起源は語り物で、幸若舞（『舞の本』）、説経節などもがんらいは語り物として流布した（『物語と語り物』）。

「昔話」は、神話の語りの形式よりも、主としてその内容の物語性、出来事の奇異と変化とに興味をもって、それをおもしろく語ろうとしたもの。想像力をはたらかせた空想的要素を多分に含み、たとえば桃太郎や一寸法師の話のように、もはやそれを話す人々によっても信じられていない（『桃太郎の誕生』『昔話覚書』『口承文芸史考』）。

「伝説」は、語り方や内容のおもしろみより、口承されている事柄が真実であることの確信を重視して、それだけは必ず記憶しかつ他にも主張しようとしたもの。実際には現実にあったこと起こったことではないが、その土地の人々や関連する家々によって事実として信じられている。とくに定まった形式はない。神話総体の記憶はもう失われているが、その断片にあたる部分のみが伝承され、ふつう特定の塚や石、池、大木などの記念物にむすびついて語られている

（『伝説』『木思石語』）。

　このように柳田は、語り物、昔話、伝説を、それぞれ神話から別れたものと捉えている。そして、これら三つのものの検討をつうじて、現在ではもはやそのままのかたちではうかがい知ることのできない神話的世界への手がかりを得ようとしている。それらの民俗学的研究の一つの重要なねらいを、在地における古い神話の復元においていたのである。そして、神話のもとの姿を再構成することは、氏神信仰の全体像を明らかにするうえで不可欠のことであると考えていた。


語りごと〔語り物〕には結構の絢爛《けんらん》眼もあやなるものがあり、昔話には荒唐無稽にして空想的な分子が満ちており、伝説には奇瑞奇特不可思議が付随している。自分はこの三者の特徴を併せると、そこに古の神話が復原されると考える。

すなわち荘重森厳な辞句あるいは流麗なあや言葉を用いて、滔々と語られる語りごとの麗しい表現、聞く者をして歓喜せしめ大笑いせしむる昔話の有する豊かなる空想とロマンス、聴衆が語られることを信じ得るとし、信じる方が得策と考え、信じたしと欲する伝説の内容、それらは古昔の神話がもっていた特質の名残りではなかったろうか。

語りごと・説話〔昔話〕・伝説の三つの伝承文芸を、神話から分かれたものと考えることは、あながちに無理な推定でないと思う。（『民間伝承論』）

柳田のこの分野での代表的な著作としては、『桃太郎の誕生』『昔話と文学』『一目小僧その他』『妹の力』『伝説』『物語と語り物』などがある。

†全国の伝説・昔話の内容の一致

では、氏神信仰における神話は、柳田において具体的にどのようなものとして描きだされているか。以下その内容をみていこう。

柳田によれば、全国に分布する伝説・昔話（説話）には、相当な遠隔地相互にさえ偶然とはみられない重要な内容の一致がある。このことはほぼ全国的規模でいいうる。またそのなかには世界的に流布している要素を含んでいるものもある。それは宗教的漂泊者――移動しながら土地土地の神祭に参与し、神霊の口寄せをおこなう巫女・神人など――が、新しい伝承を各地に運び入れたためだった。そのなかには、京都その他様々な勢力ある信仰の中心地から運んできたと思われるものが多い。さらにその中心地に、中国やインド、あるいは遠くギリシャその他の西欧諸国などからも、その材料となるものが流入したのではないか。そう柳田は考えている。

しかし、それらが昔話や伝説として各地に定着するには、それを定着させるだけの何かが、つまり「接穂の台木」ともいうべきものが、受けいれる側にもなければならない。在地の受けいれ側に、ある共通のもの、またそれら新しく運ばれてきた伝承と通じあうものがあったからこそ、それを台木として新しい伝説や昔話が全国各地に定着した。柳田のみるところ、在地にはもともと、それらの伝承を定着せしむるような信仰（氏神信仰、ことにその神話）、もしくはその伝説化、昔話化したものがあった。

それが忘れられようとしていたところに新しい伝承が運びこまれ、ふたたび伝説や昔話として定着していった。そして、その信仰に全国的な共通性があったのである（『桃太郎の誕生』『伝説』『民間伝承論』）。

また、古い時代の神話が、何らかの事情で変形され断片化され、それが昔話や伝説としてわずかに残存している場合も柳田は想定している。

神話が後々の昔話とな［り］……固有信仰のまだ活きて働いていた時代の名残が、その僅かに残された破片の中からも、見出されるのではないかと考えている。……我々の固有信仰が、儒仏その他の外来思想の影響を受けて、少しずつ移り動いていた間に、何かまだ明らかになっておらぬ動機によって、古い言い伝えのあるものは［伝説として］形を損じつつも永く残り、他のあるものは夙《つと》に［昔話として］文芸化して、興味をもって常民の間にもてはやされ……た　（『桃太郎の誕生』）

さらに、時としてある土地では伝説である内容のものが他の土地では昔話であったり、昔話が時として伝説に転化していくこともまれではないとみている（『口承文芸史考』）。

以上述べたようなことはまた、多かれ少なかれ語り物にもあてはまる。たとえばほぼ同じ内容のものが全く異なった寺社の縁起として語られる場合がしばしばみられたり、伝説や昔話にある要素が断片的に含まれていたりする（『物語と語り物』）。

†伝説——神が人々の安寧と繁栄を守護する

このような、伝説、昔話、語り物それぞれについて、その具体的内容に即しながら柳田の議論にもう少し立ち入ってみよう。

まず伝説は、柳田によれば、多くは神とその土地との由来譚が伝承の一つのベースとなっている。神がその一郷の安寧と一門の繁栄とを守護するという約束が古くからあった。当該の氏族やその地域が神の特別の恩顧をうけている。そのような趣旨の伝説が多い。

たとえば、父なくして身ごもった娘の子が、尊い神の御子であり、その半神半人の神の子

（太子）の力によって奇跡や大きな事業がおこなわれた。その一門の地が繁栄し子孫の安定した生活がきずかれた。そして人々は祭祀によって、この出来事を神聖なものとして永く記憶にとどめ、もって一族の結合を強固にしてきた。そう説かれている。

またしばしば、いわゆる水の神に関わる様々な伝承が各地で信じられている。この点もやはり古くからの水の神の信仰と関わりがあるのではないか、と柳田は考えている（『伝説』『木思石語』）。

柳田のあつかっている伝説は相当の数にのぼるが、ここで二、三の例をあげておこう。

各地の弘法大師の伝説は、右に述べた神の御子である太子（おおいこ、たいし）の伝承に、弘法大師（空海）の行跡が重ねあわされたものである。しばしばそれが、ある泉や池の由緒と関連づけられているのは、水の神の信仰と関係があったからである。そして大師は泉や池によってその地に恵みをもたらしたとされる。

この太子信仰はまた、聖徳太子およびその父である用明天皇に関する伝説やいわゆるダイダラ坊の伝説ともつながりがある。各地の聖徳太子や用明天皇の伝説は、もとは「神と人間の清き少女との婚姻によって、世にもすぐれたる聖の御子［太子］の誕生があった」とのみ説いていた。それを、聖徳太子の事であろうと解釈し、さらにはその父である用明天皇の遠いはるかな旅を語り伝えるようになったものではないかというのである（『伝説』）。さらにダイダラ坊のダイダラはもとは太子からきている、と。

また、土地のある一人の美しい娘が、大蛇の妻となって池の底にはいった、または蛇の子をはらんだという伝説がある。これなどは、その女性が、蛇の姿でイメージされた水の神の妻となり、半神半人の子を生むという信仰をベースにしている。さらに、娘が入水した池の底から機を織る音が聞こえるというような機織り池の伝説がある。それは、神の子を生む女性が、神妻として、したがってまた水の神の奉仕者として、神の衣を織っているものと考えられていた痕跡である。母と子が人柱となり災いをしずめ人々に平穏をもたらしたという伝説も、神の子とその母についての言い伝えを一つの下敷きにしたものと考えられる。

そう柳田は推測している。

†昔話——大事業をなし家を興す主人公

次に昔話は、柳田のみるところ、一般的にいって次のような内容が、大まかな枠組み、大筋をなしている。すなわち、そこではだいたい、ある人物が運を開き一家を立て、末々繁盛していく道筋が語られている。多くの昔話の主人公は、神霊に恵まれて、または幸運が予定されている者である。どのような境遇にあっても結局はその力があらわれ、なんらかの大事業をなしとげて出世する。そして、幸福な結婚をして立派な家を興し長者となり、子孫が末ながく彼を一門の鼻祖とあおぎ繁栄していく（『口承文芸史考』）。

たとえば、よく知られている桃太郎の昔話について、各地にある瓜から生まれる瓜子姫もしくは瓜子織姫の話とともに、柳田はこうみている。もとは桃または瓜のなかから生まれでるほどの小さな子どもが、のちに急速に成長して立派な大人になったという物語がこの昔話の骨子だった。それは、きわめて小さくかつ人間の体内からは生まれなかった子ども、いわゆる「小さ子」の物語が原型となっている。

そして、一寸法師や田螺《たにし》の長者、蛇聟入の話のように、この小さ子についての伝承はことに日本に特徴的なもので、その神子譚のもっとも古い型ではないか。

ある最高の意思もしくは計画の下には、貧しい大工の女房の腹からでもイエス・キリストは生まれ得たと同様に、至って賤しい爺と婆との拾い上げた瓜や桃の実の中からでも、鬼を退治するような優れた現人神《あらひとがみ》は出現し得るものと、信ずる人ばかりの住んでいた世界において、この桃太郎の昔話も誕生したのであった。（『桃太郎の誕生』）

また、一つの小さ子である桃太郎の鬼が島征伐についてもこう推論している。そのような昔話の主人公にも運命の前定ともいうべきものがあり、一人前の大人すらなしがたい難事業を、普通以下に小さかった者がなしとげる。それはまさに奇跡であり神意である。そう昔の人たちは考えていたのではないか、と。

他の小さ子型の物語には、神に祈って母親の脛から生まれた、親指の頭ほどの小さ子、スネコタンパコの昔話がある。彼は一寸法師と同様に、長者の娘を嫁にもらいにいく。また、九州や東北各地に、神から授けられた子が、笠の中にわだかまったきわめて小さな蛇であった昔話が伝わっている。これも大きくなって妻求めをして長者の家を訪問する。

このように、だいたい小さ子の物語では妻求めをするものが多くみられる。そして、その点が古いかたちの昔話では重要視されていた個所の一つではないか、と柳田は考えている。つまり、すばらしい花嫁をめとって家を興すことが、水土平定というような世の中のためになる労苦とならんで、昔話の主人公の二つの記念すべき大事業だった。そしてこれらの点は、神話とのある連続性を有している。

†昔話と神話的世界のつながり

昔話が人々に好まれ長く伝承されてきたのは、そこに、おぼろげな記憶や連想など何かこころよい興奮の原因となるものがそこに含まれているからだ。そしてそれは古い神話的世界と何らかのつながりがある、というのである。

昔話が大昔の……神話というもののひこばえであることは、大体もう疑いはないようでありります。従ってもし方法を尽くすならば、この中からでも一国の固有信仰、我々の遠祖の自然観や生活理想を、尋ね寄ることは可能でありまして、これを昔話研究の究極の目途とするのは、決して無理な望みとは申されません。

（『昔話と文学』）

また、語り物は、柳田によれば、七五調のような律語でかたられ、単調な旋律をともない伴奏楽器が使用されるなど、神話の形式を継承したものが下敷きになっている。内容的にも断片的に神話からの連続性をもつものの残影が含まれている場合が多い。

たとえば、幸若舞（『舞の本』）に、よく知られた「山路《さんろ》の笛」という物語がある。それによると、牛に乗って笛を吹く草刈童はじつは天子で、長者の娘を恋い慕うて、身を下賤にやつしてはるばると都より下向する。八幡の祭の日の流鏑馬《やぶさめ》にその神秘的な力を示され、社殿もこれがために動揺して神よりも尊い御方なることがあらわれる。

それが用明天皇の事蹟とされているのは、姫をめとってその間に生まれた太子を、日本の太子のなかの最も著名で賢明霊異な聖徳太子だと推定したからである。だが、もとの含意は、神がおもいがけぬ姿をもって人間に降臨なされたということで、説話の蛇聟入りと同系統のものに属する。

また、『平家物語』で俊寛の従者として登場する有王は、必ずしも固有名詞ではない。もとはいろいろな奇抜な物語、ことに死霊の執着というたぐいの不思議を語って歩く法師たちの通り名だった。「有」は、神霊の出現をアレマスといったように、目に見えぬ霊の委任をうけて貴い言葉を世に伝えうる者を示す。「王」は、本来は神の子、神の王子を意味した。浄瑠璃の『山荘太夫』での安寿も、アンジという語に若宮や御子神と同様に、神の子の意味が含まれていた(『物語と語り物』)。

柳田はそう推測している。

†氏神信仰の神話の骨格

このようにして柳田は膨大な民俗資料のなかから、氏神信仰における神話の原像を再現しようとした。枝葉を切り落とした、その大まかな骨格はほぼ次のように考えられている。

一、神がしばしば霊蛇の姿であらわれ、人間の清き処女をめとって最もすぐれた小児を生ませ、この世に聖なる神の子をさずける。

人間の娘が、聖なる蛇として表象された神の妻となり、一種の神人通婚によって、神を父とし人間を母とする半神半人の子を生む。この半神半人の子は、いわば父なくして身ごもった子である。この聖なる小児、「神の太子」は、神の子でありながら人間の姿をもつものであり、その意味でまた一つの「現人神《あらひとがみ》」(『桃太郎の誕生』)だった。

なお、神を蛇の姿で表象したのは、神が天からこの世に通うかたちと考えられた稲妻から連想したものとみられる。

このような神の子の不思議な誕生が、尊き童児が信心ある者の希望に応じて神より与えられるとの伝承の原型をなしている。これが様々な蛇聟入系の伝説や太子・大師伝説、さらには多くの異類通婚説話のもとになっている。

人間の少女の最も清くかつ最もさかしい者を選んで、神がその力を現したまうことは、日本神道の一番大切なる信条であった。神の御力を最も深く感じた者が、御子を生み奉ることもまた宗教上の自然である。(『海南小記』)

神が小蛇の姿になって現れた……という想像の起こり……は、今でも稲妻の名をもって呼ばるる電光の形から、これを太陽がこの世に通おうとする姿と考えるに至ったので……実際に天から人界に降ってくる火の線は、蛇のやうにうねりまた走っていたのである。

次にはその光の蛇が妻を覓《もと》めんとした目的も、日本でならばまだ跡づけ得られる。すなわち人界に一人の優れたる児を儲けんが為、天の大神を父とし、人間の最も清き女性を母とした一個の神子を、この世に留めようが為であったらしいのである。　（『桃太郎の誕生』）

二、その半神半人の小児は、はじめ極度に小さく、のちに驚くべき成長ぶりを示す。成人するとともに神妻たる母や動物の援助をうけながら、様々な困難や妨害をのりこえて、非凡な大事業をなしとげる。その事業は、水を統御して水土平定、治水拓土をおこなうというような困難な社会的業績、大きな世の中のためになる事蹟である。

この「小さ子」の物語が、日本の神子譚のいたって古い形だった。またこの驚くべき成長そのものが一つの神秘と考えられており、非凡な大事業をなしとげることとともに起源の古いものと推定される。もとは、神の子だから急に大きくなったと考えられていたのである。

この極端に小さな神子が急激に成長してなしとげる事業は、説話化したものでは人々が望んで成就しがたい全てのものに及ぼうとしている。だが、とりわけ土地をひらくとともに水を統御すること、豊かな水をもたらすことが、もとの神語りではその中心的事業であったとみられる。

日本人は稲の栽培のため水をことに重要視しており、したがってこの小さ子は、水を統御する力をそなえたもの、水を統御する神とつながるものとして考えられた。それゆえ、小さ子の物語にはしばしば稲田の水の必要が、その事業と関わる比較的古い形の一要素として登場する。これらのことは、日本において水の神の信仰が重視されたことと深いつながりをもつものだった(『伝説』)。

我々の「小さ子」は、つい近い頃までなお一部の信仰であった。それが忽然と成長して、人間の最も偉大なる者となったということも不思議ではあるが、笑うべきことではなかったのである。(同右)

常人すらなお到底企て難しとする難事業を、始めは普通以下の如く見えた者が、何の苦もなく安々と為し遂げた。これ奇瑞でありこれ天意でなくして何であろう。すなわち一種族の幸福を指導するの力があったのも偶然ではない。ゆえに伝うるにたる。また伝へざるべからずという考え方を、昔の人たちはしていたらしいのである。(同右)

三、さらに、成人し大きな事業をなしとげた、この貴き半神半人の神の御子が、妻求めをおこなって人間の娘と幸福なる婚姻をはたす。そして、立派な一氏族の基をきずいて、一門の鼻祖、家々の始祖となる。その子孫の人々は、祭祀をこの記念に集中して、氏族の結合を強固にし、その後の繁栄をきずいた。

このように古来の神子譚、神父人母の多くの古伝は、たんに神子の一身の栄達を説くにとどまらず、いつもある家の歴史と結びつけて語り伝えることを特徴としている。その家系が古く、かつ土地との関係が深いばかりでなく、神の血をひくものであることを主張し、いわば優れた名門であることの由緒を示そうとするものでもあった。

神に授けられた多くの異常童子が、たちまち成長してすぐに妻もとめに出かけること、そうして美しい花嫁を貰って来ることが、時としてはその赫々の功名よりも大切に取扱われていたのは、それが家々の始祖として、また清き血の流の源頭として、熱心に語り伝えられ、敬虔に記憶せられる必要があったからで、単なる恋愛談の興味の為に起こったものではないと思う。

（『桃太郎の誕生』）

以上が、柳田のえがく氏神信仰の神話のだいたいの骨格である。

†巫女と水のイメージ

もちろん柳田の神話に関わる直接・間接の論及は上述の内容にとどまるものではなく、その肉付けともいうべき論点は多岐にわたっている。しかし、ここでそのすべてにふれることはできないので、例示的に、比較的重要と思われる事柄にかぎって、さらにもうすこし付けくわえておこう。

なお、このような、神を父とし人間の娘を母とする、半神半人の子が現人神として生まれるとの話形は、周知のように記紀神話にも繰り返しあらわれるパターンである。

さて、各地の伝承には、瓜子織姫や機織池のように、しばしば機を織る女性が登場するものがある。柳田によればその女性は、神の妻となり半神半人の小さ子を身ごもる人間の娘の残像だった。機を織ることによって神の妻たるべきものと考えられていた。

このように機を織る娘は、神妻として神に仕える少女を意味した。したがって機を織ることが上手ということは、もとは神をまつるに適していることをも意味していた。また、それが宗教上の任務でもあった。それゆえその娘は神妻であると同時に巫女として考えられていた。

瓜子姫が大きくなって、機を織るのが上手であったこと、もしくは毎日機を織っていたこと……私はこれが瓜子姫の事業であり、またこの昔話の骨子であったろうと想像している。……神を祭るには清浄なる飲食を調理するを要件とした如く、かねて優秀なる美女を忌み籠らしめて、多くの日を費して神の衣を織らしめたことは、あるいはわが国だけの特徴であったかと思う重要なる慣習であった。

（『桃太郎の誕生』）

昔話の神女が機を織って家を富ましめるということは、日本に限らぬまでも日本において特によく発達している。これが神祭に伴なう最も古風な行事、および処々の淵沼や清き泉に、名となり伝説となって記憶せられる機織の神秘と、下に行通うていたことは想像に難くない。

（『昔話と文学』）

また、各地の桃太郎・瓜子姫系の小さ子説話では、その出現の際に水に浮かんできたことがしばしば語られている。このことは柳田のみるところ大事な点の一つだった。この話は、水に流れてきた美しい矢によって娘が身ごもるという賀茂神社や三輪神社の伝承ともつながっている。

かつて日本では、人間の少女を身ごもらせる異常な力が、ことに川上の清く高きところにあるものと信じられていた。そして時として、川の水の流れによって村里に下ってくるとも考えられていた。

海から次第に遠ざかって、山々の間に入って住んだ日本人は、天から直接に高い嶺の上へ、それからさらに麓に降りたまう神々を迎え祭る習わしになっていた。だからまた谷水の流れに沿うて、人界に近よろうとする精霊を信じたのであった。

（『桃太郎の誕生』）

†水の神の信仰

このように民間の伝承には水に関わる神秘を語るものが多くみられる。池や淵の水の中から機織りの音が聞こえる話、水のなかにすむ大蛇が人間の娘にかよう話、水の神・水の霊から童子をさずけられる話など、かなりの例を柳田もとりあげている。ことに、蛇とも龍ともつかない霊物が、水に挹り水をつかさどるという俗信が古くからある。水の神の大蛇が聟になってくる話、水の霊である蛇が人界に胤を留めようとして人間の娘にかよう話が、日本では広く流布している。

柳田は、日本には古くから水の神の信仰があり、神話において人間の娘に似通っていたとされる神は、水の神でもあったと考えている。伝承によくあらわれるカッパその他の水に棲む霊、水の妖怪も、この水の神の零落した姿とされている。

しかもその水は、たんに川や池、泉の水のみでなく、海につながるものだった。多くの海に関する伝承において神秘的な蒼海の消息を伝えるものは、ほとんど神の妻に対応する若い女性で、海はこの国民にとっては永遠に「妣《はは》の国」だった。そう柳田はいう。

日本の龍宮はまたいずれの国とも別なものであった。ひとり神秘なる蒼海の消息を伝えた者が、ほとんど常に若い女性であったというに止まらず、さらに又不思議の少童を手に抱いて、来《きた》って人の世の縁を結ばうとしたのも彼らであった。海はこの国民のために永遠に妣《はは》の国であった　（同右）

そのことは彼が、日本人をもと南方海域の島々から渡ってきたものではないかと想定していることと関連している。

なお、いくつかの伝承では水の神を女性としているが、それは神とその妻とのイメージが相互浸透し重ね合わされたことによるのではないかと考えられている。このような一種のイメージの転位ないし融合は、神とその妻の間ばかりでなく、神と小さ子、神の妻と小さ子の妻、さらには神と小さ子の妻、小さ子とその妻の間でもみられる。

小さ子を小蛇または田螺《たにし》その他の水辺の小動物（異類）と表象したり、母の援助とならんで妻の援助が語られたり、妻が異界のものであったりする例が少なからずある。このようなイメージの相互浸透や変換は、永い期間のあいだに様々の伝承が交錯し相互に結合・分離しながら伝えられるなかで生じたのではないか。そう柳田はみている（『昔話と文学』『桃太郎の誕生』）。

こうして柳田によれば、日本人の古くからの信仰においては、優れた小さ子を神より賜って大切に守り育て、この世の生活を喜ばしいものにしようという希望が強かった。神を父とし人間の処女を母として、生まれた霊童を第二の神とあがめ、その仲立ちと取なしとによって神の恵みをえようとした。そしてその小さ子が、氏族の繁栄の基礎を築いて一門の始祖となったとされ、同時に第二の神、現人神として祀られたのである。

このように柳田は、氏神信仰の神話内容を、全国の様々な民俗資料の分析によって再構成しようと試みている。

†日本の神観の原像は雷神、火雷神

柳田は氏神信仰における神話の骨子とその基本的バリエーションを、ほぼこのように捉えている。

では、そこにおける初発の神、人間の娘を身ごもらせ人界に半神半人の小さ子をもたらした神は、どのようなものとして表象されているのだろうか。

柳田によれば、この神はしばしば水の神としてイメージされ、実際水の神の信仰は全国各地にみられる。他方、家を守るとされる竈《かまど》の神の崇拝のように、火の神に対する信仰も一般的である。八幡信仰系（宇佐系）の伝承にみられるように、神は火の本源に関わるものでもあった。

しかも日本では火の根源は、火山に発したものではなく、天の火すなわち雷によるものと考えられていた。したがって火の神はまた雷神でもあった。

日本には火山は多いが、我が民族の火の始は、これに発したのではなかったらしい。天の大神の御子が別雷《わけいかづち》であって、のち再び空に還りたまうという山城の賀茂、または播磨の目《ま》一箇《ひとり》の神の神話は、この国のプロメトイスが霹靂神《はたたがみ》であったことを示している。

（『海南小記』）

雷はまた雨をもたらすものと考えられており、それゆえ雷神は人々に豊かな水をめぐむ神として水の神のイメージにも通じていた。

すなわち、日本における神観の原像ともいうべきものは、直接には雷神、火雷神と考えられていたのである。そしてさらに、その火の神の根源は、男神としての太陽神とされていた。

柳田によれば、人々がその神をしばしば蛇の姿で思い描いたのも、稲妻の形からであった。天から人界に降ってくる稲妻の火の線は、蛇のやうにうねり走っており、それを太陽がこの世にかよう姿と考えたのである。太陽神を女神とする記紀の記録にもかかわらず、このような天の大神と人間の娘とのあいだに生まれた雷の子についての古い伝承はなお多くの地域に分布している。

かつて我々の天つ神は、紫電金線の光をもって降り臨み、竜蛇の形をもってこの世に留まりたまうものと、考えられていた時代があったのである。それが皇室最古の神聖なる御伝え［記紀神話］と、合致しなかったことは申すまでもない　（『妹の力』）

いわゆる父なくして生まれたまう別雷の神の古伝は、いたって僅少の変化をもって、最も広く国内に分布している。

神話は本来各地方の信仰に根ざしたもので、その互に相容れざるところあるは寧《むし》ろ自然であるにもかかわらず、日を最高の女神とする［記紀の］神代の記録の、これほど大なる統一の力をもってするも、なお覆い尽すことを得なかった一群の古い伝承が、特に火の精の相続に関して、今なお著しい一致を示している　（『海南小記』）

この古い伝承が各地に広く存在しているのは、直接には、火を使う鍛冶・鋳物を業とする漂泊者群（ことに宇佐八幡系の神人集団）が、火の神の信仰をよく保存してきた。そして、そのような伝承の各地への伝播者となったためである。

それにとどまらず、この火の神の信仰は古い時代には日本人が一般にもっていたものであった。それが宇佐八幡系の神人集団などの火の神の信仰を受け入れる基盤となった。「宇佐の信仰」も、「本来は南日本の海の隈・島の陰に、散乱して住んで居た我々の祖先の、無数の孤立団体に共通した、いたって単純なる自然宗教から出たもの」だった（『海南小記』）。もしそのような漂泊者群によって火の神の信仰が直接保存されていなければ、日本人の祖先のもっていた火の哲学は永遠に不明に帰してしまったかもしれない。そう柳田はみている。

したがって、この人間の世界に聖なる力をもった半神半人の子をさずけた天の神は、太陽神であるとともに、火の神、火雷神である。人々に暖かいぬくもりや調理のための火力、さらに豊かな水をめぐむと同時に、他方、落雷とそれによる火災、雷鳴、雷光、豪雨による洪水などをもたらす、強大な力をもった「恐るべき神」（『妹の力』）、超絶的な「凡庸人の近づき侮るを許さぬ」神（『一目小僧その他』）でもあった。

柳田は氏神の観念の基本を、氏の始祖を含めた代々の祖霊の融合したものとみていた。だが、このようにその古層には、男神としての日の神、火雷神などの心象があり、かつてはそれらが意識された層から無意識的なレベルにまで重層的に融けあいながら存在していたのではないかと考えていたようである。

5 国家神道批判

†氏神信仰論が評価されてこなかった理由

こうして柳田は、神観念と儀礼の両面から氏神信仰の全体像を明らかにしようとしたのであるが、それは彼にとって一つの「神道」として把握されている。しかし、この神道としての氏神信仰は、当時のいわゆる国家神道とはその性質を異にするものとして位置づけられていた。

第二次世界大戦終結まで大日本帝国の事実上の国教とされていた国家神道は、在地の氏神信仰を制度的にその体系の一環として組みこんでいた。

柳田の氏神信仰研究は、人々の氏神信仰をこの国家神道の体系から切りはなそうとするものでもあった。

ところで、柳田民俗学において、氏神信仰の問題が中核的な位置を占めていることはよく知られている。したがって、これまでの柳田研究や民俗学研究においても、何らかのかたちでその問題にふれたものは数多くある。

しかし意外なことに、柳田の氏神信仰論の全体像について、まとまったかたちで検討したものはほとんどみられない。また、一般の社会人文科学系の学界においても、柳田への関心の高さにもかかわらず、その氏神信仰研究はほとんど注目されてこなかった。

その理由はいろいろ考えられるが、ひとつには、現実の氏神信仰そのものについて、丸山真男をはじめ戦後社会科学から、多くの批判があったことによっている。

たとえば丸山は、氏神信仰は国家神道と連続的につながるものであって、近代天皇制を支えるもっとも原基的な要素であるとみていた（丸山真男『日本の思想』）。

そしてそのような観点から、氏神信仰の積極的な意味を主張する柳田の研究もこれまであまり評価されてこなかったのである。

しかし柳田の氏神信仰研究のモチーフのひとつは、むしろ国家神道批判にあった。

その氏神信仰研究の直接の目的は、日本人の価値観や生の内面的な意味づけを明らかにすることにあった。だが、さらに人々の内面的な信仰である氏神信仰を、国家神道から切りはなすというところにもねらいがおかれていた。

国家神道は、地域の神社に対する人々の信仰、すなわち氏神信仰をその内部に組みこむことによって、明治国家体制を支えていた。柳田の研究は、その氏神信仰を国家神道から切断することによって、国家神道の教義を、したがって大日本帝国のひとつの重要な支柱を解体させようとするものだった（このことは、後述するように、政党政治に親和的な柳田のスタンスとも関わっていた)。

ただこの問題に関わる柳田の叙述が断片的で、そのような国家神道批判の意図がわかりにくいのは、その内容が国家システムの根本に関わることだったからである。戦前の状況では、そのような意図をストレートに明らかにすることは困難だったといえる。

またこのことが、柳田の氏神信仰研究の全体像を把握することをこれまで困難にしてきた一つの要因でもあった。

†国家神道と戦前の国家体制

では、柳田の氏神信仰論は、具体的にどのような意味で国家神道批判、ひいては戦前の国家体制批判となっているのだろうか。

まず、国家神道とはどのようなものか、それと戦前の国家体制とはどのような関係にあるのか、その点からみていこう。

戦前日本の国家体制の基本的枠組みは、明治憲法すなわち大日本帝国憲法によって定められていた。その明治憲法は、その第一条において「大日本帝国は万世一系の天皇これを統治す」と規定している。また第四条において「天皇は国の元首にして統治権を総攬し、この憲法の条規によりこれを行う」と定めており、天皇にいわゆる国家統治の大権を帰属させている。

それゆえ天皇は、国家権力の実質的な最高責任者である内閣総理大臣を任命し、陸海軍を統《とう》帥《すい》する権限をもっていた。すなわち、国家的な政治権力の源泉とされていた。これが徳川期以前の天皇のあり方や、現代の象徴天皇制と区別された意味での近代天皇制である。

では、なにゆえ天皇は国家統治の大権を有しているのであろうか。憲法の条文にはこの点についてのそれ以上の言及はない。第三条に「天皇は神聖にして侵すべからず」とされているが、神聖不可侵であることと国家統治の大権とがどのような関係にあるのかは、明示的には述べられていない。

しかしながら、明治憲法に付された『帝国憲法上諭《じょうゆ》』において、「国家統治の大権は朕《ちん》がこれを祖宗《そそう》に承《う》けてこれを子孫に伝うるところなり」と記されている。つまり天皇の国家統治の大権は、皇祖皇宗より、皇室の始祖および歴代の天皇よりうけついだものとされているのである。

これは日本の国家統治の正統な権限の由来についての、ある独特の考え方にもとづいている。この、天皇が統治の大権を「祖宗に承けて」いるゆえん、そしてそれが神聖不可侵なるゆえんを示すものが、第二次世界大戦終結まで大日本帝国の事実上の国教とされていた「国家神道」だった。

国家神道は、おもに本居宣長や平田篤胤らの国学《こくがく》系の復古神道をベースに、明治政府によって制度化された。それは『古事記』『日本書紀』を主要な「神典」とする教義をもち、伊勢神宮を頂点に全国の神社をピラミッド型の序列のもとに編成した、国家的な祭祀体系である（これにより全国の神社は基本的に国家管理となった）。

このような国家神道は太古からの日本固有の祭儀にもとづいているものとされ、内務省神社局の管轄下に置かれた。また、記紀神話をもとに皇室の祖先神であるアマテラスを最高神として、それをめぐる神々および神格化された歴史上の著名な人物を崇敬の対象としていた（内務省神社局は一九〇〇年創設）。

そして一般の人々が信仰対象としている各村落や市街地の氏神社も、官国幣社―府県社―郷社―村社―無格社、というかたちでの官制の神社編成のなかに組みこまれていた。

したがって、各地の神社の神職は内務省管轄の准国家官吏（官選神官）と位置づけられ（給与は地方行政団体が負担）、神社の建物や土地などは公有とされた。なお、郷社はだいたい郡レベル、村社は行政村レベル、無格社は自然村＝村落レベルの神社をさす。

†天壌無窮の神勅

このような国家神道の教義と制度の体系は、おもに天皇の国家統治大権を支える国体観念を国民全体に教宣し浸透させようとするものだった。それは、一般の人々が実際に信仰し共同で様々な儀礼をおこなっている、全国各地の氏神の社とその信仰を、一環に組みこんでいた。そのことによって、明治憲法下の国家体制を人々の内面から基礎づけようとしたのである。たとえば、国家神道の代表的な一般むけの教義書のひとつである、神祇院編『神社本義』(一九四四)では、冒頭に次のように述べられている。

大日本帝国は、畏《かしこ》くも皇祖天照大神《あまてらすおおみかみ》の肇《はじ》めたもうた国であつて、その神裔《しんえい》にあらせられる万世一系の天皇が、皇祖の神勅のまにまに、悠遠の古より無窮《むきゆう》にしろしめしたまう。これ万邦無比の我が国体である。……この万世易《かわ》ることなき尊厳無比なる国体に基づき、太古に肇まり無窮に通じ、中外に施して悖《もと》ることなき道こそは、惟神《かんながら》の大道である。しかして惟神の大道が、最も荘厳にして尊貴なる姿として現はれたものに神社がある。伊勢の神宮を始め奉り、各地に鎮まります神社は、尊厳なる我が国体を顕現し、永久に皇国を鎮護せられているのである。……惟神の大道とは……現御神《あきつみかみ》にまします天皇が神の御心のまにこの国を統治したまう道のことである。この道は、畏くも天照大神が皇孫瓊瓊杵尊《ににぎのみこと》の降臨にあたって賜わった神勅に、その根本を仰ぎ奉る

つまり、記紀(『古事記』『日本書紀』)をもとに、神々の世界を治める最高神アマテラスの直

系の子孫として、天皇が日本を統治する正統の権限をもっているものとされる。そのことは、直接には天孫降臨の際の「天壌《てんじょう》無窮の神勅」にその根拠を有するというのである。そして各地の神社はこのような国体（代々の天皇が統治権をもつ国柄）を顕現するものと位置づけられている。

天壌無窮の神勅とは、記紀神話において、アマテラスが天孫降臨に際してニニギに与えた神勅（神の命令）をさす。そこでは、「豊葦原《とよあしはら》の千五百秋《ちいほあき》の瑞穂《みずほ》の国［日本］は、これ吾《あ》が子孫《うみのこ》の王《きみ》たるべき地《くに》なり」と記されている。つまり、日本はアマテラスの直系の子孫たる天皇が統治の権限をもつべき国だ、と定められているのである。

すなわち、一般の人々が信仰している氏神は、記紀や古文献に現れる神々、または歴史上の著名な人物を神格化したものである。そのような各地の氏神を含め、すべて神社に祀られている神々は、皇室の祖先神であるアマテラスを最高神として、そのもとに統合せられ、治められている。

したがって、それぞれの土地の氏神を信仰している人々が、その氏神が最高神と仰ぐアマテラスから統治権を付与された天皇によって治められること。いいかえれば、天皇がそれらの人々を統治する正統の権限をもつこと。これは当然だとされるのである。

天照大神の御子孫たる万世一系の天皇に奉仕する国民は、肇国《ちょうこく》以来、皇祖皇宗に奉仕した天神地祇八百万神の血脈を承け精神を継いでいる。……億兆国民は祖先以来、世々、忠孝を本とし、忠実を旨として、皇謨《こうぼ》の翼賛に勤しみつつある。……神宮を中心とした他の総ての天神地祇を祀る神社の間に於ける関係にあっても、やはり同様の趣が表現している。

（全国神職会編『神社読本』〔河野省三執筆〕一九四〇）

天照大神は御系統の上よりいえば、天祖として皇室の御祖神にましまし……各氏々の氏神の大元にあって、これ等を統率する重心たる地位に立たせられた……。天神地祇八百万神々の中にあって、大神が最高至貴の神位にましますことは、……昔から我々日本人の頭に宿っていた普遍的伝統的信念の表示に外ならぬといわなければならぬ。

（宮地直一『神社綱要』東洋図書、一九三八）

ちなみに、明治憲法を起草した伊藤博文も次のように述べている。

天皇の宝祚《ほうそ》はこれを祖宗に承け、これを子孫に伝う。国家統治権の存するところなり。……統治は大位に居り、大権を統べて国土および臣民を治むるなり。古典に天祖の勅〔天壌無窮の神勅〕を挙げて、『瑞穂国是吾子孫可王之地宜爾皇孫就《ユキテ》而治《シラセ》焉』と云えり。

（伊藤博文『憲法義解』岩波文庫、一九四〇。元版発行は一八八九）

明治後期以降、一般向けの多くの神道書には、まずこの「天壌無窮の神勅」が掲載されている。

†国家神道と氏神信仰を連続的に捉えた丸山真男

ところで、戦後社会科学を代表する知識人の一人丸山真男は、近代天皇制に対して徹底した批判的立場から様々な論考を発表した。だが、このような国家神道と、それぞれの地域の氏神に対する一般の人々の実際の信仰、いわゆる氏神信仰との関係については、連続的に捉えている。

たとえば、国家神道がベースにしている本居宣長の国学は、「日本の儒仏以前の『固有信仰』の思考と感覚を学問的に復元しようとした」ものである。そして「部落共同体」が、その『固有信仰』の伝統の発源地」だ、と（丸山『日本の思想』）。

また、次のようにも述べている。

大昔からの原始的な信仰形態——氏神信仰や精霊信仰《アニミズム》——が民衆生活のなかで引き続き維

持されてきた……。古代の天皇氏が他の氏族を征服従属させて行く経路は、宗教的には、地方の氏神と、のちに伊勢にまつられた天皇氏の氏神との間に血縁的な従属関係を設定する形で、信仰の統一をはかって行った。

そこで固有信仰と儀礼の様式がつづいていく限り、「お伊勢様」は氏神中の最高の氏神としての地位と権威を保持できる条件があったわけです。

（『丸山真男座談』第三冊、岩波書店、一九九八）

宣長をはじめ国学系の復古神道では、おもに『古事記』神代巻にあらわれている考え方が、日本固有の自然のままの信仰だとする。また、各地の神社に祀《まつ》られている神々も、だいたい記紀に記述されているアマテラスを中心とする神々の世界、およびその延長線上に属するものとして考えている。記紀神話の神々と各地の氏神（うぶすな神）が、またそれらに対する信仰が、重なりあい連続するものとして捉えられているのである。国家神道は、この考え方を平田派の教義の方向でさらに展開させたものだった。

丸山もまた、価値判断としては逆転させながら、事実認識としては、この復古神道の見方や国家神道の主張をある意味で継承している。記紀神話と氏神信仰、国家神道と氏神信仰を連続的に捉え、そのうえで近代天皇制を支えるものとして両者を批判しているのである。

それに対して柳田は、国家神道およびそのベースになっている宣長や平田派の復古神道を、人々が古くからもち伝えてきた氏神信仰とは異なるものと捉えている。同じく日本的な神々への信仰もしくは崇敬というかたちをとっているが、もともと両者は異質なものと捉えられているのである。

柳田のみるところ、国家神道は、一般に考えられている以上に「国民生活と交渉の浅いもの」である。国家神道の教義の基本を構成している平田派の神道は、古文献におもな材料をとって「現実の民間信仰を軽んじ」ている。したがって「村々における神に対する現実の思想」すなわち村の氏神信仰、人々の村の神社に対する信仰を表現しているとはとうてい言えないものである。

宣長や篤胤も、一般の人々の神々に対する信仰の本来の姿を明らかにしていない。つまり、国学系の神道、いわゆる復古神道は、「国民の精神生活に対する観察から出発した」ものではない。また、その派の人々や関係者が主張するように、それが国民の信仰の本来のかたちを再現したもの、「多数人民の信条を系統立てた」ものとは見なしがたい。日本固有の信仰などとはとうてい主張しえないものである。したがってそれを基礎とする国家神道も、多くの「平民の思想」を代表しているものではなく、「人為的」な、したがってある時期がくれば「雲消霧散」しないとも限らないものだった。

この派〔平田派〕の学者たちが……現実の民間信仰を軽んじた点、村々における神に対する現実の思想を十分に代表しなかったという点においては、他の多くの神道と古今その弊を一にしているのであります。……要するに神道の学者というものは……決して日本の神社の信仰を代表しようとしたものではありませぬ。……

明治になって神祇官が代表していた平田派の神道、あるいは国学院派とも称すべき神道〔国家神道〕……これとてもある時代が来たならば雲消霧散せぬものとは断定は出来ず、また今日この派の立脚地が神官官選の制度にあるもので、いわば人為的のものだということは争われないのであります。……国民の精神生活に対する観察から出発した了解ではなかったのであります。（「神道私見」）

日本の神道の本来の面目は、本居、平田ほどの大きな学者でも、いまだ十分に説明し尽しておらなかった。この人々の学説に基いて成立しているところの明治の神祇道〔国家神道〕も、したがってまた大多数の平民の思想を適切に代表しているものではない。（「塚と森の話」）

では、具体的に柳田は国家神道と氏神信仰とを、どのような点において異なるものとして捉えていたのであろうか。

†氏神は特定の名をもたず、名を呼ぶべきでもない

まず神観念について。

国家神道では、氏神を含め各地の神社に祀られている神々は、基本的には記紀神代巻やその他の古文献に現われる神々、著名な人物の神格化されたものとされている。

明治政府および国家神道側では、政策的に各地の氏神の祭神名を明らかにさせる方策を推し進めた。現実に、柳田自身もいうように、「現在は村々の神社は〔記紀〕神代巻以来、何かの記録に出ている神様を祀るということになっている」という状況だった（『日本の祭』）。

実際各地域の神社、氏神社の大半は、現象的には八幡《はちまん》や祇園《ぎおん》、天神、鹿島などの全国に名の知られた大神を祀る形態をとっている。それらは、本来『古事記』や『日本書紀』などの古文献に現われている神々を主神とするもの、および歴史上の人物を神として祀ったものと考えられていた（たとえば、八幡は応神《おうじん》天皇、祇園はスサノオ、鹿島はタケミカヅチ、天神は菅原道真）。また、その他の名称をもつ氏神社も、その祭神はほとんど、公式的には古文献にみられる神々の名がつけられていたのである。

これに対して柳田のみるところ、氏神は代々の祖先の霊の融合したものであり、人はだれでも死してのち一定の期間をへて氏神に融合するものと考えられていた。

また、本来各地の氏神は祖霊の融合体として特定の名をもたないものであり、氏族名や土地の名を冠していた場合でも名を呼ぶことを忌み禁じられていた。しかも元々なんらかの名を冠していたものも、多くの場合、名の知られた大神の勧請や、氏族の分裂と複数の氏神の合同などによって、もとの名称は忘れられていった。

したがって、もともと氏神は「記紀神代巻に現れたる神々とは限らなかった」のであり、その他の古文献にみられる神々や歴史上の人格を神として祀ったものでもなかった（『氏神と氏子』）。それゆえ柳田は、先に述べたような、記紀をはじめとする古文献などにもとづいて祭神を明確にさせる政策を、きわめて不自然な、根拠のないことだとして批判している。


祭神を是非とも明らかにしなければならぬということは、誠にわけもない不自然な制度であった。おかげで大昔以来諱《い》んで神の御名を口にせず、ただ自分たちの神様として拝んでいた氏子たちが、つまらぬこしらえごとをする必要が多くなってきた。……神代巻を知らない常の人々は……［神代巻に由来する神々のような］さういう六つかしい御名は知らなかったろう。（『山宮考』）

はっきりと祭神の名を言えなどと無理なことを言ったら、神社の称号は今日のごとく固定するにきまっています。……無学な百姓の明らかに祭神を知っているのは、せいぜい今ある二十種内外のものだったからであります。（『神道と民俗学』）

†氏神信仰は宗教である

また、柳田によれば、各地の八幡や天神などは、のちに様々な事情で氏神として勧請され合祀されたものである。しかも、たとえば八幡を応神天皇、天神を菅原道真とするような観念それ自体もあとから加わったものと考えられる。すなわち、八幡は九州を発祥の地とし、おもに金属の製造加工と結びついて全国に広がり、各地の氏神と合祀されるようになっていった。もとは神を父とし人間の女性を母とする半神半人の神子すなわち王子を祭神とするもので、その王子神（王神《おうしん》）がのちに応神に対応させられたのではないか。

また天神も、各地に雷神としての天神信仰がひろがっていたところに、雷神を菅原道真の怨霊と結びつけた北野天神があらわれた。その強力な神人組織とその託宣活動によってそれらを統一し、その結果、各地の天神が菅原道真を祭神とするようになった。

そして、わが国ではそもそも特定の人格を神として祀ることは本来的ではなかった。そう柳田は考えている。

このように氏神は、元来は特定の名をもたず、氏族名や土地の名がつけられていた場合でも、それを祀る人々は「諱《い》みて御名は口にせぬ」ものである。それを記紀などの古文献にみられる神々ないし歴史上の特定の人格を祀ったものとする国家神道の考え方は、「古い国民の信仰」を表現したものではない。したがって、「日本に固有のもの」などとはとうてい言いえないものだと柳田はみている。

さらに、国家神道においては、神社に対する人々の態度は宗教というべきものではなく、名の知られた神々や祖先、偉人に対する尊敬の念の表示だとされていた。明治憲法における信教の自由と、神社神道国営との矛盾を回避するためである。

だが、それに対して柳田は、人々の氏神に対する内面的態度、したがってその神観念や儀礼は、当然宗教と呼ぶべきものであるとみていた。なんらかの超越した力をもつ神への祈願と感謝を基礎とした、はっきりとした信仰だ、と。これは神社神道国営への明確な批判だった。

> 我々の祭は訴願の為、またその祈願の容れられたことに、心の底からの感謝を捧げんが為に営まれる。そうして神が如何なる聖人賢人にも備え得ざる徳と力とを持ちたまうことを信ぜずして、祭をしている者はないのだから、普通の定義によればこれは信仰であり、また系統があるから一つの宗教であるとも言える。（『日本の祭』）

†神社合祀政策の失敗

このことがらについての国家神道の問題性は、ことに明治末期の神社合祀政策において表面化する。

明治政府は、日露戦後いわゆる地方改良運動の一環として神社合祀を推進した。内務省神社局を中心に、一行政村一社の方向でもって、各村落の神社を統廃合し、行政村を範域とする「村社」に統合し合祀させようとしたのである。町村財産を整備するとともに、行政村における住民の内面的結合を強化し、それに対する人々の帰属意識を高めようとの意図からだった。

柳田によれば、この過程で神社局は「人民の信心ということを少しも考えず」、村々の氏神の強制的な合祀を、住民の内面的な信仰を無視して強行した。神社が施設として、より立派なものとなれば人々の尊敬もさらに集まりうるかのように判断していたからである(『氏神と氏子』)。

これに対して柳田は、それが「親代々養われた」、神社に対する「心からの崇敬」を失わせ、人々の内面的な信仰の荒廃をもたらすことになるとして反対している(「塚と森の話」)。そして住民側の反対運動のシンボル的存在だった南方熊楠の動きを支援した。

ただ、この強制的な神社合祀は、住民の激しい反対をうけたのみならず、政府側の現実的な判断としても、結局中止せざるをえなかった。神社合祀の強権的な実施は、神社への人々のコミットメントを弱めることになりかねず、結果的に国家神道の基盤を掘り崩す危険があったからである。

また、国家神道では、一般に氏神は村の神社に常在しているものとみなされ、神殿そのものを重視するとともに、その他様々の神社としての施設要件を定めていた。

だが、柳田のみるところ、氏神は、本来神社ではなく近くの山の頂にとどまり、時をさだめて祭のときどきに里におりてくるものと観念されていた。それゆえ、常設の建物としての神社の意味はそれほど本源的なものではない。もともとは祭の時々に、清浄な土地に臨時の仮屋をたて、そのようにして神域とされたところで必要な祭式行事を営んでいた。

したがって柳田は、国家神道のように「ただ建造物を目安にして祭の式を定めたのは、古い思想にも反するのみか、土地［の人々］の要望にも合はぬ」と批判している（『氏神と氏子』）。

†国家神道の儀礼への疑問

次に儀礼について。

まず、国家神道やその基礎をなしている復古神道では、氏神をつねに神社に座しているものとみなしている。それゆえ、祭の日にかぎらず、通常の日でも神社での神拝が可能だとされ、一般にもそのように考えている人が多かった。そしてそこから、平田派の教義をもとに、いわゆる毎朝神拝の作法がいわれていた。

この点について柳田は、「神が毎年の定まった日に高い処から御降り成されて、待ち喜ぶ民衆の祭を享けたまうといふ、古い世の考へ方」からすると、「合点のいかぬ」とする。したがってまた、平田派の「毎朝神拝の教」も、「わが国固有の信仰様式であることは多分立証し得られまい」という（『日本の祭』「神道私見」）。

また、神への供え物について、国家神道では、神に生米、生魚、生野菜など、ほとんど未調理の、手を加えていないものを供えるのが作法だとしている。

しかし、柳田のみるところ、古くから村の神祭では、氏神と人々との共食儀礼がその重要な構成要素をなしている。神自身も人々とともに供物を食するがゆえに、「大昔からつい近頃まで、神には常に調味した食物をさし上げるのが固有の日本風」であったとする（「神道私見」）。

これに関連して、神供として特殊な意味をもつ稲について国家神道は、記紀神話にもとづいて、天孫降臨に際してアマテラスより授けられ日本にもたらされたものとしていた。

これについても柳田は、稲は、太古、南方から人々が日本列島に移住してきた際に携えてきたものと捉えている（『海上の道』）。

さらに、国家神道では、官選の神官・神職が神祭をとりおこなうよう定められ、「［官によって」任命せられた神官のみが大いに働いている」。

だが、柳田は、本来祭主役は氏子のなかから特定の家系によって、もしくは輪番でつとめられていたとみていた。ことに、一年神主とも呼ばれる年々の頭屋《とうや》が輪番で祭主をつとめる頭屋制が、村の人々の「共同の力」に支えられた氏神信仰にとっては重要な意味をもってきたとする。「祭の奉仕者」たる神主を「現実に「その」神を信じている者の中から選」び、氏子自身自ら神祭を主催することが重要だ、と(『氏神と氏子』)。

また柳田は、神の依座としての巫女に神が憑依し、その口を通して神の言葉を託宣として述べるのが、かつて神事のもっとも中心的な部分であったとしている。

だが、国家神道の儀礼では巫女の役割は周辺的なものとなり、託宣や神語りに代わるものとして、祝詞《のりと》が読みあげられる。この祝詞は、おおむね記紀をはじめとする古文献をベースにしたものであり、氏神信仰における本来の神話の内容とは異なるものであると柳田はみている。

†記紀は皇室の神話にすぎず、日本民族全体の神話ではない

そして、国家神道のおもな神典とされる記紀の神代の記述は、先にふれたように、それをもちつたえてきた「家々の神話」にすぎないと柳田は考えていた。具体的には皇室およびその周辺の諸家の神話であって、「日本民族全体の神話とみることはできない」ものだ、と。

誰でも知っているように、わが国最古の記録が出来たのは、いわゆる神話時代を過ぎて、千年も後のことである。よしや大昔の神話であることが確かとしても、久しい間の伝承があり、また編纂者の取捨があった。（『口承文芸史考』）

我邦では、狭い既定の目的をもった人が［古文献の］初期の記述者であり、その方針は後永く受け継がれていた。事実の観察はほとんど試みられなかった。（『氏神と氏子』）

日本最古の文献記録とされる『古事記』の神代の記述には、人為的な「編纂者の取捨」がなされている。記紀をはじめ古文献の「初期の記述者」が、「狭い既定の目的をもった人」であり、必ずしも事実の記述がなされているわけではない。そう指摘しているのである。ここでいう「狭い既定の目的」とは、たとえば「一門の功績と栄誉を主張」（『国史と民俗学』）することなどが念頭におかれている。

つまり、記紀神話は、様々な古くからの伝承のなかから、特定の家系とその周辺の家々の功績と栄誉を主張するという、一定の利害関心から取捨・編纂されたものとされる。

このような柳田の見方は、津田左右吉の記紀神話についての見解と相通ずるところがある。実際柳田と津田との間には交流があり、柳田は津田の業績を高く評価していた（西垣晴次「津

田左右吉と柳田国男」『津田左右吉全集』第一〇巻月報〔第二次〕）。

柳田はこのような国家神道を、「人為的」な、したがってある時代がくれば「雲消霧散」しかねないものだとする。人々が古くから実際に信仰している氏神信仰とは異なったものと捉えているのである。このような国家神道認識は、氏神信仰を包摂することによって、自らの教義を人々の内面的信仰のレベルから基礎づけようとする国家神道の主張を、根底から批判するものだった。

もちろん、現実には、村々の氏神に対する人々の神観念や信仰儀礼も、政策的な教化、教宣などによって、国家神道の教義や制度的枠組の影響を受けていた。したがって、それに対応する様々な要素をとりいれていた。

柳田は、人々の氏神《うぶすな》に対する信仰の本源的な姿を明らかにすることによって、それを国家神道から切り離そうとしたのである。

†天皇を政治権力の源泉とする考え方への批判

柳田の国家神道批判は、たんなる実証的批判にとどまらなかった。

直接には、国家神道の政策によって、「国々村々の神社の性質が……益々不明になり行かんとすることは、いかにも忍び難いこと」との考えによるものだった。人々の「信仰が薄くなるというのは、容易ならぬこと」だというように、氏神信仰を内面的な信仰として守ろうとする観点からだった。だが、その射程はそのことにとどまらなかった。

国家神道は明治憲法の天皇大権を基礎づけているものだった。したがって、それへの批判はまた、国民的意志とは異なるチャンネル（天皇大権）から基礎づけられている現実の政治権力（内閣・軍部）の正統性を否定する方向をもつものだった。

天皇を国家の政治権力の源泉とする考え方への批判を内包していたのである。

そして実際に柳田は、前述したように、大正末から昭和初期の政治論のなかで、政党政治の方向、国民的意志に政治権力が基礎づけられる方向を主張した。

すなわち、普通選挙の実現と、それによって選出された衆議院を基礎として内閣が形成さるべきこと。そしてその国民的意志を基礎にした内閣によって、軍事を含めた国家の政治権力が国民的コントロールのもとに統一的に運用される政治機構の確立。したがってまた実質的に、天皇を国家の政治権力の源泉とはしないシステムをつくりあげること。いわば事実上の議院内閣制、議会制的君主制への移行。そのような方向を追求しようとしたのである。

このことはまた、政治権力担当者の決定過程や政治的軍事的意志の形成過程に、したがって現実の政治的権力行使に、天皇が実質的には関わらないことを意味する。天皇の首相任命権や軍の統帥権は形式的なものとなる。このような方向は、天皇が政治権力にコミットすることから距離をおき、現実の政治権力に正統性を与える存在であることから離れていく志向をもつものだった。天皇の国家統治大権は、明治以来、藩閥官僚勢力や軍部にとってその権力的地位を正統化する唯一の根拠だったのである。

柳田は、原や浜口などの政党政治家と同様、これらが明治憲法下でも、その運用によって実現可能だと考えていた。

†皇室自体の象徴性は認める

ただ、柳田にとって皇室の存在それ自体は、必ずしも否定さるべきものではなかった。その歴史的伝統によって、国家の直接的な権力システムから距離を置いた、ネーションの精神的シンボル、国民的結合の象徴的存在たりうるものと考えられていた。

そのことはまた一定の祭祀上の基礎をもつと柳田はみている。

我が皇室が全国の全家族の、真の大総本家であることは、何人もこれを信ぜんと欲している。……春秋毎の御祭に、民と同じく年を祈り稔りを謝し、豊年には慶びを分ち、凶年には患いを共にされたことが、国初以来の御政事であったことを、いつとなく万人が理解しておって、力《つと》めずして自《おのづか》ら国の感情の統一を見たのである。

(「東京朝日新聞社説」)

宮中のお祭と村々の小さなお宮のお祭とは似ている。これではじめて本当に日本は家族の延長が国家になっているという心持ちが一番はっきりします。民間の年越の祭とか収穫の感謝の祭とか、自然のお祭というものを、宮中と同じやうにやつている。（『民俗学の話』）

ここでは「皇室が全国の全家族の、真の大総本家」であり、「家族の延長が国家になっている」としている。だが、それが、国家神道を基軸とする当時のいわゆる家族国家観とは異なるものであることは、これまでみてきた通りである。すぐれて象徴的な、国家統治には関わらない非権力的な関係のうえでのものとして考えられているのである。

では、そのような祭祀的な観点からして、なぜ皇室が国民的な統合のシンボルたりうるのであろうか。

柳田によれば、「国が一つでありまた信仰が共通のもの」であっても、つまり信仰において「民族としての、著しい共通点」があり「一国の自然の一致」があっても、たとえ祭祀上からみても、それだけで人々の一国としての協同と統一がなされたわけではない。

もしも一つ一つの氏族において、自分たちより他に祭る人のない神々だけを祭ることに、全力を傾けていたとすれば、それは割拠であって統一が得られない。故に何等かの一貫した解説、又は利害の共通点を求めなければすまなかった……。

我々の皇祖が始めてこの葦原の中つ国に御入りなされたときには、既に国土にはある文化に到達した住民がいた。邑に君あり村に長ありというのは有名な言葉で、彼等は各々その伝統の祭を続けていたと思われる。それが幸いなことには、互いに相打格《かんかく》するような信仰ではなかったのである。

天朝はそれを公認しまた崇敬なされて、いわゆる天神と地祇《ちぎ》との間に何の差等をも立てられなかったこと、これが国の敬神の本義であり、国民もまた範をそこに求めて、互いに他氏々の神祭を尊重したことは、国初以来の一大方針であったろう。（『氏神と氏子』）

このことが、ある意味で「国民の結合協力を進める途」となったというのである。

このように、過去の国家形成における皇室の位置、その伝統が、柳田において、皇室が祭祀的な意味で国民統合のシンボルたりうるとされる根拠と考えられているように思われる。

しかしながら、そのような皇室を核とする祭祀的な統一は、「遠い上世の統一政策」、一つの政策的な「方針」にもとづくものだった（『先祖の話』『日本の祭』）。いわば歴史的な経過によるもの、政策によって作られた歴史的な伝統によるものといえた。

このように、天皇が大多数の国民にとってその協同と統一のシンボルともいうべき存在であることは、しばしばふれられている。だが、国家神道においては必ず引かれる「天壌無窮の神勅」——アマテラスの直系の子孫たる天皇が日本を統治する正統の権限をもつと定めたもの——には、柳田はまったく言及していない。

このように柳田の氏神信仰論は一つの国家神道批判、近代天皇制批判でもあり、その政治論における事実上の天皇象徴化の方向とつながりをもつものだった。

したがって、次のような考え方も、柳田のスタンスとは相容れないものだった。

大日本帝国は、万世一系の天皇、皇祖の神勅を奉じて永遠にこれを統治したまう。これ、我が万古不易の国体である。……

我等は、生まれながらにして天皇に奉仕し、皇国の道を行ずるものであって、我等臣民のかかる本質を有することは、全く自然に出づるのである。……

我が国は、天照大神の御子孫であらせられる天皇を中心として成り立っており、我等の祖先及び我等は、その生命と活動の源を常に天皇に仰ぎ奉るのである。それ故に天皇に奉仕し、天皇の大御心を奉体することは、我等の歴史的生命を今に生かす所以《ゆえん》であり、ここに国民のすべての道徳の根源がある。

（文部省編『国体の本義』一九三七）

なお、柳田は第二次世界大戦後も同様な国家神道批判を続けている。それは、おもに占領下GHQの「神道指令」（国家神道解体政策）から氏神信仰を守り、その存続をはかろうとの意図からだった。

†学問的遺産としての天皇制批判

柳田の氏神信仰論とその国家神道批判はこのような射程をもつものといえる。

ちなみに、近代日本における天皇制の問題については、政治制度の観点や一般的な日本人の精神論などから多様な議論がなされている。だが、それに加えて、当時の人々の信仰との関係を視野にいれ、それと国家神道との関連を具体的に分析する必要がある。それにはやはり民俗学的研究が不可欠のように思われる。その意味でも柳田の仕事は、その個々の論点への賛否にかかわらず、受け継がれるべき学問的遺産として今後もなお検討されるべきものではないだろうか。

なお、さきに戦前の国家体制では天皇に国家統治の大権が帰せられていたと述べたが、いうまでもなくそのことは天皇が実際に専制的な権力を有していたことを必ずしも意味しない。

明治憲法体制は、国家権力における政治的な権能について、実質的には二元的な構成をとっていた。すなわち、一方では、内閣を任命し陸海軍を統帥する権限は、天皇に帰属せしめられていた。だが、他方、法律の制定、新規予算の決定などについては、議会の議決を必要とした。そして衆議院は、制限選挙にもとづくとはいえ、国民から選出されることになっていた。したがって衆議院は、事実上その権限の正統性の根拠を国民に置いていたのである（選挙権の制限によって一定の階層に限定されてはいるが）。それゆえ、憲法施行当初から、天皇をその権力の根拠とし内閣・官僚・元老・軍上層部を占める藩閥集団と、衆議院に基礎をおく政党とが、いわば正統な権限にもとづいて抗争した。大正中期から昭和初期にかけての政党政治はその正統な抗争の一つの結果だった。

しかも、天皇それ自体も、いっさいの国務に関する詔勅を発する場合には、国務大臣の副書すなわちその同意を必要とすると憲法上さだめられていた（伊藤博文『憲法義解』）。

†君主制のイギリスモデルとドイツモデル

最後に、天皇制と柳田の関係について現在様々な評価があり、その点にふれておきたい。柳田が皇室に対して国の象徴としての位置づけを与えようとしていたこと、またそれに対して個人的なシンパシーをもっていたことはまちがいのないところである。

しかし、天皇を国家統治の大権をもつものとし、そこに実際の政治権力の根拠をおこうとする方向には、はっきりと反対の立場をとっていた。また、そのような主張は歴史的な根拠のない、むしろ日本の将来を危うくするものと考えていた。柳田が、藩閥官僚勢力の政治支配や軍の政治介入に批判的であり、政党政治の進展をめざそうとしたのはそのことと関連していた。

近代天皇制の問題を考える場合、天皇を国家統治の大権をもつものとして現実の政治権力をそこに根拠づけようとする考え方（伊藤博文、山県有朋ら）と、それをむしろ非政治的な象徴的なものにしていこうとする考え方（原敬、浜口雄幸、柳田国男、吉野作造ら）とは、区別して位置づける必要があるのではないだろうか。

前者の考え方はドイツの政治システムをモデルとしたものであり、後者はイギリスをモデルとしている。マックス・ウェーバーは君主制論の観点から、前者を「立憲制的君主制」、後者を「議会制的君主制」と呼んでいる。

ウェーバーは、近代ヨーロッパにおける君主制の類型を、大きく立憲制的君主制と議会制的君主制にわけ、それぞれを次のように規定している。

立憲制的君主制は、プロイセン憲法下の君主制やドイツ第二帝政などを典型とする。議会政党による権力の掌握が十分でなく、君主が「大臣任命をはじめとする官職任命権および軍統帥権の占有」など「固有の権力」をなお保持している統治形態である。そこでは、いわゆる絶対主義的君主制とは異なり、たとえば法律の制定や予算の決定においては、君主と議会の一致が必要とされる。しかし上記の官職任命権や軍統帥権のほか、君主の任命による内閣と公選議会とのあいだの妥協が成立するような限界状況においては、君主はその「決定権を有する」のである。

議会制的君主制は、イギリスに典型的にみられるような、議院内閣制を実質的内容とする君主制である。そこでは、君主は「形式的なヘル（支配者）」として存在している。だが、実質的には、多数党の「政党の指導者」と「彼によって指名される行政幹部――大臣、次官および時としては局長」とが、実際の「政治的な国家指導者」である。

彼らの国家指導者としての地位は、君主の意志にかかわらず、もっぱら彼らの政党の選挙戦での勝利に依存しており、選挙に敗北すれば退陣を余儀なくされる。つまり、議会への政党選挙を通じて、多数党からなる内閣（もしくは連立内閣）が君主に対して「押しつけられ」るのである（『支配の諸類型』）。

この場合、君主の主要な役割は、諸政党との協議を通じて指導的な政党首領を国家指導者に任命することによって形式的に彼を正統化すること。また彼の処置を合法化する機関として機能すること。これらに限定される。

†明治憲法下の立憲制的君主制

したがって、もしも、

国王が内外の政治に関して誤った口出しをしたり、そうでなくても君主の権能をはきちがえて、みずからの個人的力量のおよばない……政治的所行をおこなった場合には、彼は王冠を失いかねない

（ウェーバー『支配の諸類型』）

ことになる。

そしてウェーバーは、第一次世界大戦の敗北によって第二帝政が崩壊するまでは、ドイツにおける立憲制的君主制から議会制的君主制への移行を構想した（雀部《ささべ》幸隆『ウェーバーと政治の世界』恒星社厚生閣、一九九九）。

この概念規定からすれば、明治国家における近代天皇制は、立憲制的君主制の範疇にはいる。明治憲法では、第一条および第四条において、天皇にいわゆる国家統治の大権を帰属せしめている。そして天皇は、国家権力の実質的な最高責任者である内閣総理大臣をはじめとする官職任命権を保持し（第一〇条）、陸海軍を統帥する権限をもつと定められている（第一一条）。しかし、他方で、法律の制定、新規予算の決定などについては、議会の議決を必要とし（第三七条、第六四条）、貴族院とならんで帝国議会を構成する衆議院は、公選による、つまり国民から選出されなければならないことになっていた（第三五条）。

このように、明治憲法下の君主制は、単純に絶対王政的な君主制ではなく、ウェーバー的な意味での立憲制的君主制といえる。ただ日本の場合、実際の政治においては、内閣総理大臣の任命は、薩長藩閥集団のトップ・メンバー（元老）の推薦にもとづいておこなわれており、しかも、その推薦は君主に対する単なるアドバイスにとどまるものではなく、実質的には彼らがその決定権を保持していた。したがって、官職任命権も実際上は彼らの手にあり、また陸海軍の上層部も藩閥集団によって握られていた。

君主（天皇）は、彼らのあいだでの意見対立を調整したりする場合もあったが、基本的には彼らに国家統治の正統性を付与する存在だった。この点は、君主がしばしば独自の意志で実際に統治権を行使する、ドイツ帝政などヨーロッパの立憲制的君主制に対して日本の特徴をなしているところである。

なお、イギリス近代王制やドイツ帝政、日本の明治天皇制を含めて、しばしば立憲君主制との言い方がなされているが、それは、ここでの立憲制的君主制と議会制的君主制の両者の概念をともに含意している場合が多い。

†柳田は氏神信仰を押しつけようとしていたのか

柳田は、原や浜口などの政党政治家と同様、明らかに議院内閣制的な後者（議会制的君主制）

の考え方に属している。そして象徴天皇制のみならず、イギリスをはじめオランダ、ベルギー、デンマーク、スウェーデン、ノルウェーなど西欧諸国にもなお存続している象徴的な君主制の歴史的意味は、それぞれの独自性も含め世界史的な視野から改めて検討する必要があるように思われる。

ちなみに柳田は、皇室の地位が歴史的な伝統とともに人々の氏神信仰を含めた神道的なものに深く関わっていることを指摘している。同様にまた、イギリス王室の地位もイギリス国教会との関連をぬきには考えられないものである。

なお、柳田は、人々の神社への信仰は宗教的性格をもつものであり、かつ日本固有のものだとしている。それに関わって、日本人なら氏神を信仰するのは当然だとして、特定の宗教を人々におしつけようとしているのではないかとの批判がある。

当時、国家神道側や内務省は、国家神道を宗教ではなく神々に対する尊敬の表示であるとして、それを公費で運営し全国民に義務づけようとしていた。信教の自由を保障している明治憲法との整合性への考慮からだった。

柳田は、それに対して人々の神社への信仰をはっきりと宗教であるとすることによって、国家神道や内務省の政策が事実上憲法に反するものだと批判しているのである。ただ柳田のこの種の発言の意図がわかりにくいのは、さきにもふれたように、その内容が国家システムの根本に関わることであり、当時の状況ではストレートにいうことは困難だったからである。

また柳田は、現にそのような信仰をもっている人々の内面は尊重されなければならないと考えているのであって、信教の自由は、柳田にとっていうまでもないことであった。それは欧米では当然のこととされ、また明治憲法上も認められていることだった。

また、これらのことにも関わって柳田の戦争総動員体制への関与、大東亜共栄圏構想につながる発言などが指摘されている。そのような事実やそう解釈されかねない発言があることはたしかである。

だがそれと同時に、戦争体制への批判や軍事的膨張主義への反対意見を同じ時期に様々なかたちで記しているのもよく知られている。しかもその業績のほとんどはこれまで述べてきたようなリベラルな方向での考え方にもとづくものである。指摘されているようなことは決して軽視されるべきことではないが、個々の行動や発言がなされた文脈や状況は考慮に入れる必要はあるだろう。筆者自身は、その学問的成果そのもの、それを支える思想のベクトルが、基本的にどのような方向をむいていたかを重視したい。そしてその業績が、その時代に対して、また現代に対して、どのような意味をもっているのかを基本に考えたいと思っている（なお、近年の様々な柳田批判とその現段階での総括については、佐藤健二『柳田国男の歴史社会学』〔せりか書房、二〇一五〕参照）。

第八章

知的世界の核心Ⅱ

――生活文化の構造

1　生活文化と民俗資料分類

†変化しながら続いてきた氏神信仰

以上が柳田の固有信仰像、氏神信仰像の大まかな概略である。

柳田にとって、この氏神信仰こそ日本民族固有の信仰であり、日本人の心性をその内奥において規定しているものだった。それは、たびかさなる社会的変動によって様々な変遷をとげながらも、長い歴史的経過を通じて「古く且つ一貫しているもの」とされる。仏教をはじめあとから受けいれられた外来の宗教も、これを完全に否定し破砕したのではなく、これと何らかのかたちで妥協もしくは融合せざるをえなかったと考えられている。

村々の氏神信仰は、現実には仏教や道教、修験道など後世の様々な文化の影響をうけて種々のかたちに変形している。さらにまた、八幡や天神、春日、鹿島、その他広範に流布した神々の名称を冠しているなど、個別的にはいろいろな名義上形態上の相違を有している。

しかし柳田によれば、祖霊・祖神をまつるという氏神信仰の本来の姿は、古くから国民の固有の信仰として全国に共通のもので、何らかのかたちでその痕跡をのこしている。しかも氏神信仰そのものは、様々な変遷をへながらも、柳田が生きていた当時もなお村落の人々をはじめ国民の大多数によって信じられている。したがって、人々の生き方の核として、連綿として持続してきたものであるとされる。

我々の固有信仰は活《い》きているのであります。……たとえ今日ではその本志を忘れた者があり、または他処の神仏に熱烈なる祈禱を籠める者ができましても、そのために我々の信仰の根幹をなすもの、すなわち氏神と氏子との年久しい縁故は、未だくつがえってはおらぬのであります。……そうしてその信仰が国民の最大多数の者の、生活行動を支配して今日に至ったのです。（『神道と民俗学』）

現在も国民の恐らく三分の二以上、以前はほぼその全数を挙げて、めいめいに所属の神［＝氏神］を祭っていた。さうして一定の方式を守ることによって、無言の祈請の必ず聴受せられることを信頼し、心の平和を保ち得たのである。（『日本の祭』）

そしてまた、農村におけるその他の雑多な信仰に関する習俗、たとえばオシラサマ信仰や庚《こう》申講《しんこう》なども、この氏神信仰がベースになっている。それが外来のものや後世の文化によって変形しくずれたもの、もしくはそれらと習合したものである。そう考えられている。

†氏神信仰論への批判

柳田はこの氏神信仰の原型、その基本形態を、現実の村々のうぶすなや氏神に対する信仰をはじめとする種々の民間信仰の研究を通して明らかにしようとした。そのために様々な民間信仰とその行事、伝統的な習俗・風習、伝説や昔話、地名などその他様々な民俗資料が集められ比較分析された。

なお、柳田はその初期に山人や漂泊民の問題に相当の関心をはらっているが、当時はそれらが氏神信仰の神観念と儀礼に無視しえない影響を与えていると考えていたからである。

また、日本人の大部分が太古、南方の海域の島々から現在の日本列島に移住してきたものと柳田が推定していたことは、よく知られている。その時たずさえてきた信仰があたらしい居住地の地理的その他の諸条件によって変化しながら、氏神信仰の祖型を形成するうえで少なからぬ役割をはたしたとみている。

なお、このような柳田の氏神信仰把握については、様々な異論がある。たとえば、氏神の性格をめぐって、氏神はたんに祖霊ではなくて、それ以外の別系統の神概念が複合しているのではないか。死のけがれについて、それを忌む意識は柳田が考えているほど古い時代からのものではなく、平安初期以後のことではないか。さらには、そもそも祖先祭祀は奈良時代に儒教の影響によって成立したものではないか。このような批判がだされている(原田敏明『宗教と民俗』東海大学出版会、一九七〇。同『宗教と社会』東海大学出版会、一九七二。竹田聴洲『民俗仏教と祖先信仰』東京大学出版会、一九七一。高取正男『神道の成立』平凡社ライブラリー、一九九三。住谷一彦『歴史民族学ノート』未来社、一九八三。田中久夫『年中行事と民間信仰』弘文堂、一九八五ほか)。

なかでも、氏神は祖霊ではなく、異界から訪れる「まれびと」ではないか、との折口信夫の批判(『国文学の発生』)がよく知られている。

その当否については今後、民俗学、宗教学、文化人類学、歴史学、社会学などのあいだでの議論によってはっきりしてくるだろう。

だが、少なくとも近代日本における氏神信仰を、神観念と信仰儀礼の両面から全体として描きだした点では、柳田の業績にとってかわるものは、現在のところ見当たらない。しかも近世以降の日本人の精神と生活、その社会を理解するうえで、氏神信仰の問題は、軽視しえない重要性をもっていることはまちがいのないところである。

†共同性を内面から支える氏神信仰

この氏神信仰の問題を柳田はもっとも重視し、その民俗学研究の中心的領域を占めるものとして位置づけていた。それは知的関心の対象としての視点からだけではなかった。人々の「祖先以来の信仰」である氏神信仰を、これからの社会形成にとっても有意味なものとして、基本的には今後も可能なかぎり「守り続け」ていこうと考えていた。

これからどう歩もうかは政策の問題であって、民俗学の関与するところではないが……民俗学の学徒としてではなく、単に一個の公民として考えてみたいことは、どうすればこれから安々と、内に在る我々の祖先以来の信仰を、守り続けていけようかという点である。信仰はもとより自然の発生であって、理論や政策がこれを左右し得たためしはないのであらうが、人が知らずにいた事実を心づくことによって、新たに各自の進み行く道を、見出すということは幾らでもありうる。(『氏神と氏子』)

我々の祖先我々の昔の同胞が実際に感じ実際に行いきたった事を明らかにして改めねばならぬ必要に出逢わぬ限りは、古人の志を遂げたいと思います。(「神道私見」)

氏神信仰は、柳田にとって、国民意識の一つの基礎であり、また村落における人々の共同性を内面的に支えるものだった。さらには日本人の生の内面的意味づけと深く関わり、人々の価値観や倫理意識の形成に重要な意味をもつものとして、積極的に評価さるべきものと考えられていた（詳しくは後述）。それゆえ柳田は氏神信仰を、それにはらまれる一定の問題性を克服しながら、基本的には維持し持続させていこうとしていたのである。

現実の氏神信仰は、多かれ少なかれ地域的な閉鎖性をもち、その構成員のあいだにも祭祀の担い手としての階層的な意識が部分的に残存していた。したがってそれにもとづく倫理形成においても排他的な制約がともなわれ、時として階層的な感覚がのこされている場合があった。柳田はそれを、氏神信仰が国民的規模で共通であることや、もともと相互に他地域の神々を敬うことを排除しないという特性をもつことを自覚化することによって乗り越えようとした。また頭屋制の再生と頭屋資格の拡大およびその平準化などによって克服しつつ、この「祖先以来の信仰」を今後の社会形成にも生かしていこうと考えていた。

†民俗資料分類

では、このような氏神信仰は、その儀礼を含め、人々の生活文化のなかで、どのように位置づけられていたのだろうか。また柳田において生活文化の全体的な構造はどのように捉えられていたのだろうか。

氏神信仰研究を中軸とする柳田民俗学は、『民間伝承論』『郷土生活の研究法』において、ほぼ方法的に体系化されたかたちでその姿をととのえてくる（『民間伝承論』は一九三四年、『郷土生活の研究法』は翌年発行)。そこで次に両書を中心に柳田民俗学の全体像、そこに描かれる生活文化の構造のアウトライン、そこでの氏神信仰の位置づけをみてみよう。

さて、この二つの著作が柳田民俗学の方法的体系化にとって重要な意味をもつのは、そこにおいて民俗資料分類の検討が本格的に展開されているからである。

この民俗資料分類はこれまで、おもに資料を収集整理するうえでの技術的なものとみなされ、それほど重視されてこなかった。しかしこの分類は、それだけでなく民俗資料全体における個々の民俗資料の体系的な位置を指し示すものである。つまり個々の民俗資料に、民俗学研究全体の観点からする体系上の意味づけを与えるがゆえに、方法的に重要な意義をもつものだった。そしてさらに、この分類は、柳田が描き出そうとした日本人の生活文化の全体像を実際に構成していく際のインデックスの意味をもっていた。

すでにみたように、柳田の関心は、これまで一般の人々の生活文化を構成してきた様々の伝統的ファクターを、新しい社会形成にいかに生かしうるかにあった。柳田民俗学は、その近代化以前、西洋化以前の人々の生活文化をトータルに明らかにしようとするものだった。民俗資料分類は、この西洋化以前の人々の生活文化の全体像を作りあげていくうえでの、具体的な構成要素とその配置をさししめす役割をはたしている。つまり西洋化以前の人々の生活文化の構造を全体として明らかにしていくうえでの具体的指標となっているのである。

柳田は『郷土生活の研究法』で民俗資料を次のような項目に分類している。

第一部　有形文化［生活外形］
一　住居　二　衣服　三　食物　四　［生活］資料取得方法
五　交通　六　労働　七　村　八　連合［村内部の諸集団］
九　家・親族　一〇　婚姻　一一　誕生　一二　厄
一三　葬式　一四　年中行事　一五　神祭　一六　占法・呪法
一七　舞踊　一八　競技　一九　童戯と玩具
第二部　言語芸術［生活解説］
一　新語作成　二　新文句　三　諺　四　謎
五　唱えごと　六　童言葉　七　歌謡　八　語り物と昔話と伝説
第三部　心意現象［生活意識］
一　知識　二　生活技術　三　生活目的

第一部有形文化は、生活外形ともいい、生活文化のうちの、形としてあらわれる、いわば目に見える部分である。そこには衣・食・住や、生産、交通などのほか、家族・親族関係をはじめとする社会的諸関係が含まれている。

第二部言語芸術は、生活解説ともいわれるもので、目には見えないが、言語によって、すなわち聞くことによって理解しうるものの領域である。新しい言語表現の形成、方言や童言葉《わらべ》、いわゆる格言や諺、伝説・昔話などがここにはいる。

第三部心意現象は、人々の生活意識、精神生活の部分で、ものの考え方や価値観、倫理意識、世界観などをかたちづくっており、信仰がその中心をなす。「宗教信仰の部」とも記している。

柳田は、この心意現象、とりわけ信仰の問題が生活文化のベースにあり、第一部と第二部の諸事象を背後から規定し、生活文化の一つの重要な動因になっているとみている。信仰が人々のものの考え方の基礎にあり、人々の世界観や人生観、世界の意味や生の意味についての見方をなんらかのかたちで基礎づけていると考えているのである。

したがって、

「三部」［心意現象］……これこそ我々の学問の目的であって、あとの「一部」［有形文化］と「二部」［言語芸術］の二つは、いわばこれに達するための、途中の階段のように考えているのである。

（『郷土生活の研究法』）

として、第三部をもっとも重視している。

†なぜ心意現象が重要なのか

『民間伝承論』でも、項目だてに精粗はあるが、ほぼ同様な観点から資料分類がなされている。そこで、おもに両著によりながら、この分類にそって柳田民俗学の体系、そこでイメージされている生活文化の構造を概観していこうと思う。

ただ、そのまえに、心意現象を把握することを「我々の学問の目的」、柳田民俗学のいわば最終的なねらいとして重視しているのはどのような見方によるのかにふれておこう。

この民俗資料分類は、まず、現実の調査において、調査者が対象にアプローチしていく際の実際上のプロセスにしたがって分類されている。その意味では、調査の自然な順序にしたがったものであるが、技術上の便宜的な分類のしかたであるといえる。

しかし、柳田においては、この分類は、たんにそのような調査の便宜の観点からする技術的な分類であるだけではなかった。さらに論理的な意味をもつものとも考えられている。すなわち、それはある意味で抽象度の差をあらわすものでもあった。第一部にとって、第二部第三部は「その背後にあるもの」「その奥に潜むもの」であり、第二部にとって第三部もまた同様の位置を占める。三つの部門はそれぞれ、その抽象のレベルをことにし、しかも相互に密接に関連しあっている。

有形文化［第一部］をただ表面的に浅く見るならばとにかく、その根底にあるものをまで探ろうとしてじっと凝視すると、多くの不思議がそこに存することがわかってくる。それに興味を感じてくると、目で見ただけでは足りないという感じがして、その解説としての言語［第二部言語芸術・生活解説］の援用が考えられてくる。（『民間伝承論』）

第二部の言語芸術は表われたものだけでなく、その背後には内的なもの（第三部に属する）を多く持っている。（同右）

さらに第一部第二部第三部の分類順序は、様々な民俗事象の背後にあるひとつの「社会的動因」「底の動力」の所在とそれが作用する方向性をも示している。

物の外形にしても、その背後にあるものの伝承に注意するようにしなければならぬ。画家写真師と我々との相違は、外形や色彩をただちに採集することなく、その奥に潜むもの、社会的動因ともいうべきものに対して注意するか否かの点にある。（『民間伝承論』）

民俗学の引き受けなければならぬ仕事……の恐らくはすべての部面に通じて、最も重要なる底の動力、今まではあまり気が付かれず、これがわからぬ限りは一切の現象に、一部の不可思議というものを取り残しておかなければならぬもの、しかもほとんど個々の民俗毎に互いにちがっていて、かつ知らずにいるものは、祖先以来の信仰［第三部］でありました。

（『神道と民俗学』）

つまり、第三部こそ、「社会の動きを構成する重要な分子」として第二部第一部を背後から拘束し動かしているものである。第三部第二部第一部の順にその作用力がおよんでゆく序列をあらわしている。

それゆえ柳田は、この第三部心意現象を「我々の学問の目的」と述べ、「一部」と「二部」は、これに達するための途中の階段のようなものだというのである。その点からすれば、第一部第二部は、第三部を追求するための一つの手段でもあった。

2　形に現れる文化——有形文化

それでは、柳田の民俗資料分類の具体的な内容に入っていこう。内容が多岐にわたり、かなり煩雑になるが、柳田民俗学の体系と生活文化の構造を全体として理解するうえで欠かせないので、一通りみていく(ことに第一部については、議論が細かくなるので、それぞれの関心で項目のみ一覧し、必要に応じて内容をみていただいても差しつかえない)。

まず、第一部の有形文化の各項目は次のようなものである。

一、住居。柳田は、直接目にふれる「物質的なもの」として、衣食住の関係とりわけ視覚にはいりやすい住の問題を第一番目においている。

この項では、屋敷の位置の取り方、家の区画、炉と炉辺の座席、燃料と照明、さらには建築に関する儀礼上の行事がとりあつかわれる。その際、たんに生活機能上の視点からのみでなく、なんらか信仰との関連をもつ一定の文化的価値視点からの志向性がはたらいていることが示唆される。たとえば、炉辺の座席の位置とその序列においては、神棚のまえに主人の座がおかれている。

二、衣服。ハレの衣服とケの衣服の二つに分類される。ハレとは、「改まった特別の生活」、ケは「常の生活」を意味する。

晴衣は、いうまでもなく祭礼や葬式、婚礼、その他特別の日(ハレの日)に着る着物をさす。それに対して、ケのほうは、通常の、暖をとり、身をおおい、働きよくするための、実用的な着物である。衣服に付属する髪かざり、履物、かぶりものなどもこの項に含まれる。

三、食物。これもハレ（晴）とケ（褻）の区別がある。ハレの日には衣服をあらためると同時に食物もまたあらたまる。

このハレの食事においては、本来食物をまず神にそなえ、同じものを同席する人々がそろって食べる。「神と人が一緒に同じ物を食べることによって、神と人とが連結したと昔の人は考えることができた」。そのように聖なるものとの関係で心持があらたまると、食物もあらたまりハレのものがもちいられる。前項のハレの衣服も同様である。会食・宴会も本来はハレのものであった。このハレの食物・衣服は、第三部心意現象に属する俗信・禁忌などと深い関係があり、一般に晴のものは本来信仰の問題となんらかの関連をもっている。なお食器の問題もここに分類される。

四、生活資料取得方法。ここでは生産とそれに関連する交易の問題があつかわれる。生産は「直接取得方法」、交易は「間接取得方法」とされる。

直接取得方法すなわち生産には、①自然採取（山菜・肥料・薪など）、②漁業、③林業、④狩猟、⑤農業、がある。いうまでもなく近代化以前の人々の生活では、農業がもっとも大きな比重を占める。

ただ、『郷土生活の研究法』『民間伝承論』ともに、スペースの関係から農業生活そのものについてあまり詳しい記述はなされていない。そこで、柳田自身もその参照を求めている『分類農村語彙』での農業生産に関する分類項目を、参考のため記しておこう。

一　種浸け	二　苗代ごしらえ	三　種播きと苗じるし
四　春田打ち	五　田地名称	六　水の手
七　肥培	八　田植月	九　代ごしらえ
一〇　苗取り	一一　苗忌・苗止め	一二　初田植
一三　さんばい降し	一四　田人と田植飯	一五　花田植
一六　代みて行事	一七　草取り・水まわり	一八　虫追い・稲祈禱
一九　案山子	二〇　掛穂行事	二一　稲刈
二二　稲場稲架	二三　稲村稲積	二四　刈上げ　稲上げ
二五　庭仕事	二六　臼摺り俵造り	二七　年貢加徴
二八　秋忘れ	二九　田打正月	三〇　地神降り
三一　土地利用の段階	三二　畠作行事と名称	三三　作物種目

三四　農具名称　　　　三五　牛馬飼育　　　　三六　養蚕

なお、農業には様々な儀礼がともなっているが、それらは、日本人の信仰生活において重要な位置を占めるもので、後の第三部との関連が念頭におかれている。

間接取得方法は、交易の問題をあつかう。交易には、消費者が自分の家にいて他所から売りにくるのを買う「居買い」と、一定のところに買いにいく「市」とがある。市のたつ場所には「通例神様が祀ってあって、それを中心にミセ（店）が並ぶようになっていた」。この分野は次の交通と関係が深い。

五、交通。これも①交通に関する地形の名称（たとえば、峠や清水、沢などの名称につけられた）、②運搬方法、③旅人機関（旅宿、茶屋その他）、④海上交通、の細目にわかれる。

本来旅人は有形無形の対価を供して食物と交易しつつ生きてきた人々である。有形のものを交易することを主とする商人や、たたら師、木地屋などの漂泊手工業者ばかりではない。遊行《ゆぎょう》人《にん》、御師《おし》、山伏、高野聖など宗教的な信仰を中心に無形のものをはこぶ人々がその相当部分を占める。これら交易しながら信仰等をもちはこび漂泊する人々は、昔話や伝説など口承文芸の流布の主要な担い手でもあった。これらの人々に注目する点に、柳田民俗学独特の見方がある。

六、労働。これも、①労働組織、②労働の種類、③労働者の身分もしくは名義、④給与方法と分配、⑤しきたり上の休み（農休み等）に分けられる。

労働組織は、かつては村の組織や家族組織と重複しており、後出の、村や家・親族の項目と密接に関連している。労働組織のなかでもっとも古い形は、血縁的に編成された村そのもの（大家族集団）だった。

だが、それがしだいに崩壊すると、複数の「親方を中心とする組織」がそれにかわった。これも一種の大家族組織で、一般に同一の敷地内にすむ親族と寄子《よりこ》をもって構成される。

その後、様々な状況の変化によって小家族で経済的独立が可能になると、しだいにこの大家族制度もくずれ、親方の耕地の一部を分けて、いわゆる分家がおこなわれる。そして、現在のような小農の個別経営が一般的となったとされる。このような認識を背景に、それぞれの細目についての検討がなされている。

なお、ここで柳田は、農作業における共同労働で作業を統一させるものとして、第二部の歌謡の一部をなす田植歌などの民謡との関連に言及している。また女性の、農業労働その他農村生活での役割の高さに注意をうながし、さらに共同労働の一形態として重要な意味をもつユイなどにも注目している。

七、村。柳田は、この項目をいったん、①村の構成分子、②村の土地の利用法とその配当、③村の連合(村内部の諸集団)に分ける。そのうえで、③の村の連合については、それ自体範囲も広く、そこに含まれる問題も大きいとして、次の項目に別立てにしている。したがって、七、と八、はワンセットになるものである。

さて、①村の構成分子は、村を構成している住民をあつかうもので、柳田は、一般的な村での住民を「上の者」「ごく普通の百姓」「下の者」の三階層に区分けしている。

「上の者」は、「いい階級に属するいわゆる名がある家」である。「その土地の草分けとか、または村のオモダチ(重立)と言われる者、あるいはまたオホヤ(大家)・オヤカタ(親方)などと呼ばれている階級」がそれにあたる。

「下の者」は、普通の農民でなく、「諸職」「諸道」とも呼ばれる人々が主で、鍛冶屋、桶屋など一時的に村に住み、また他に移っていく非定住の漂泊者がその多くの部分を占める。これら漂泊者たちは、手工業者その他の交易するものであると同時に、独自の信仰の担い手でもあり、様々な伝説や昔話を各地にひろめる役割もはたす。

「ごく普通の百姓」は、いうまでもなく一般の定着農民で、村の多数を構成しており、いわゆる「常民」概念の中心的イメージをなしている。柳田民俗学の重点がこの部分にあることはよく知られているところで、民俗学の研究領域全般にわたって対象の中心になるものである。
②土地の利用法は、大きく共有地と私有地にわかれ、使用の目的からすると、耕地、墓地、郷倉その他物の貯蔵所、寺や官の土地などに分けられる。

八、村の連合。村内部の諸集団、村そのものの内的結合をあつかう。「村の連合には一面に信仰があって、これが結合の中心となり、他面にはことに人が死んで葬式を出す場合などの必要、すなわち相互扶助の目的があった」とされる。戸主会すなわち家長の連合のほか、若者組や子供組、庚申講・念仏講など各種の講などがこの項目の対象になる。なお柳田は、「講には簡単な唱えごとがあって、これをみなが一緒に唱えることによって、相互に精神をコムミュニケート（共通のものに）することができた」と、講と第二部の「唱えごと」とのつながり、さらにそれと人々の内面的な精神の問題との関わりにふれている。

九、家・親族。個体としての家そのものとその家族員、および家相互の一つの結合形態である親族をあつかう。

一〇、婚姻。婚姻形態の変遷（村外婚と村内婚、嫁入婚と婿入婚など）、婚姻儀礼を含む。

一一、誕生。誕生にはそれにともなって「産屋《うぶや》の汚れ」の忌など種々の「タブー」がある。それと同時に、生まれたばかりの子供に対して、一種の「エントランス・セレモニー」による「人間界への加入の承認」がおこなわれた。

生まれた者は、霊魂界から人間の世界に引き上げられたのち、すでに人間になっている者（客）と一緒に共通のもの（米や酒）を身体に入れる儀式をおこなう。それによって人間界の仲間に入る承認をえた。柳田は、「これによって昔の人の霊魂に対する考え方をも窺うことができる」としている。

一二、厄。人は生まれおちてから次々に、それを通らねば先には行けない様々の関門（通過儀礼）をへなければならないと考えられていた。それがヤク（厄または役）である。

これはがんらい厄難とは関係のないもので、成年式に付随している修業的儀礼もその一つである。

一三、葬式。これは「昔の人の霊魂に対する考え方を知るのに最も重要なもの」の一つとされる。両墓制など墓制の変遷の問題、喪にこもる小屋、葬式と食物との関係などが含まれる。

この項目以下は直接に信仰と深い関わりをもつ。

一四、年中行事。これは晴の行事で、冠婚葬祭、新築移転など突発的なものと、盆・正月・節供その他の恒例のものに分かれる。後者は、つねに暦と関係づけられているが、「古くからあったのは信仰で、暦の方が後から来たもの」だった。

柳田は、「民衆の人生とか現世に対する考えの多くが、この年中行事の中に隠れて」おり、「この中にこそ常民の人生観・社会観が含まれている」として、後述の第三部の内容へ接続する視点を提示している。

一五、神祭。これは信仰儀礼の体系を示すもので、前述したように、「祭日」「神地」「神供」「神屋」「神態」からなる。第三部の信仰と直接に連繋し、その問題を考えるうえで重要な位置を占める。したがって、『郷土生活の研究法』ではここに置かれているが、『民間伝承論』では第一部でほとんどあつかわれず、第三部「心意諸現象」で言及されている。

一六、占法・呪法。もとは神祭の時におこなわれた。したがって前項および第三部との関係が深い。

一七、舞踊。踊りは、形・しぐさを主とし、これに歌が附加したもので、年中行事に関係することが多い。舞は、言葉が主で形はそれに付随したもので、直接に神祭につながる。

一八、競技。綱曳、相撲、印地打《いんじうち》、浜弓、賭事など、もとは祭りの日にそれによって占いをしたものから発達した。

一九、童戯と玩具。童戯はその多くがもと大人が神事としてとりおこなっていたことを子供が後から模倣したもの。玩具も、親が自分の平生使っていたものを小さな形に造ったものが古い形である。

子供の遊戯のなかには、かつての「真面目な祭りの儀式が演芸にも化せず残っている」ことが多く、卑近な事柄ではあるが「その背後に何か隠れた重要な事実がある」。このように「児童の遊戯のおかげで上世［古代］以来の常民の信仰生活がわかるところにこの問題の重大性があるのである」とされる。

これら第一部有形文化に関わる柳田の代表的な著作としては、『木綿以前の事』『食物と心臓』『日本農民史』『家閑談』『婚姻の話』『年中行事覚書』『子ども風土記』などがある。

3 言語表現による文化――言語芸術・生活解説

次に、第二部言語芸術は、いわゆる耳に聞こえる、言語表現による文化に関するもので、生活の目にみえる部分（有形文化）を解説するものでもある。

一、新語作製。すでにある名称でもって表現されている事物や観念の、新たな分化に対する命名と、以前からの名称があるのに新語をもって代えるいわゆる改名とがある。

これらは「命令や文人の発意に出た」というよりは、「群《むれ》の感じを覚《さと》るに敏なる者が、代表して総員の言おうとするところを言った」ので、「群の感覚の発露したもの」といえる。

二、新文句。文句は、それを使う人々の境涯によって異なる。たとえば山や海で働く場合のように、ある距離をおいて話さねばならぬ者たちの間で使われる文句は、無駄を省いた簡略なものとなる。女性が寄り合って話す場合や雪国の冬籠もりの囲炉裏ばたなどでは、言葉はできるだけ修飾を加えられ、文句の言いまわしも複雑になっていく。また時代の進展による人々の境遇の変化も、文句の変遷の大きい力となった。

三、諺。旧来の日本の話術では、相手を納得させ、あるいは「へこます」のに、多くの言葉をついやすかわりに、手短で、ものごとの機微にふれた、適切な語句を使った。諺は、そうした言葉の武器ともいうべきもので「敵を攻撃しもしくは仲間の心得ちがいの者を、戒める手段」だった。

それによって、以前の民間の教育手段、ことに倫理的なものの教育に重要な役目をはたし、若い人々に大きな教訓的効果を与えてきた。また、諺には、それを知らなかったら人前で恥をかくとか、不幸な目にあうとか、農業行事上のあるいは信仰儀礼上の心得を教える、禁忌俗信に近いものもある。したがって、「以前の日本人の社会観や、ものの感じかたを知る上に、この諺の採集は大事な事業」だという。なお、たとえや格言もひろくはこの項目に包摂される。

四、謎。比較的意味のとりにくい諺の終わりに「何ぞ」という語をそえて人に問おうとした形のもので、いわば、平生の練習用の諺ともいえる。

もとは信仰に付随した、わざと分からなくいって考えさせる一種の修業であったが、のちには一般に機智をためす手段となった。

これはもと神がかりの口寄せ巫女などの用いる隠語に近いものでもあったろうか。……予言に曖昧さ——それがかえって尊さを持っている——を欲して、俗と違った「神の語」を遣おうとしたのである。謎は宗教上に実際必要なものであったかもしれない。（『民間伝承論』）

したがって、これをたんねんに採集して検討すれば、おそらく「従来の日本人の感じ方が、いかなる経路を通って現在に達したか」を明らかにする一つの手がかりとなりうるとされる。

五、唱えごと。諺に近いが、普通の人を相手とせず、目に見えぬものすなわち神や霊魂、ある種の霊威とかにむかっていう言葉。呪文が個人の秘伝に属するのに対して、唱えごとは「群」（社会集団）に共有されているものである。

「日本は面白い国で呪文が発達して居ないにもかかはらず、唱えごとの発達して居るのは、国の固有の宗教信仰の影響のあることと思はれる」と柳田はいう。これは後述する呪術と宗教の問題と関連して興味深い。

六、童言葉。いわば子供用の唱えごとで、童謡も含まれる。以前は大人が唱えていたものを、興奮しやすい子供たちに唱えさせ、親たちが黙って聞いていたが、しだいに子供の保管に帰したものが多い。

たとえば、カゴメカゴメなどは、もとは神霊に占いをたてる一つの方式だった。かつては大人たちが一人の人物を真ん中に屈ませてそのまわりをぐるぐる廻り、その人物を失神状態にしておいてこれに神意を問うた。

柳田はこの童言葉を、唱えごととともに祭の儀式などと相互に連関させて考察すれば、それぞれ単独の検討ではわからなかった隠された意味が明らかになるとしている。

七、歌謡。これには長短二通りのものがある。短いほうは、本来労働を統一する必要からおこったもので、民謡の主要部分をなしている。長いほうは「口説き」といわれるもので、ふつう、作業歌や盆踊歌などのなかに含まれており、次項の「語り物」と重なっている。

たとえば盆踊りの場合など、

ちょうど群衆の手振足拍子がよく揃うて、俗に踊りがしゅんで来たという時刻は、何か新しい物語をして聴かせるのに、最もよく適した機会でもあった。それを見て取って彼等の希望に投じ、また是非とも聴かせて置きたいと思うことを、踊りの調子と合わせて長々と説き立てることが、音頭の地位に立つ者の昔からの習わしであつたかと思はれる。今は伝はって居らぬ神話といふものの話し方も、恐らくはこれと最も近いものであったろう

(『口承文芸史考』)

とされる。

これは「神の祭の日に神語すなわち「語りごと」をする前に、歌でもって群衆の心を統一した」ことと関連があると柳田はみている。このクドキには、これだけはぜひ人々に知らせたいと考える内容があてられ、昔の人の大事にしていた事柄やのちの語り草になるような大事件、人々の崇拝の的になるやうな人物の好意など、多くは過去の歴史を編みこんだものが語られる。

この項目には、子守唄、田植唄、草刈唄その他の仕事唄、酒盛唄、盆踊唄などが含まれる。その根源は、多くは「個々の作業に対する共同の唱えごと」であった。田植には、「最初はいたって謹厳な、儀式歌と言うよりも寧ろ信仰の力をもって、田人の情熱を統一するようなもの」が歌われた。酒宴も「神様を祭る大切な作業」「神と人、また人と人との融合のための欠くべからざる仕事」であり、その一致のためにも酒盛歌として「掛け声の殊に美しいもの」が必要だった。

盆踊りは、「精霊をおびきだし、あるいは送り出す作業」に起源をもつものである。かつては稲につく虫、風害、旱魃、疫病などはすべて悪霊の仕業だと信じ、「足踏みを荒らかに」これを村の境におくり追いはらおうとした。「踊はその共同作業、歌はその統一方法、囃声と足踏みとはこれをもって悪霊を驚かし敗亡させる手段であった」と、第三部の信仰との関係を指摘している。

八、語り物と昔話と伝説。これについては神話に関わって詳しく述べたので、ここではくりかえさない。

なお、その際あげた著作のほか、言語芸術に関係するものとして、『笑いの本願』『不幸なる芸術』『国語の将来』『西は何方』『なぞとことわざ』『民謡覚書』などがある。

4 心意現象

†柳田民俗学の最終目的

第三部心意現象は、先にみたように、人々の精神生活の部分で、「社会の動きを構成する重要な分子」「最も重要なる底の動力」とされる。この解明を「我々の学問の目的」だとして、柳田はもっとも重視していた。

心意現象は、それ自体さらに三つに分けられる。第一が「知識」、第二が「生活技術」、第三が「生活目的」である。

知識は、生活上の事物の因果連関についての知識や、様々な領域における価値判断の基準となっているもの。生活技術は、知識を基礎に次の生活目的にそっていかに生きるかの方法の内的ストック。生活目的は、暗黙のうちにある「人生の究極の目的」「人は何のために生きているかという目標」。いわば生の究極的意味づけ、生きがいに関わる事柄である。

柳田は、この三つの細目の関係を次のように捉えている。

まず、人は何のために生きているかという目標、すなわち「生活目的」というか、あるいは人生の究極の目的というか、これが一つあるとして、「それはひとまず」そっとのけておいて、そのあとを「知識」すなわちただ知ることだけのこと、これを一つと、これを基として何とかして生活目的に達しようとする「手段と方法」「生活技術」とを第二に置く。つまりこれを言い換えれば第一と第二はサイエンスとアートであるが、こう分けておいて、最初の「何を欲するか」「生活目的」ということを最後に置いてみる。……

我々の生活をふりかえってみても、無意識の間にこの三つは誰もが持っているようだ。子供でも婆さんでも、何かしらこうしたいという目的は、心の一隅に持っている。たとえその考え方の線は、はっきりしなくとも、必ず持ってはいるものである。このあとは知っているだけのことと、どうしたら自分の欲するところに達しられるかという方法とである。

この三つに分類することは比較的ロジカル（論理的）だと思っている。（『郷土生活の研究法』）

そこで、この三つの項目にそって柳田の考えをフォローしてみよう。

†推論的知識

まず、第一の知識は、「推論的」な知識、および「批評的」「批判的」な知識とからなる。前者は、事象の因果連関に関する知識で、後者は、倫理的な判断に関わる知識や、美的その他様々の領域での価値判断の基準となる知識である。

推論的な知識の主要なものとして柳田は「兆」と「応」をあげている。「兆」は、将来起こるであろう事柄を事前に予測する知識で、事象の因果連関を原因の側から把握したものといえる。そのなかには、合理的な、いわば科学的な知識とみなされうるものと、なんら合理的な根拠のない、その意味で迷信とされるものとを同時に含んでいる。たとえば、「朝虹に川渡るな」

とか、「秋の夕焼鎌をとげ」というような、何回となく繰り返された自然の観察の結果、今日の科学的認識にてらしてもほとんど遜色のない知識もある。だが、「鼬《いたち》が路を横切ると願い事がかなわぬ」とか、「漁に出るとき魚を拾うと縁起が悪い」というたぐいの、現在では根拠があると思えない事柄とが併存している。

「応」は、問題があらわれ結果がでたのちに、その原因を過去にさかのぼって求めるもので、因果連関を結果のほうから把握した知識である。たとえば、親の死や旱魃など異常な事件があると、どうりであの時カラスなきが悪かったとか、正月にああいうことがあったからあのせいだ、とかいうふうに考えるものをいう。

柳田のみるところ、過去においては「兆」がさかんで、とにかくすべてを「兆」で処理し解決しようとしたのが「前代の大きな特徴」だった。その後、「応」で事柄を判断し、正確な予備知識でもって「兆」を変化させようとするようになってきた。これが「新時代の文化」といえる。だが、それは徐々に「じりじりに変化してきた」もので、その間の境目はそれほど画然としたものでなく、今日のわれわれの生活にもなお「兆」は生きているとされる。

†批評的・批判的知識

次に、「批評的」「批判的」知識であるが、これにはまず第一に主要なものとして、善悪の判断に関する知識、倫理的な問題についての知識がある。

我々の知識と言うもののなかには、現在人々が知識という以上のもの、言い換えればただ知っている以上のものが入る。たとえば天・地・草などといった知識はただ知っているだけの知識［＝推論的知識］だからいうまでもないとして、なかんずく問題になるのはそれ以上の「こういうことはよいことだ、あるいは悪いことだ」という道徳的な問題で、これは我々にとっては実は一つの知識である。即ちこれを全体的な言葉からいうと批判［＝批判的知識］である。（『郷土生活の研究法』）

柳田のみるところ、これまでの人々の倫理的な知識は、広範な領域にわたって意識的自覚的にはぐくまれており、様々な方法で世代的に継承されてきた。

ただ、それらの知識は、各地域において「互いに内に在るものを感じ合っていた為に、これを言葉に表す必要が少なく」、かなり空漠とした言葉でも通ずるものだった。それゆえ、「一つ一つの妥当なる倫理用語」はそれほどはっきりとした形で設けられてはいないことに一つの特徴があった。

そこから、あるいは意識化された倫理的規範がわが国には希薄なのではないかとの意見もある。

だが実際には、行為の倫理的基準は、様々のレベルにおいて明確なものだった。「大よそ我々が共に住み、共に働く人々の態度行為に、如何なるものを望み、また如何なるものを忌んだか」などの基準ははっきりしていた。

たとえば、「骨惜みと身勝手、臆病や間抜け」「手前勝手と横着、自分さえよければといふ態度、人に迷惑を与えて顧みないといふ所行」が批判された。「役割は精確に、機敏で注意深くて衆の為に身を労し、勇敢に任務を断行し得る者」がよき者と認められていた。「人が共々に働く場合に、余分に骨折ろうとする者が感謝せられ、隠れて楽をしようとする者が憎まれ」た(『国史と民俗学』、「平凡と非凡」)。

なお、この問題について柳田は信仰との関連を重視し、原理的には信仰によって支えられてきたと考えている。

今日までどうしてこんないい人がおったかと思われるような人が、たくさんいたが、そういう人はけっして生まれつき天真爛漫《てんしんらんまん》というのではなくて、そこには彼等自身の主観的な批判があってはじめて出来たので、こういう批判は信仰から出発している。……

少なくとも独立心のある者なら、右しようか左しようかというとき、ちゃんと一定の基準があった。そういう基準を示して指導したものは、部曲《ぶきょく》の氏神で、本来はまた祖霊の信仰というものであった。……我々が宮参りをした産土《うぶすな》の社《やしろ》がそれである。この信仰が、日本人の幸福を守ったばかりでなく正邪《せいじゃ》の基準を示したのである。（「日本における内と外の観念」）

批評的批判的な知識には、そのほか好き嫌いや趣味に関する事柄、さらには美的なものの基準などが含まれる。虫がすかぬ、というような気質性癖に対する印象、眼つきが悪いなどの人柄の直観的な判断、さらに容貌の良否の評価などの基準となる知識がここに入る。

柳田は、この批評的知識に属するものは、一般にそれぞれの文化によって異なる、その意味でナショナルな性格をもっていると考えている。それに対して推理的知識は、より普遍的な、一定の文化的制約をこえた性格をもちうるものとみている。

善の範疇と美の範疇とりわけ前者の倫理的な問題は、事象の因果連関の認識（推論的知識）の領域とは異なり、すぐれて文化的規定性をうけるものと考えられているのである。倫理的な問題も審美上の問題もともに価値判断を含むものであり、一般的に普遍性をもちうる事象の因果連関の認識とはその質を異にする。とりわけ倫理的な問題は、後述するように、事象の因果連関の認識とはっきりと区別され、柳田民俗学においてはことに重視されている。

†生活技術

次に、心意現象の第二項目生活技術であるが、柳田はその主要な内容として「呪」と「禁」をあげている。

呪は、すでに起こったないしは起こりつつある不幸や災害を防ごうとするもので、いわば事後の処置を意味する。一定の兆候があってから、これを封じて災いをふせごうとするものと、さらに事柄がすでに起こったあとでそれをとり除こうとするものとがある。後者には、病気になってからそうさせた原因のあるものを除こうとするものなどが入る。前の場合にもすでに兆候があらわれてから後の対応であるから、事後の処理であることにはかわりはない。

虫送りの行事はその一つの例である。

稲に虫がつくのは昔怨んで死んだ者があって、それが虫になって稲につくのだと考えていたので、そこで虫を紙に包んで村境に持っていって棄てるとか、一部だけ焼くとか、あるいはまた松明《とも》を点し鉦《かね》太鼓を敲《たた》いて、稲についた虫を村境まで導いていって、そこで大勢が一緒にわあっと囃して、それで無事に悪霊退散したものと安心していたのである。

(『郷土生活の研究法』)

この呪には、集団全体に関わるような公共のものと、私的な個人的目的のものとがある。いわゆる民間療法の多くはここに属する。

禁は、ある事柄をしてはいけないという禁止行為すなわち「禁忌、もしくはタブーと呼ばるるもの」である。そのことによって厄災の現われるのを、事前にあらかじめ避けようとした。これには、夜に笛をふくと蛇がくる、茶碗をたたくと餓鬼がくるなど、半分諺化したものもあるが、多くは「何らの痕もない不行為の俗信」である場合が一般的である。それゆえ、その土地に住んでいるものでないと「その内部の感覚」については解らない場合が多い。したがって柳田は、この部分はどうしても郷土人自身の研究に俟《ま》たねばならないとしている。そして柳田は、「禁忌の基礎になりかつ禁忌を促す、根本的な気持ちに注意することが肝要である」として、禁忌の根底にある内面の問題、精神の問題に注意をうながしている（『民間伝承論』）。なぜなら、この禁忌の問題は、次の第三項目生活目的に属する、人々は何をもって幸福や生きがいとしていたかの問題に直接つながるものだからである。

禁にはまた制裁が伴っていて、それがたいていは死目に遇えぬとか、気違いになるとか、あるいはまた縁が遠いとかいうような共通の法則であったのである。こういうことからいったい昔の人は、何をもって幸福としていたか、これが不行為との関係によってだいたい見当がつくような気がする。（『郷土生活の研究法』）

そのほか、この生活技術には、教育ことに「郷党教育」の問題が含まれる。これは、「先輩である普通の村人がある意志と計画の下に、いまよりもよい村人を造ろうとする仕事」といえる。「村の道徳」、村の「集合倫理」を若い村人たちに教えこむ。それとともに、様々な批評的知識や推理的知識をはじめ、村の生活にとって必要な種々の事柄を世代的に継承させる。

これらの生活技術は、一般に第一項目の知識を基礎としたものであり、たとえば前述の稲の虫送りも、現在とはまったく異なる知識をもとにしている。このように生活技術は、その基礎となっている知識と密接に関係しており、生活技術から、知識ことに世のなかの見方や人の一生の見方に、逆に光をあてることができる。柳田はそう考えている。

†生活目的

第三項目の生活目的は、いわば人々の生の究極的意味づけ、生きがいがどのようなものであったかをあつかう。

この点については、『郷土生活の研究法』や『民間伝承論』などでは、
なおその奥に何か大きなものがあったかもしらぬが、だいたいに人は幸福とか家を絶やさぬといったようなことを、目当てに生活したのではなかろうか。（『郷土生活の研究法』）

とする程度で、詳しい展開をおこなっていない。

だが、これまでの柳田の議論の展開からして、この問題がもっとも重要な位置を占めるものであることはまちがいのないところである。彼自身「知識と［生活］技術とのすべては実はこの第三門［第三部］の第三類の生活目的への橋になっていたものである」（同右）と述べている。

この生活目的は、これまでの日本人の生の意味づけに関するものである。これは、「言わず語らずのうちにある」とされているように、直接に明示的な民俗資料のかたちでは残されていない。したがってその具体的内容について、直接の民俗資料によるまとまった叙述はほとんどみあたらない。

†中心的なねらいは信仰の問題

以上のように柳田は第三部心意現象の内容構成を考えている。

しかし、柳田自身この第三部については、「自分にはまだ荷が重すぎ」「充分にはできていない」とも表現している。そのように、どこまではっきりとした見通しなり結論なりをもっていたのか必ずしも明らかでない。

だが、心意現象が、これまでの日本人の生の意味づけや世のなかの見方（人生観や世界観）、その価値観、を対象とするものと考えられていることは確かである。そして柳田においては、人びとの内面にあるもの、行為や態度の内面的な動因、心の根底にあるものが重視されているのである。

主として農民の心のうちの動き、女や無口の人々が年久しく底にもち伝えて、しかも何かというと多数の生活方針を指導しているもの……私の腹案の民俗資料分類においては、これを第三部の特に重要なる伝承と認め、将来この学問がぜひとも国民的にならなければならぬ強い理由にしているのである。

その要項は一々列記することさえ容易でないが、……男らしさだの世間並みだのと名づけられている生活の理想、破れば必ず制裁を受ける道義律の根本箇条、それから個人の立場でいう幸不幸の標準……こういう幾つかの大切なものに対する考え方……、これらは今まではまだ漠然とでも観察せられていない。

（『食物と心臓』）

また柳田は、この第三部心意現象全体が、信仰と深い関連ともつものと考えている。ことに生活目的は、そのもっとも深いところでは、信仰によって直接支えられているものとみていた。したがって第三部心意現象の中心的なねらいは、これまでの日本人の精神とその基礎となっている信仰を明らかにすることにあった。そして柳田にとって信仰は、人々の世界観や人生観、世界の意味づけや生の究極的意味づけ、ものの考え方や価値観の根底をなすものと位置づけられているのである。

このように、第三部心意現象の中心的なねらいは人々の信仰の問題だった（ちなみに、『民間伝承論』では、第三部を「宗教信仰の部」とも表現している）。そして柳田において、この人々の信仰、日本人の信仰とは、具体的にはいわゆる氏神信仰を意味した。

我々の固有信仰は活きているのであります。……すなわち氏神と氏子との年久しい縁故は、未だくつがえってはおらぬのであります。……その信仰が国民の最大多数の者の、生活行動を支配して今日に至ったのです。（『神道と民俗学』）

日本人の志としては、たとへ肉体は朽ちて跡なくなってしまおうとも、なおこの国土との縁は断たず、毎年日を定めて子孫の家と行き通い、幼い者の段々に世に出て働く様子を見た

いと思っていた

（『先祖の話』）

我々の先祖は殊にその一特徴として、未だ生まれざる子孫を愛し、その繁栄を希《こいねが》い、その安全の計を立てた。……そうして人間らしくまた男らしく、欺かず怠らず、神と秩序とを重んじていれば、すなわち家に幸いあって後裔たる我々も永く恩恵を受けるものと信じていたのである。

（『青年と学問』）

終章　宗教と倫理

1　日本人の倫理意識と信仰

†内面的倫理規範の形成

さきほど柳田が、これまで人々の間でどのように内面的な倫理意識が形成されてきたのか、に関心をもっていたことを述べた。

民俗資料分類においても、第一部では、若者組や娘組、村の共同労働その他の機会に、個々人についての倫理的評価がなされることなどに言及している。第二部においても、たとえば諺が、倫理規範の具体的内容を表現しその教育手段としての役割をはたすものでもあることにふれている。また第三部では、信仰が内面的な倫理を基礎づけているとみている。

このように柳田は、日常生活における人と人との関係を律する内面的倫理規範の形成の問題を重視していた。

柳田はいう。

現代日本人は、一般にただ利と競争のみにさとく思いやりが少なく、人の弱みにのみ明るくて助けることを知らぬ者、手前勝手な孤立人種のごとき印象を与えんとしているのである。その悪弊の集積層は、本来は田舎にあらずして都邑であった。……［しかし］田舎も少しずつこれにかぶれてきた

（『国史と民俗学』）

郷土教育が……最も力を注いでいたのは道徳の教育であったと思う。さうしてこの方面に限っては、家庭以外の団体の力が、殊に意識して最も多く働いていたのである。……修身科教授法は、あまりにも知的であった。……その言葉が新しすぎ、かつ著しく範疇に囚われていたゆえに、前から持っているものまで気付かずに、その外に抛り出されている……。その方法の行われる以前から、すでに我々の道徳はあったのである。……

郷土の教育は日常の語をもって与えられていた。……親にも祖父母にも兄姉にも子にも、ヤサシイとかヨクスルとかいう漠然たる語が適用せられて、それで一切の不孝不悌不慈を撃退していた。……正直勤勉などの概念も……今日は大分成功の秘訣に化したが、元は今一層利他的な内容を含んでいた。……

人が共々に働く場合に、余分に骨折らうとする者が感謝せられ、隠れて楽をしようとする者が憎まれることは、今とても少しも変りはないが、これにはぴたりと当る日本語が昔からなかった。また人間の機転と敏活、勇気や判断力や人を説く術［など］……日本青年の好ま

しい特長の如きも、決してまた自然の発達では無く、「村での」かなり巧妙なる計画的の養成にかかるものであった。（同右）

その倫理規範としてどのようなものがあったかについては、「ぴたりと当たる日本語が昔からなかった」としながらも、柳田は右のほか例として次のようなものをあげている。

おおよそ我々が共に住み、共に働く人々の態度行為に、如何なるものを望み、また如何なるものを忌んだか……。

だいたいに嘲り憎まれるのは、骨惜しみと身勝手、臆病や間抜け、……役割は正確に、機敏で注意深くて、衆のために身を労し、勇敢に任務を断行しうる者を良き若者と認めていた（同右）

そして、これまでの人々の生活においてそれが重要視されてきただけでなく、将来この内面的倫理形成の問題がもっとも枢要な問題の一つになるだろうと考えていた。

その点から、

私たちのいう郷土研究、すなわち全国各地の協力をもって、討議しかつ解決しなければならぬ問題も多々あろうが、これくらい急に迫り、かつ他の在来の学問をあてにしておられぬ案件も少ないのである。（同右）

として、この領域の重要性を強調するのである。

†倫理規範をつちかってきた信仰

柳田は、一般に社会が存続していくには、人々に内面化された倫理が必要と考えていた。その内容について日本の場合、儒教や仏教に定式化されているもの以外はそれほどはっきりとした表現の形をとっていない。だが、これまで儒教や仏教の伝来以前から、社会は倫理的なものをその根底にもっていたとされる。

関東では水戸黄門……の逸事として、本に誌されて居る作り話が一つある。むかしある田舎の男が親を殺した。召捕えて鞠問すると、昂然として罪に伏しない。自分の親を自分で殺すのが何故に悪いかといった。そこでしばらく刑を延期して、獄中で大学とか孝経とかを三年教えた。さうすると始めて翻然として開悟して、自分から進んで甘んじて刑を受けたというのである。

こういふ書物の記事は伝説よりも害がひどい。……眼に一丁字なしという者［字の読めない者］は近世までもあった。経書の講説を聴かぬために、まれにもこのような物騒な人生観を抱く者が出るとすると、社会が今日まで存続した道理はないのである。……

漢字使用に先だつ我々の心意用語は埋没している。そのあるものは夙《つと》に忘却し、また他の多くは茫漠として未だ分化していなかったらしい……。しかもこの国の住民のように、批判の厳しかった律義者も少ないのである。

外から来る未知の者には概括的の不信用があり、群に属する者は内側の耳目によって、終始その行動を制御せられる風は、今とても実はまだ窮屈といってよいくらいである。その規律のすべて正しいか否かは別として、これが道徳でなかった気遣いはない。

つまりは互いに内にあるものを感じ合っていた為に、これを言葉に表す必要が少なく、必ず二つずつ繫がった漢字をもって言おうとすると、かえって当らぬ場合が多いのを感ずるのである。

（『国史と民俗学』）

そのような社会と倫理についての柳田の考えの背景には、次のような見方があった。
人々が「窮乏」を避け「安楽」を欲すること、そして父母や妻を養い子供をすこやかに育てようとするのは人間の自然の情（「天然の情」）である。したがってその生活の安定に心をくだき、衣食の途を確実なものにしようとして努力することは当然だ。しかし、そこからどうしても一定の地位や財貨をめぐって人々の間に「争い」が生じてこざるをえない。しかも人の性というものは、必ずしも「足るを知りて自ら安んずる」ものではない。「得れば余あらんことを欲し、満てば溢れんことを求む」ものである。人間の欲望は無限に拡大しうるものであり、実際そのように展開している。

そこからは、むきだしの「弱肉強食」的な世界が一般化しかねない。それはまさに人間の共同関係としての社会の崩壊を意味するであろう。個々人の私的な利害関心の直接的延長線上に社会的共同が自動的にうまれるわけではない（『最新産業組合通解』）。

そのような状態に陥らないためには、広い意味での人々の共同を支えるような、人と人との関係を律する倫理規範が個々人に内面化されていなければならない。そして信仰が、この内面的な倫理規範を社会の一般的レベルにおいて個々人のなかにつちかう役割をはたしてきた。

こう柳田は考えているのである。

†倫理的価値判断と信仰

他者に対する「思いやり」をはじめ、様々な倫理は、人と人との関係において人間の意志や行為を律するものである。柳田のみるところ、その人間の意思や行為を、これまで倫理的に方向づけてきたのは、ある超越的な「目に見えない」存在、「物質的でない力」との関係においてだった。

宗教が何故必要か、どうして大切かということは、宗教によって人間が悪いことができなくなるからだというのが、一番簡単じゃないでしょうか。……それのもとになるものは、目に見えない判断があるということを信じたからではありませんか。つまり物質的でない力があると信じていたからだと思うのです。その点において過去はもちろん、これから先も宗教というものは、無くてはならぬものだということになるのではないでしょうか。（「村の信仰」）

また、柳田は、そもそも倫理的な判断の基準そのものが、その根拠を信仰に置いているとみていた。

一般の人々の「行いの基準」「正邪の基準」となってきたものは、いわゆる氏神信仰だった。「今日までどうしてこんないい人がおったかと思われるような人が、たくさんいた」。そういう人は決して生まれつきによるものではなく、「そこには彼等自身の主観的な批判があってはじめて出来たので、こういう批判は信仰から出発している」(「日本における内と外の観念」)、と。柳田によれば、一般に事象の因果連関についての知識と、価値判断や倫理的判断についての知識は、異なる性格をもつ。前者は、柳田のいう「推論的知識」で、いわゆる科学的認識にも通じるものだが、後者は「批評的知識」として、それとは次元を異にする。

合理的な推論的知識を積み重ねていけば妥当な価値判断に当然に達するわけではない。価値判断の基準となる批評的知識はそれ独自の根拠をもつ。推論的知識と批評的知識とは連続的につながっているのではなく、批評的知識、価値判断の究極の根拠は、むしろ信仰からの規定を強く受けている。

様々の領域における価値判断の根拠は、つきつめていけば人々の人生観や世界観によっている。そして、それぞれの人生観や世界観は、これまで信仰、宗教を背景としてきた。とりわけ倫理的な領域における価値判断は、信仰との直接の関連をもっている。柳田はそう考えている。

理屈を立てて、それでうんといわせるということはどうかと思います。……代々の人の作り上げた道徳[修身教科的道徳]を大きくみることはいけないのじゃないでしょうか。……宗教の力を藉りないでそういうものを作れるという学者もあるのでしょうが、ぼくは作れるものか、とまでは見くびりませんが、しかし本当に納得することが出来るかどうかについては疑わしいと思います。（「村の信仰」）

また柳田は、現実の日本においては、宗教が人々の共同性の一つの基盤となるものだと考えていた。すなわち氏神信仰は「祖先伝来の道」として、「村の氏神」を中心に「村の協同」「村の結合」を内面的に支えるものだった。

†子孫の永続こそが生のモチーフ

では実際に、氏神信仰と人々の倫理意識とはどのような関係にあると柳田は捉えていたのだろうか。

柳田によれば、氏神信仰では人は誰でも死してのちは一定の期間をへて氏神に融合すると想定されていた。したがって人々はみな、子供はもちろん老人や障害をもった人も神になるべき存在として、可能なかぎり尊ばなければならないと考えられていた。それが、人々の共生を支える倫理意識の一つのベースになってきた。柳田はそうみている。

たとえば老人の場合、様々な社会的な経験が蓄積されているということで、一般に今よりその人たちの役割は重視されていた。だが、たとえ何らかの事情でそのような役割を果たせなくなったとしても、まもなく神になっていく存在として、やはりできるかぎり尊重しなければならないと観念されていた。

ただし、亡くなった人が氏神に融合していくためには、相当長期にわたる子孫の供養を必要とするとされた。また、氏神の祭は、その子孫からなる村人たちによって行われるべきものと考えられていた。それゆえ日本人は、「家」の永続ということ、つまり自分たちの家系が、その子孫が永続していくことをもっとも重視していた。

生のモチーフ、生きる目的の一つがそこにあったわけである。家を絶やさず、子どもを育て先祖をまつり、死後は神となって子孫を見守っていくことを、重要な生きがいとしていた。

ただし柳田の場合、家といっても、近代日本においては一般の人々のあいだではすでに小家族が基本になっていると捉えていた。家父長制的な大家族制を念頭においていたわけではない。

柳田について、過去を美化している、たとえば大家族制が一般的であった過去へ帰ろうとしているのだという批判がよくみられる。

しかし柳田はそもそも家父長制的大家族制には批判的な立場をとっていた(このことは先にもふれたが、重要な論点なので簡単に繰り返しておきたい)。

なぜなら、大家族制は家長以外の一般の家族員に相当な犠牲を強いるものだとみていたからである。大家族制は、おもに自然的な経済的および防衛的な理由、つまり生存の理由によって編成されたものだった。

したがって、小家族で経営が可能な水準に生産力が上がり、それを可能とするような社会的な編成ができてくると、小家族に分裂していく自然的な志向性があると捉えていた。そして、本来家族的な関係にない地主小作関係や経営体内の労使関係、さらには学校内、軍隊などのなかに、擬制的な家族主義をもちこむことにも、強い批判をもっていた。

また、子孫の供養といっても、直系の子供や孫でなくとも、姪や甥などその家系につらなるものであればよく、また養子縁組によるものでもかまわないとみなされていた。

†子孫のみにとどまらない倫理的価値づけ

さて、このように氏神信仰の根源には、代々の祖先が神となって子孫を見守っているという考え方があった。それは、柳田のみるところ、死してのちも子孫を愛護し何らかその役にたちたいという人々の痛切な願いを背景とするものだった。

そのような子孫の行く末についての人々の願いを、柳田は、自分の家族や親族のことだけを考える一種エゴイスティックな、広がりのないものとしてではなく、肯定的に捉えている。

人々の生活というものは、けっして孤立しては営まれていない。たとえば、子どもの成長ひとつとってみても、家族・親族ばかりでなく、地域や学校その他様々な社会的文化的諸関係と密接な関わりをもっている。成人になればその社会的な関係はもっと広がっていく。したがって子孫がすこやかに育ち、その生活がそれほど大きな苦しみもなく充実したものとして営まれていくには、それを取りまく社会や文化が豊かな、より良いものとなっていかなくてはならない。それらをはぐくむ自然が大切にされなければならない。人々が自分自身のことだけでなく真剣に子孫のことを考え、その生活と社会や文化、自然との関係を意識的に捉えていけば、そのことを自覚するはずだ。そう柳田は考えているからである。

つまり、いくら自分の家族のことだけを考えようとしても、それを自分の子ども、自分の孫というふうにみていくと、自分の力でカバーできる範囲はかなり限定されている。空間的にも時間的にも極度にせまい範囲だといっていいだろう。いわんやその子や孫になるとまったく力がおよばない。自分の子供や孫のことを真剣に考えようとするならば、このことは理解できるはずである。彼らがひろい社会的関連のなかで育っていき、これから生きていかなければならないということを。

したがって真剣に自分の子や孫、親類・縁者の子供たちのことを考えようとするならば、その子供たちだけでなく、それを取りまく社会に生きている他の人々にも視野が広がってくる。その人々によって形成される社会や、そのベースにある文化というものがより良いものになっていかなくてはならない。そして、そういう社会や文化をかこむ自然も大切にされねばならない。自然は自分のためのだけではなく、子孫のための、また彼らとともに生きる他者のための自然でもあるわけだからである。

このことは、他者や自然に対する倫理的な価値づけと密接に関わっていた。したがって、柳田はこのような氏神信仰が、意識されているかどうかは別にして、これまでの日本人の内面的な倫理意識を形成してきたとみていた。またさらに、今後の人々の倫理意識の一つのベースとして受けつがれていくだろうと考えていた。

このような観点は、日本の生活文化の分析にもとづくだけではなく、デュルケームやマリノフスキーなど同時代ヨーロッパの思想学問状況を彼なりにうけとめてのことだった。それゆえ柳田は、この氏神信仰の原像とその歴史的展開を民俗学的な方法によって再構成しようとした。それを人々がもういちど自覚的に意識化することによって、可能なかぎり内面的な倫理形成力を再生させようとしたのである。

†社会的知識の必要性

そしてさらに、このような倫理形成のプロセスをさらに意識的なものにしていくには、次のことが必要だと柳田は考えていた。

一般の人々が自分の子孫のことを考慮するとともに、その子孫たちと社会・文化・自然との現代的な関係を、より広い視野から改めて認識していくことである。

そのことは、柳田においては、学問的な認識を意味するものだった。自分や子孫の生活が、さらには人間の生活が、一般に社会や文化や自然といかなる関係にあるかを、人々が認識していく。現代の人々の生活がどのような社会的文化的自然的関連のなかで成り立っているかを、具体的かつ客観的に把握する。その必要がある。

そのためには学問的科学的認識が一般の人々にも求められ、かつ、それを「教育」によって次の世代に伝えていかなければならない。そう柳田は考えていた。

これが柳田の主張していた「現代科学の必要性」ということであり、民俗学もその一環を担うべきものだった。

したがって柳田にとって、問題は倫理そのものに関することのみで、いわば実践理性に関することのみで終わるものではなかった。同時にまた人々の知の問題が、いわゆる理論理性の問題が不可欠のものとして考えられているのである。それはまさに学問固有の問題だった。

柳田は敗戦後、桑原武夫との対談で次のように述べている。

桑原　ここらでひとつ、これからの日本に対する先生の望みというものを聴かせていただきましょう。

柳田　それは聞いてもらいたくてたまらん点なんだ。それは倫理の問題ではなく、むしろ知識の問題なんです。日本人が知ることをもっと知っておれば、戦争の初めっからの世の中の変遷をこめて、こんなものに陥ってこなかったと思うんですがね……。われわれは若いころから史学というものを本当に教える気持ちに教員がなってくれなければ困ると言っとったんです。日本という国はどういう国かということをね、これからだって遅くないので、もう少し真剣に勉強しなければいけない。

(『柳田国男対談集』)

柳田はまたこうも述べている。

筆者［自分］はやはり歴史の学問が重要だと考えている。歴史というものは今までのように、年代や偉人の業績ばかりを覚えさせるのが目的ではなく、人間が形成する社会生活の中で、客観的に自分のなすべきことを悟り得、また素養と知識とをもって次の判断を正確にすることにある。こういうことは直ちに政治の上にも現われてくることは、今さらいうまでもないことである。……われわれが説く歴史的なものの見方の必要は、これこれの知識をもっていなければならぬというような根本的な人間の修養にもかなうけれども、それ以外にやはりよく生きる、あるいは正しい社会をつくるということの必要から来ているのである。

(「日本人とは」)

人がその価値観にもとづいて、様々な社会的な事柄についての「判断を正確にする」には、知識が、学問が必要だというのである。

ここではおもに歴史認識、歴史的因果連関の学問的認識に関していわれている。だが、それだけにかぎらず社会のしくみ、その構造についてや、様々な価値観・世界観の存在そのものを含めた社会文化認識全般、その学問的認識が必要だと柳田は考えている。よりよい社会をつくっていくには、それが人々のそれぞれの自立的な価値判断、倫理的判断の基礎になくてはならないというのである。いうまでもなく民俗学もその重要な一端をになうものだった。

†価値判断のためにも知識が必要

それゆえ、たとえば次のような発言がなされているのである（相手は折口信夫）。

あなたは国文学をやっていて、社会観や倫理の問題にどうして心を惹かれない［の］だろうか。もしくはやれといって若い諸君に勧められないのだろうか。だいたい学問のいちばん大きな楽しみ、収穫というものは、今よりもいっそう人間が利口になることだ。今も利口だからもっと利口になることだ。それをするためには現在のものとつながらないと、人をただの物知りにしてしまう。

（『民俗学について——第二柳田国男対談集』）

この批判が折口について当をえたものかどうかはともかくとして、それが柳田の姿勢だった。ちなみに柳田の立場は、価値判断はあくまで個人に属することだとするものだった。だが、その価値判断をその個々人の目的にてらして自ら妥当なかたちでおこなうためには学問的科学的認識を必要とする。また個々人が生の目的、生きる意味を深く広く考えていくためにも、広い学問的科学的認識を要する。それが柳田の考えだった。

善悪の価値判断は個人個人がしなければならぬが、いつでも価値判断をし得る状態になっていなければならない。
個人の判断の自由を得させるためには、どうしても知識の方をもう一段進めねばならない。

（「うだつの上らぬということ」）

そして柳田はいう。

人生は時あって四苦八苦の衢《ちまた》であるけれども、……淋しい僅《わず》かな人の集合であればあるだけに、時の古今にわたった［時間的な意味での］縦の団結ということが考えられなければならぬ。未来に対してはそれが計画であり遺志であり、また希望であり愛情である。……

我々はこれから後の世の中の、今の通りでないことを予期することが必要であるのみでなく、それを力のおよぶ限り、現在我々が善しと信ずる方向へ、変わらせて行くように骨折らなければならぬ。

（『先祖の話』）

†丸山真男・大塚久雄らと柳田の学問的方法論上の相違

なお、しばしば、日本人のこれまでの倫理意識は外面的なもので、他人にどう思われるかを重視する、内面性を欠如したものだといわれている。戦後社会科学を代表する丸山真男や大塚久雄、川島武宜《たけよし》などもそうであり、ルース・ベネディクト『菊と刀』がその典型である（このような見方は、マックス・ウェーバーの儒教評価、外面的な品位を重視する、内面性を欠いた文化だとする把握と軌を一にする）。新渡戸稲造『武士道』もまた、価値判断は異なるが、日本人の倫理観は外面的な品位や名誉を重視するものとの見方をしている。

これに対して柳田は、日本人の倫理意識も内面的な信仰に支えられているものであって、けっして外面的なものとばかりはいえないとみていた。

たしかに、個々人の倫理意識形成過程において、地域における集団的な規制力、外的な規制力が軽視しえない機能をはたしてきた。柳田自身もそこにおいて内面的な原理性、固有の内発的な規範力が相対的に弱いことを認識していた。しかしその核には個々人の信仰が存在しており、人々の倫理意識も基本的にはそれを基礎にした内面的な性格をもつものだと捉えていたのである(なお、日本人の精神形成における武士道の影響を重視する新渡戸の見方も、柳田には受け入れがたいものだった)。

このような見解の相違はどこからきているのだろうか。先にみたように、柳田の政治構想の方向性、社会経済構想の方向性は、丸山や大塚とそれほど相違するものではない。部分的相違はあっても、基本的にはリベラルなスタンスである。

では、この問題での相違は何によるものだろうか。世代的なものも考えられるが、むしろ、軽視しえないものとして、それぞれが影響をうけた学問的な方法の相違によるところもあったのではないだろうか。

たとえば、丸山や大塚は、宗教把握の枠組においてはフレイザー的な観点を継承するウェーバーによっている。それに対して、柳田はフレイザーに批判的なデュルケームの観点にもとづいている。丸山らと柳田には、このような方法論上の対立があった。

柳田とフレイザー、デュルケームとの関係についてはすでに述べたが、丸山らとの対比において重要な点なので、あらためて簡単にふれておこう。

†フレイザー、ウェーバーと丸山の視点——呪術から宗教へ

柳田はその初期にはフレイザーの影響をうけていた。フレイザー学は、氏神信仰のような民俗的な信仰や自然宗教的なものを捉える有力な方法とみなされていたからである。しかし呪術から宗教への発展を基本とするフレイザーの宗教論の枠組では、氏神信仰はいわゆる呪術的なものになってしまい積極的には評価できない。フレイザーによれば、呪術的な観念は、比較的高度の思考形態である宗教と比較して、より低級で単純な思考を基礎にしている。それゆえ内面的倫理形成の観点からみると、有意味的には評価しえないものだった。

その後柳田は、デュルケームの宗教分析の方法から影響をうけ、氏神信仰の全体像とその意味を明らかにしていく。デュルケームは、フレイザーやその観点を継承したウェーバーのような、呪術から宗教への発展というシェーマをとっていない。呪術と宗教をある意味では並列的な位置におき、宗教は、その信者の間で集団が形成されるものであるのに対して、呪術は、信者間になんらの紐帯もかたちづくらないものとしている。このような枠組では、柳田のえがく氏神信仰は宗教的性格をもつものとなる。柳田もまた氏神信仰を一つの宗教として把握していた。そしてデュルケームによれば、すべての宗教はなんらかの倫理形成力をその内にはらむも

のであり、もっとも原始的な宗教とされるトーテミズムにおいても確固とした倫理形成力をもっていたとされているのである（このような観点は、その後レヴィ＝ストロースの「野生の思考」への積極的評価に受け継がれる。ちなみに、フレイザーやウェーバーはトーテミズムを呪術的なものとみなしている）。

これに対して丸山はウェーバーから強い方法的影響を受けており、フレイザーを継承したウェーバーの、呪術から宗教への発展というシェーマを基本的には受け継いでいた。その観点からみるとき、氏神信仰は呪術的なものとなり、内面的倫理形成という点でも、国家神道との関係においても、問題があると考えていたのである（大塚も同様）。

農耕儀礼・祭祀（氏神）の等質性は、日本の宗教の原型をなし、アニミズム的［呪術的］な氏神信仰や祭礼、地鎮祭などは、その後も農村地帯を中心に支配的地位を保持しつづける。（『丸山真男講義録』第五冊、東京大学出版会、一九九九）

純粋呪術の段階では、呪術者は、災厄をもたらすdemonにたいしてそれを鎮撫する精霊をよびだす。そして後者が前者にまけたときには、マギーは失敗し、呪術者は権威を失うにとどまる。この段階には罪の意識はない。神々の秩序のタブーを人間が侵害したと考える段階［宗教段階］に達して、はじめて人格的責任と罪の意識、道徳意識が発生する。……日本の「原型」的思考様式においても………形式的にも内容的にも原始的な呪術的性格を濃厚に帯びていた。

（『丸山真男講義録』第七冊、東京大学出版会、一九九八）

丸山は、日本人の思考様式の下層に沈殿し、歴史的でありながら特定の時代を超えて持続してきたものを、日本思想の「原型」と呼び、その構造を分析しようとした。

ただ、丸山は、引用にある「原型」的思考様式を、単純に呪術的なものと捉えているわけではない。呪術から宗教的思考への移行過程において、何らかの事情で、両者が二重化されたかたちで停止し、呪術と宗教の混交形態が固定化された。それが「原型」として受け継がれるようになった。そう考えている。

すなわち、呪術的個別主義的な「共同体的功利主義」と宗教的普遍的な「心情の純粋性」とが結合したものが、倫理意識の「原型」とされる。いわば、「外面的基準と内面的基準との二重性」が固定化され、そこから特定の共同体や具体的個人をこえた普遍的な倫理意識の形成がはばまれることとなった。そう捉えているのである。

なお、丸山において氏神信仰は、はっきりと呪術的なものとされているが、「原型」と氏神信仰との関係をどう捉えているかについては、必ずしも明示的ではない。その点は今後の検討課題である。なお、丸山原型論はその素材を主に古事記・日本書紀などの古文献によっており、民俗学的方法に依拠する柳田氏神信仰論とは、資料的な点で軽視しえない相違がある。両者の比較検討には、このことも十分念頭に置いておかなければならないだろう。

†氏神信仰への批判と柳田自身の限界の認識

また、先の柳田と桑原との対談で、桑原がこう発言している。「西洋であまり思想をフラフラさせることは絶対者がお喜びにならない……そういう罪の意識があるわけです。日本では絶対者がいないところに問題がある」、と。

それに対して柳田は、「昔からないんです。絶対者は［氏神信仰のような］自然宗教の中から生まれてこない」と答えている。

つまり日本には絶対者がいないとの桑原の批判に対して柳田は、それはいわばあたりまえの分かりきった事実である。問題はそこからいかにして内面的な倫理形成力をひきだしうるかだと考えているのである。現実に人々のもっているもののなかから、いかにして可能性をひきだすか、そこに柳田の一つの視点があった。

ところで、柳田について、伝統的な共同性を無批判に評価しているのではないか、個の自立という観点が弱いのではないか、との批判がある。

しかし、柳田にとっても、これからの新しい社会形成は、古くから受け継がれた共同性を生かしながらも、自立した個人による意識的自覚的なものでなければならなかった。この点はすでに詳述したのでここでは繰り返さない。

このように柳田は、倫理形成の観点からも氏神信仰を重視した。しかし、それに対して、氏神信仰による倫理形成には次のような限界があるのではないかとの批判がある。

第一に、その妥当範囲が村の内部にかぎられていること。地域的な排他性とか閉鎖性とかの問題である。第二に、そこでの上下的な序列意識の存在。第三は、柳田は氏神信仰を日本固有の信仰としているが、そこからいかにして世界の人々と倫理的・内面的につながっていくことが可能なのかという問題である。

だが、このような限界の認識はじつは柳田自身のものでもあった。そして柳田は、それを克服していく可能性の契機が、氏神信仰自体のなかにもはらまれていると考えていた。

†伝統を活かす人々の意識的営みと学問的認識

まず第一の点について、氏神信仰には、自分の村の氏神を崇拝するだけではなく、他の地域で信仰されている神をも敬《うやま》うという「敬神」の観念がある。そこに排他的な倫理観、内と外とのいわゆる二重道徳を克服する可能性があると柳田はみていた。ただ、それには自然的日常的な意識だけでは困難で、それぞれの地域の信仰が同じ氏神信仰として共通のものであることの自覚が、したがってそれについての学問的認識が必要だとする。

第二の問題について、かつて大家族制のもとでは祭祀を司る家長およびその直系の人たちに対して他の構成員は従属的な関係にあった。柳田はそこに上下的な序列意識の根源があるとみていた。

しかし、その後大家族制が崩れ、集落が複数の家系によって形成されるようになる。そして、近世中期頃にはだいたい村の構成がフラットになり、それを背景に各家が輪番で祭祀を主催する頭屋制がひろがっていた。柳田はこの頭屋制を重視し、祭祀の問題においても各家が平等な関係となるようにしていかなければならないとして、その方向をさらに押し進めようとした(柳田は過去を理想化していたとの批判は、この点でもあたらないといえる)。

最後の第三の問題はこう考えていた。固有というのは、日本にだけあるという意味ではなく、土着の、もともとからあるという意味だ。そして、民俗学は一国民俗学のレベルでは不十分で、それぞれの国の民俗学を総合する比較民俗学、世界民俗学につながっていかなければならない。それはたんに学問的な交流にとどまるものではなく、人々の国際間の相互理解をめざすものである、と。

このことはある意味では普遍性への一つの通路を追求しようとするものだった。柳田は一元的な進化論には批判的だった。だが、世界の多様な民族に属する一般の人々の内面をかたちづくってきたもの、各民族の独特な心性のなかにおいても、通底するものが含まれている。したがって、その相互理解によっておたがいの共生は十分可能となる。そうみていた(『青年と学問』『民間伝承論』「比較民俗学の問題」)。その点においては、フレイザーやデュルケームに共有されている視点を柳田もまたうけつぐものだった。

そしてそれには、それぞれの個別の文化要素間の国際的な比較研究では不充分である。それのみならず、文化要素間の諸関連の全体、もしくはある程度まとまった要素連関の国際比較をおこなうべきだ。そう考えていた(たとえば神観念と儀礼の相互連関構造や、神話の全体的な要素連関像など)。この点が岡正雄や石田英一郎など当時の民族学・文化人類学に対する柳田の方法的な批判であり、柳田民俗学と当時の日本民族学との方法的相異だと柳田自身は意識していた。

したがって柳田においては、自然に形成されたものの伝統的なものがそのままでアクチュアルな価値があるというのではない。それを現代に生きる人々の意識的な営みや学問的な認識によって活かしていくことが必要だと考えられていたのである。

柳田の教育への期待と重視はこの点と関わっていた。

†日本人の内面的倫理形成の可能性

しかし、柳田においても、氏神への人々の内面的信仰がそれほど永くつづいていくとは考えていなかった。長期的にみれば、モダニゼーションのさらなる進展のなかで、いずれそれは消失していくであろう。それが良いことであれ悪いことであれ、そうなっていかざるをえない。そうみていた。

そして現在、氏神信仰は、各種の祭礼や初詣、七五三や各種の節句などの儀礼としては残存している。だが、内面的な信仰としては、したがって人々の倫理意識を支えるものとしては、もはやほぼ完全に消えさっている。

しかも最近、倫理的なものの崩壊とそれによる様々な問題の噴出が指摘され、倫理的なものの重要性が強く意識されるようになってきている。これからの日本人の倫理形成はいかにして可能なのか、今改めてそのことが問われている。

では、この氏神信仰が消えさったあとの日本人の内面的倫理形成の可能性は、どのようなものとしてありうるのだろうか。

柳田自身の言葉としては、その点について何も語っていない。おそらく彼が生きていた段階では、そのことについて、はっきりしたことを言うのは不可能だと考えていたのだろう。

将来おそらく、改めて生の意味や生きがいが、そして新しい時代に対応した内面的な倫理形成の根拠がいかにして可能なのかが、問われる時がくるだろう。

そのとき参考になりうる一つの資料としても、これまで人々が、どのような信仰をもち、どのような価値観をもって生きていたのか、いかに倫理的なものを基礎づけていたかを、ある体系だったものとして残しておこう。

そう考えていたように思われる。

したがって、柳田の知は、彼自身が生きている時代だけではなくて将来の日本のためのものでもあった。

2 社会・倫理・宗教——柳田とデュルケーム

†柳田とデュルケームの比較検討

ところで、このような社会と倫理、宗教と倫理に関する柳田の考えは、エミール・デュルケーム(一八五八〜一九一七)の議論と交錯するところが多い。デュルケームは、ほぼ同時代のフランスの知識人で、二〇世紀社会科学に大きな影響を与えた人物の一人である。デュルケームおよびその影響を受けたデュルケーム学派は、柳田のヨーロッパ滞在前後に欧州の学界で注目を集めていた。

ちなみに、一般の人々の倫理的意識形成については、様々な見方がある。

まず、それは本来人間の自然性に内在しているものであり、人間であるかぎり自然に心のなかにそなわっているとの見解がある。人に対する思いやりの意識というようなものは、いわば自然に心のなかにあるもので、問題は、種々の要因でそれが壊されていることにある。人間が自分のなかにある自然を大切にし、それを育んでいかなければならない。いわば自然に帰れ、という考え方である。

またある意味ではそれと逆の見解もみられる。自然に近い、いわゆる未開社会では、人間の意識は倫理的なものも含めて野蛮な低い段階にとどまっている。だが文明の進展によって人間的な倫理意識もおのずから形成されてくる、ないしは科学的学問的な検討によって普遍的なかたちで把握し形成されうるものだ。そのような考え方がある。

しかし柳田やデュルケームはそのような見方には立っていない。

両者はこう考えていた。

個々人が生きる意味をどう考え、他者や自然をどのように意味づけているか、その価値観が人々の倫理意識を基礎づけている。たとえば人に対する思いやりや自然を尊重するような倫理感覚は、その人々の価値観によっている。また、そのような生の意味づけや価値観は、これまで宗教的なものを背景に形成されてきた、と。同時代ドイツの著名な社会科学者マックス・ウェーバー（一八六四～一九二〇）も同様に考えていた。

また、すでにみたように、柳田の氏神信仰把握の方法とその意味づけは、デュルケームの宗教論を念頭に置いたものである。

そこで、デュルケームの議論をこれまでの柳田の議論と関連するかぎりで簡単にみておこう。柳田自身は、自分の見解や思想の理論的背景には、なぜか意識的に言及していない。したがって、デュルケームとの比較検討は、柳田の見解の理論的インプリケーション（含意）、その同時代的な位置を知るうえで、示唆するところが多いと思われるからである。

なお、管見のかぎりでは柳田の著作には直接デュルケームについての言及はみあたらない。だが、先にもふれたように、現存している柳田の蔵書のなかには、相当の冊数のデュルケームおよびデュルケーム学派の著作（フランス語原書）が含まれている。それらは、かなり詳細に読まれた形跡がある。なお、デュルケーム学派の代表的な雑誌『社会学年報』全一二巻（一八九八～一九一二）は、ヨーロッパ滞在中に古書で購入されている。

ちなみに、柳田の心意現象概念は、デュルケームの集合表象、集合意識、社会的事実（社会的共同慣習）と重なるところがある。また柳田自身「集合的倫理」「集合的意識」「[社会的]事実」などの用語を使用している。

†利害関係は持続的なものではない

さて、デュルケームも、柳田と同じように、社会の存立には倫理的なものが必須であると考えている。人々の社会的結合は、私的個人的利害の単なる集合とは異なるものであり、私的利害の直接的延長線上に社会的結合が形成されてくるわけではない。したがって、社会が存立するためには、なんらか個人的利害をこえるものが必要である、と。

デュルケームによれば、一般に次のような、社会についての有力な見方がある。

「社会的連帯」すなわち社会的結合は、個人的な利害から生じた協定によっている。社会は、個人たちが自己の生活の振幅を広げるために、自己の利害関心から個人たち自身が設定した協定である。原初に孤立し独立した諸個人があり、ついで、諸個人は、社会生活の個人にとっての利害を見越して社会的結合関係に入るのだ。そう想定するものである。いわゆる社会契約論も、ある意味ではこの見方にたっている。

しかし、デュルケームのみるところ、私的な利害関心からは、「個人的なもの」のほかはなにひとつ出てこない。「協同それ自体」すなわち社会的な結合というものは、個人の私的な利害関心からストレートには生まれるわけではない。

利害関係は、一時的には人と人とを結びつけるが、それはけっして持続的安定的なものではない。

人間の感性、したがってまた人間の欲求は、それ自体ではなにものも埋めることのできない「底なしの深淵」である。しかも、利害関係だけが支配しているところでは、私的利害の無制限な発動を抑制するものは何もない。そこでは、人と人との社会的結合関係が持続的安定的に形成されることは不可能である。

利害というものは、人びとを結びつけこそすれ、けっして永つづきするものではないし、人びとのあいだに外在的な紐帯をつくりだすにすぎない。……この利害のまったき調和とは、潜在的な闘争をつつみかくしているか、あるいは闘争をひきのばしたにすぎない。……利害関係だけが支配しているところでは、なまなましいエゴイスムを抑えようとするものは何もない（『社会分業論』）

人間の感性は、それを規制しているいっさいの外部的な力をとりさってしまえば、それ自体では、なにものも埋めることのできない底なしの深淵《しんえん》である。

そうであるとすれば、外部から抑制するものがないかぎり、我々の感性そのものはおよそ苦悩の源泉でしかありえない。……やみがたい渇きは、つねにあらたにおそってくる責め苦である。……与えられた満足は、欲求を静めるのではなく、むしろそれを刺激するのであって、人は、得れば得るほどなおそれ以上に得ようと欲するだろう。（『自殺論』中公文庫）

†あらゆる社会は道徳的である

では、いかにして社会的結合は生まれるのか。

人と人との持続的安定的な結合関係としての社会が存立していくには、なんらか人間の欲求に内的な限界を画することのできるものを必要とする。私的利害の無制限な発動を抑制するなんらかの規制力が、個人の内面に存在しなければならない。それは、個人の利害、自己の感性に向けられた意識、そのような個人意識の外部に、しかし、個人の内に存在していなければならない。その意味でその規制力は、すぐれて精神的なものでなければならない。

ここで、個人意識の外部に、というのは、個体としての人間の外側にあるという意味ではない。個人意識すなわち個体に内在する欲求や感性、それにもとづく意識とはまた別のところに、しかし同時に個人の内面に精神的なものとして存在することを意味する。

この精神的な規制力、個人的欲求に対する規制力が、内面的な「道徳的規律」、内的な「道徳意識」、倫理意識である。

それは、個人を内面的に規制し、彼に内的な限界を示し、人と人との関係がどうあるべきか示す。社会を維持していくために、果たさなければならない義務はなんであるかを告げるのが、内面的な倫理規範なのである。

個人を規制し、かれに限界を示し、仲間との関係がどうあるべきか、不法な侵害がどこから始まるか、共同体［＝社会］維持のために果たさねばならない実際の諸義務は何か、を告げるのは道徳的規律にほかならない。（『社会学講義』みすず書房）

もし内面的な倫理的規制が一切欠落しているならば、支配するものは「弱肉強食の法則」だ。人と人との関係において、潜在的にせよ顕在的にせよ、「戦争状態」が必然的に慢性的となる（『社会分業論』）。個々人の欲求充足にむかう諸活動が倫理的規制をまったく受けないならば、「無政府状態」がもたらされることは必至である。かくして、無制限に解き放たれてしまった欲求は、みずからの正常な発展がいかなるものであるかをもはや知らないであろう。このような状態は、不安定このうえないものであり、社会の持続的存立を困難にする（『社会学講義』）。

デュルケームは、このように社会の存立の基礎を「功利的動機」には還元できないという。そして、あらゆる社会は、一個の「道徳的社会」であり、倫理的なものがいつの場合でも「社会生活の根本的な基盤」をなしている。いかなる形態の社会もそれ固有の道徳的規律なしには存在しえない。そうみていた。

人間が社会を形成した瞬間から、その社会がどんなに原初的であろうとも、人びとの諸関係を統括する諸準則が、したがってまたひとつの道徳が……必然的に存在する。……社会が存在するところでは、どこにでも愛他主義がある。そこには連帯があるからである。

（『社会分業論』）

†人間は原初において宗教的である

柳田もまた、さきにふれたように、倫理なき世界は「弱肉強食」の世界であり、それでは持続的な社会を形成しえず、あらゆる社会は倫理的基礎をもつと考えていた。

このようにデュルケームは、社会の基礎には、一種の「集合表象」「集合意識」として倫理的なものが存在するという。

ところでデュルケームによれば、倫理とは「連帯の源泉」であるものすべて、人間をして他者を尊重すべきことを強制するもののすべてである。自らの行為を自己の「エゴイスティックな衝動」とは別のものにもとづいて律すべきだと要請するものすべてをさす。

倫理的なものは、功利的利己的な目的をこえたものである。「行動のいっさいの結果を別にして、われわれは従わねばならぬがゆえに従い、服せねばならぬがゆえに服する」という性質をもつ。その事柄が自分にとって、有益であるかどうかというような考慮を一切ぬきにして、むしろ自己の利益に反する場合でも義務として行動することを命じるもの、それが倫理的なものである。

このように、一切の倫理的なものは、個人的な利害とはまた別のところに、その意味でその源泉を個人の外部にもっている。しかも、それは、あくまでも個人の内面にあり、個人に対して内面的な権威をもつものとして現われてくる。

それでは、この権威はいったいなにに起因するのだろうか。

デュルケームは、倫理的なもの、そしてそれのもつ権威は、柳田と同様、これまで信仰から、宗教から生じてきたと考えている。人々の内面的倫理規範は、その根拠を宗教的な信仰においていたというのである。

そもそも宗教は、道徳を超越的な力に結びつけることによって、道徳的戒律に固有の権威を、容易に示すことができた。……道徳的義務は、これをわれわれに課する存在が個人を越えたところに実在するとき、いちはやく客観的根拠を獲得する。

（『道徳教育論』講談社学術文庫）

宗教は、多くの場合、倫理を神の意志より出たものとしてそれを根拠づける。神は、倫理的垂範者すなわち倫理的な模範を人々に示すものであり、また倫理的な行為や態度を人々に命ずるものだった。

諸宗教の信仰者はいずれの場合でも、当該宗教が畏敬の対象としている聖なるものによって課せられた、ある種の行為や態度を義務づけられていると信じている。その義務は、儀礼的義務もあるが、すぐれて倫理的な義務を主なものとするものである。宗教生活の中心である聖なるものは、人々の倫理的態度がそれをめぐって決定されるべき権威ある存在であった。

そしてデュルケームは、いわゆる「未開人の道徳」も、「本質からして宗教的」なものだと考えている。

デュルケームによれば、未開社会、原始的な社会においても、人間はすぐれて倫理的な存在だった。それは人が原初において宗教的であるがゆえである。デュルケームは、フレイザーのような呪術から宗教への発展という進化論的なシェーマをとっていない。人間はそのもっとも原初的な社会形態において宗教的な存在、宗教的信仰をもつ存在だとする。

一般には神の観念よりさらにはアニミズムよりも原初的だと考えられている、オーストラリア原住民のトーテミズムにおいても、そこには確固とした倫理的なものがある。トーテミズムはもっとも原初的な形態の宗教であり、したがってその社会は倫理的な社会である。また、もっとも進歩した宗教においても倫理的な機能をみたさないようなものはおそらく存在しない。そうデュルケームは考えている（『宗教生活の原初形態』）。

†宗教が生に意味を与える

ちなみに、柳田のえがく氏神信仰は、いわゆるフレイザー的な規定では宗教というよりも呪術的な性格が強いものとなる。だが、デュルケームの呪術と宗教の規定では宗教にはいる。そして柳田自身は、氏神信仰をはっきりと一つの宗教としてあつかおうとしている。この点は、明らかにデュルケームの影響といえる。

ことに宗教は、デュルケームにとっても、柳田と同じく、人々に世界の意味を開示し世界観を与え、個体的な欲求充足をこえて「生に意味を与える」ものである。両者とも宗教のこの面をもっとも重視している。

この点が宗教のもつ最も重要な核心であり、そのことを通して、個人的利害をこえた行為の基準をさだめ、倫理的価値判断の基準を示す。

宗教とは、単なる行事の体系ではない。それは、世界を説明することを目的とする観念の体系でもある。

宗教は、多少ともすべての事物の普遍性を包括して、われわれに全体的世界観を与えようとする観念の体系であった。（『宗教生活の原初形態』）（同右）

なお、改めていうまでもないことであるが、ここでの「世界観」は、世界の具体的な仕組みやあり方への見方ではなく、世界の意味、世界が存在する目的についての見方をさす。

人々が殊に宗教の内において見るもの、それは、人間を自分自身以上に高め、人間をその現世的で世俗的な諸利害から離れさせ、人間がその生存を確保することに汲々としているときに送る生活を価値と尊厳において凌駕するような生活を人々に送らせるような効果を有する諸理想の総体なのです。（『社会科学と行動』恒星社厚生閣）

この点は柳田も同様である。

また、デュルケームは、柳田が信仰を人々の結合を支えるものとみたように、宗教が直接社会を構成する人々を統合する機能をはたすと考えている（『宗教生活の原初形態』）。

このようにデュルケームにおいても、柳田と同様、倫理的なものが社会の基盤となり、宗教的信仰がその倫理的なものを支えてきたと考えられている。

この点ばかりでなく、そのほかデュルケームの議論は、柳田の発言の背後にある基本的な考え方を理解するうえで示唆的なものを少なからず含んでいる。

そこで、柳田の知の世界史的位相を理解するためにも、デュルケームの以上のような議論の理論的バックグラウンドにもう少し立ち入っておこう。

†現実判断と価値判断の峻別

さて、デュルケームによれば、宗教は、聖なるものとの関係において倫理的義務を設定し、直接人間の行為や態度を倫理的に方向づけるものである。そしてさらに、それは人々に世界の意味についての見方、世界観を提示し、したがって人間的生の究極的意味の問題に一定の解答を示す。そのことによって、様々な領域の価値判断の最終的な根拠を与え、倫理的なものを根拠づける。

このような考えの背景には、「現実判断」と「価値判断」を峻別するというデュルケームの立場がある。これは柳田でいえば「知識」のレベルでなされている「推論的知識」と「批評的知識」の区別に対応している。

我々が物体は重量を有するとか、気体の容積は加えられる圧力に反比例するとか言うとき、我々は与えられた事実を表現するに止まる判断をつくるのである。これらの判断は存在するものを言い表わしており、そしてこの理由から、これらの判断は存在判断もしくは現実判断と呼ばれる。

他の判断は事実がどうであるかは表現せずに、意識主体に対する事物の価値、意識主体がその事物に賦与する価値を云々するのを目的とする。この判断には価値判断という名称が与えられている。(『社会学と哲学』恒星社厚生閣)

現実判断とは、いわゆる事物の現象の認識、事象の因果連関に関する認識をさす。この事象の因果連関の認識が進展すれば当然に一定の普遍的に妥当する価値判断がなされるとは、デュルケームは考えていない。すなわち、事象の因果連関の認識と、価値判断とは、その根拠を異にするものである。事象の因果連関の認識は、それ自体ではどこまでいっても事物の現象の認識に止まり、事柄のもつ意味や価値、価値判断の根拠となるものに到達しうるわけではない。では価値判断はどこから生じるのか、価値判断の基準はどこにあるのか。

そもそもデュルケームは、事柄のなかにアプリオリに価値や意味が内在しているわけではないという考え方にたっている。「私は物はそれ自体では価値を有しないという考えから出発している」(『社会学と哲学』)。

したがって、いくら事柄の認識を深めていってもそこから直接に価値や意味についての判断が生じるわけではない。それゆえ、価値判断の根拠、その究極的な根拠はいったいどこにあるのかが問題となる。

これは、自然の事物のなかに価値や意味が内在していると考えがちな、一般の日本人とはかなり異質な思考である。

事柄のなかに意味や価値が内在していない。事柄そのものの認識からは、その事柄のもつ価値や意味を捉えることはできない。そう考えるなら、価値判断の根拠は事柄の認識の外に求められなければならない。

もし価値が事物の内部に存在せず、価値が本質的には経験的存在のある性格に依存しないとすれば、この価値は所与の物と経験の外部にその源泉を有するということにならないであろうか。(『社会学と哲学』)

デュルケームによれば、それがこれまでは「宗教」であり、「信仰」であった。倫理的な領域をはじめ美的領域その他様々な領域の価値判断は、その根拠を宗教においていた。つまり、宗教が世界の意味、個々人に生の意味を提示し、そのことによって様々な領域での価値判断の究極の根拠が与えられてきたとするのである。

†文明はそれ自体価値たりえない

柳田においても、同様に批評的知識(価値判断に関する認識)は推論的知識(事実関係の認識)の連続線上にはなく、信仰からの規定性をうけているものと考えられている。その点では、柳田の思考がかなり西欧的なものであることがわかる。

しかし、この宗教的信仰は、デュルケームのみるところ歴史を下ってくるとともに徐々に弱まり消え去っていく。それは必然的なことであり、ある意味では運命の力ともいうべきものであった(『社会分業論』)。そして、現在西ヨーロッパ世界においては、宗教的信仰は、一般の人々の内面に強固な根拠をもつものとしてはほぼ消失している。そして今後においてもそれが、かつてのようにこの世界のなかで再建されるということはありえないであろう。そうデュルケームはみている。

人類がその出発点に逆もどりでもしないかぎり、宗教はもはや人びとの意識の上にとくに広く深い影響をおよぼすことはできないであろう。(『自殺論』)

したがって、宗教的な信仰が人々の信念としては消失してしまった現在、共通の価値判断の根拠、それゆえまた倫理的なものの根拠は失われたとみているわけである。

これまで様々な領域の価値判断や倫理的なものの基準となってきたもの、その根拠になってきたものが失われた。そう捉えるとすれば、現在それに代わりうるものがあるかということが問題になる。

一つの有力な見方として、次のような見解がある。歴史が進んでいき社会的分業が深化し、文明が発展するということそれ自体が意味のあることであり価値あることである。したがって人間の価値判断の基準や行為の基準になる、と。

デュルケームはそのような考え方にはくみしない。文明が発展するということと人々にとっての価値、すなわち人々の「幸福」とはイコールではない。

文明が進むにつれて人間が幸福になるかというと、必ずしもそうはならない。というのは、人間の幸福は、かつてみたこともないエネルギーとスピードをもって分業が発達しているいまでさえ、それが減退し、しかもきわめていちじるしく衰えているから。（『社会分業論』）

つまり、文明が進み社会的分業が発達するということは、必ずしも人間にとって意味のあること価値あること、人間によきものをもたらすものではない。「文明は、それ自体が、内在的価値、絶対的価値をもっていない」(『社会分業論』)。文明と、人間にとっての意味、価値というものとはひとまず無関係のものである。

柳田もまた、「人間世界では、進歩の途が常に善に向かっているものと、安心してはおられぬ」(『木綿以前のこと』)との認識だった。

†柳田の悲観的な状況認識

しかし、そのように文明や歴史の進歩というものが人間にとっての価値、目標でないとしたら他になにが価値たりうるのだろうか。

デュルケームによれば、人間の生には、たんなる欲求充足をこえたなんらかの価値、目標、意味づけというものが必要である(『自殺論』)。そして、社会が成り立っていくうえでも、たんなる個々人の欲求充足をこえる価値や意味が必要だとみている。

このように、デュルケームは、価値と意味の究極的根拠としての宗教的信仰が失われたことが、現代の一つの問題状況を作りだしていると考えていた。

今や人々がそれぞれの欲求充足をこえる価値判断の基準をうしない、「アノミー」と呼ばれる状況、内面的な倫理的無規制状態におちいっている。一種の内面的意味喪失ともいうべき事態と、無制限な欲望亢進による「弱肉強食」的状況が進行している。

今日伝統的道徳は動揺し、しかもそれに代わってその席を占め得るものは一つも形成されていない。……我々は一つの危機の時代を通過しているのである。（『社会学と哲学』）

柳田のみるところ、彼の直面した時代にあらわれつつあった一つの問題もまたそうだった。現代日本人は、「ただ利と競争のみにさとく思いやりが少なく」、さらには「人の弱みにのみ明るくて助けることを知らぬ」人間だとの印象を与えようとしている（『国史と民俗学』）。少なからぬ人々が、「社会には裏面があり、人生は道理ばかりでも行かぬなどということ」を説いている。「ただ善悪の批判を超脱して、欺いて活き得べくんば活きよう」としている。「同胞相互の思いやり」「他人の幸不幸の上にまで、思いを労すること」は無益だと考え、「無事に自分ばかりの一生を終えること」のみに関心を向けている。

しかも、実際には「彼等の予期した通りに、無難には活き終《おお》せなくなっている」のが現実である（『明治大正史世相篇』）。

このように、この面についての柳田の現状認識は、極めて悲観的だった。

人を押しのけてでも前に進んでいなければ、当然受けるべき恩恵も受けられないという焦燥にかられて「人々は」生きている……。めいめいが勝手な生活をさえしておれば、人のことはかまっておられないということが、今日ではごく普通の常識になって、そして今はもう人の前をはばかることもなく言っても、少しも恥ずかしくない状態になっている。

（「日本人とは」）

わが国目前の社会相は……晴れやかではない。人は皆互ひに争っている。欺き得べくんば欺かんとさえしている。この形勢をもって押し進むならば末は谷底であることは疑いの余地がない。

（『青年と学問』）

†社会それ自体が価値や意味を提示する

ではデュルケームにとって、もはや今後人間の「生に意味を与える」ものは失われ、他には何もそれにかわるものが再興される可能性はないかというと、そうではない。価値判断の根拠となるもの、倫理的な判断の基礎となるものは再建されうる。そう考えていた。

デュルケームのみるところ、じつは神という存在、聖なるものは、「社会の具象的な表現」、その「象徴的表現」にほかならない（『宗教生活の原初形態』）。彼によれば、宗教意識における聖なるもの、神的な存在に対する人間の感情、人間の帰依は、「社会」に対する感情であり、社会に対する帰依の転化形態である。

個人に畏敬をしいた力、また彼の崇拝の対象となった力は社会であって、そもそも神とは、社会の実体化された形態にほかならなかった。（『自殺論』）

個人意識それ自体は互いに閉じ合っている。それは、その内的状態が表現されてくる徴を手段にしないでは、互いに交通できない。……あらゆる特殊的感情が一つの共通的感情へと溶解しうるためには、ひいては、それらを表す徴が自らユニークな合成力［聖なるものの観念］に溶解しなければならない。（『宗教生活の原初形態』）

したがって、これまで人々に対して生の意味を与え価値や意味を提示してきたものは、社会そのものにほかならない。われわれの行為の基準となり、価値判断の根拠であったもの、そして倫理的なものを基礎づけてきたものは、じつは社会それ自体だ。

社会は、「人の生がどのような価値をもっているかについて全体的な判断をくだしうる地位」にある。それゆえ、価値判断の基準、倫理的なものの根拠となりうる（『宗教生活の原初形態』『自殺論』）。なお、このようなデュルケームにおける「社会」概念の意味論的存在論的把握は、レヴイ＝ストロースの「構造」概念へとつながっていく)。

では、社会が、価値判断の基準となり倫理的なものの根拠となるとすれば、それは具体的にはどういう形でか。いかなる意味で基準となり根拠になるかが問題になる。それは、社会といっても非常に漠然としているからである。いろいろなレベルが考えられ、現実にも様々な性格をもったものがあるし、歴史上種々のタイプの社会が生まれては消えていった。

デュルケームによれば、ある社会的な行為や社会的諸現象の善悪を判断するのは、その行為や事柄が当該社会において健康なもの、正常なものであるかどうかによる。その行為や事柄が社会にとって健康なもの、正常なものであるか、病的なもの、異常なものであるかが判断の基準になるというのである(『社会学的方法の基準』)。

†社会の象徴的存在としての神

それでは、ある社会的現象がその社会にとって健康なものであるかどうかは、何によって判断するのであろうか。

それは、その社会的な事象や行為そのものが、他の同じようなタイプの社会のなかで平均的一般的であるかどうかが判断の基準になるとされる。ある特定の類型の諸社会のなかで一般的にみられる社会的現象が正常なものであり、そうでないものが病理的なものである(『社会学的方法の基準』『社会分業論』）。

しかしあらゆる社会が、現にあるがままの状態において、いつの場合でも社会的事象の価値判断の基準になるとはかぎらない。「社会体の一般的健康」、すなわちその社会そのものが全体として健康なものとして機能しているかどうか。その社会がなりたっていくうえでの基本的な諸条件がそなわっているかどうか。それが問題となる（『社会分業論』）。

それゆえ、どのような社会的事象が正常なものとされるかも「集合生活の諸条件が変われば変化する」ものである。またその諸条件に働きかけることによって「社会の発達を促進したり、抑制する」ことができる。したがって現にある社会も、その「集合生活の基本的諸条件」が変化した場合、別のタイプの社会へと移行しうるものである（『社会学的方法の基準』）。

このようにデュルケームは、神（神聖なるもの）が、社会の象徴的な存在、具象的表現だとすることによって、社会を意味と価値の問題についての判断の基礎としようとした。

だが、現代の問題状況に対処するには、そのことと並んで、なお次のことが必要であるとする。まず、現代社会が一つの集合体として編成される基礎となっている社会的分業関係、それによる「有機的連帯」の一端をになっている自己を意識化すること。次に、いわゆる社会的な二次的集団（一次的集団は国）、ことに職業集団を育成すること（『社会分業論』）。これらによってアノミー状況に歯止めをかける社会的連帯を再建しようとするのである。

そしてさらに、その社会の存在を個々人に自覚化させるために、社会的集合的儀礼が必要であるとする。これまで宗教は価値判断の根拠を提供するとともに、人々に社会的な行動をうながし人々を社会的に結合する役割をもはたしてきた。したがって、社会の存在を感性のレベルでも個々人に自覚化させ、社会的行動への内的充溢力を不断に再生していくための、一種の集団祭儀的なものを必要とする(『宗教生活の原初形態』)。

こうデュルケームは考えているのである。

柳田もまた、社会的な二次的集団、とりわけ地域的な小集団の役割を重視していた。そして、宗教的祭儀(祭や年中行事など)を人々の共同意識を不断に再生するものとして捉えている(ただしデュルケームは、地域的小集団の役割については、「もはや故郷は存在しない」[『自殺論』]として否定的だった)。

†デュルケームとウェーバーの類似点

ところで、これまで述べてきたようなデュルケームの考えは、マックス・ウェーバーの見解ともふれあうところがある。

事象の因果連関の認識と価値判断とを峻別し、価値判断とりわけ倫理的な価値判断は宗教的なものによって根拠づけられてきたとの見方。また、宗教的信仰はこれまで世界の意味、人間的生の究極的意味についての解答をなんらかの形で提示してきたこと。だが現代では、その信仰が失われ、そのような意味の問題についての問いに答えることが困難となり、人々のあいだに倫理的なものの根底が失われることとなったこと。さらに、今後この時代においては、これまでのようなかたちでの宗教的信仰が再興されることはありえないであろうとの見通し。したがって、現実には宗教的な方向での意味の問題の解決を断念していること。また、文明の進歩や社会的生産力の発展それ自体が人間にとって究極的な意味や価値をもつものとは必ずしもいえないと考えていること。

大まかにみて、そこまではほぼ共通している。

一方では事実の確定、つまり諸々の文化財の数学的あるいは論理的な関係およびそれらの内部構造のいかんに関する事実の確定ということ、他方では文化一般および個々の文化的内容の価値いかんの問題および文化共同社会や政治的団体のなかでは人はいかに行為すべきかの問題に答えるということ……この二つのことは全然異質的な事柄である。

（ウェーバー『職業としての学問』）

究極において最大かつもっとも原理的な意義をもつものが、宗教意識と、思考による認識の領域とのあいだにみられる自覚的な緊張関係であることは、いうまでもない。……

合理的・経験的認識が世界を呪術から解放して、因果的メカニズムへの世界の変容を徹底的になしとげてしまうと、現世は神が秩序を与えた、したがってなんらかの倫理的な意味をおびる方向づけをもつ世界だといった、倫理的要請から発する諸要求との緊張関係はいよいよ決定的となってくる。なぜなら、経験的でかつ数学による方向づけを与えられているような世界の見方は、原理的に、およそ現世内における事象の「意味」を問うというような物の見方をすべて拒否する、といった態度を生みだしてくるからである。（ウェーバー「世界宗教の経済倫理・中間考察」みすず書房）

†デュルケームとウェーバーの相違点

しかしウェーバーの場合は、デュルケームのように神が社会の一種の象徴的表現であるとの見解はとっていない。神観念そのものは独自の立脚点をもつものであり、宗教的な信仰は、種々の社会的要因からの影響をうけながらも、それ自体独自の展開をなしてきたと捉えている（『宗教社会学』『宗教社会学論集』）。したがって、ウェーバーは、デュルケームのように社会というものが価値判断の究極的根拠、倫理的なものの根源となるとは考えていない。

それゆえ価値判断の普遍的根拠としての意味の問題への解答は、この「神もなく予言者もいない時代」において、一般的に把握困難な状態にあるとみている（『職業としての学問』）。

デュルケームは、現実判断と価値判断を分離し、物事の因果連関の認識と価値判断とはひとまず別の次元に属するものと捉えている。物事の認識の直接的な延長線上に倫理的なものの根拠があらわれるとは考えていない。だが、人々の価値判断、個々人の生の究極的意味づけ、世界に対する意味づけを提示してきた宗教は、社会が象徴化されたものと考えている。したがってある社会的事象についての価値判断の根拠は、その事象が当該社会にとって健康なものであるか病的な現象であるのかによる。そして、その健康であるか病的であるかは理論的な認識として一般的なかたちで提起しうるとしていた。

それゆえデュルケームの考え方では、事実の認識と価値判断をいったんは分離している。だがその上で、じつは価値判断の根拠を、それぞれの社会に対して理論的一般的なかたちで提起しうるという立場にたっている（あらゆる場合に普遍妥当的なものとしてではないが）。事物の因果連関の理論的な認識から、直接的にではないが、ある媒介をへて倫理的なものの根拠を一般的なかたちで提起しうると考えているのである。

それに対してウェーバーでは、あくまでも事象の因果連関の認識と価値判断が、いわば理論理性と実践理性が切断されている。世界に対する認識の進展、主知主義的合理化の進展のなかから、どのようなかたちであれ世界の意味、生の意味が明らかにされうるとは考えていない。したがってまた生の様々な領域についての何か普遍的な価値判断の根拠が示されうるとは考えていない（したがって、ウェーバーはデュルケームを一種の主知主義者だと捉えている）。

世界がそもそも存在に値するかどうかということ、またこの世界がなにか「意味」をもつものであるかどうかということ、さらにこの世界のうちに生きることがはたして意味あることであるかどうかということ、——こうしたことについて学問［科学的認識］は何らの解決をも与えない。

（ウェーバー『職業としての学問』）

†氏神信仰は柳田自身の信仰ではなかった

柳田の見方は、神と社会との関係の把握という点では、それゆえ人間の知的認識と価値判断の関連いかんという点では、デュルケームよりむしろウェーバーに近い。柳田も、神観念、宗教的信仰が、社会に対する意識の転化形態だとする見方にはたっていない。物事の因果連関の知的な認識の進展が、どのような媒介をへてであれ一般的理論的なかたちで一定の倫理的価値判断を生みだすことは困難だと考えている。

柳田は今後の日本人の倫理的なものの根底となるものを追求しようとしたのであるが、それがいわゆる科学的な認識の発展そのものから生まれてくるとはみていない。つまり、社会に対する知的認識が進展するということの延長線上に、いわゆる理論的なかたちで新しい倫理が形成されるとは考えていない。

だが柳田には、信仰の問題をめぐって、とりわけ倫理と宗教の問題についてデュルケーム、ウェーバーと相違する点がある。それは、デュルケームもウェーバーも、当時(二〇世紀初頭)もはや宗教的信仰によって倫理的なものを根拠づけることは不可能だと考えていた。だが、柳田の場合はそうではない。現に人々(日本人)が信仰している氏神信仰を維持し、それが基礎づけてきた倫理的なものを、持続させていこうと考えている。それのもつ問題性を克服しながらであるが。

これまで人々が内面化してきた倫理意識、その根底をなしてきた宗教意識を改めて自覚的に再構成し、それを基本的には維持させようとしたのである。この点がデュルケーム、ウェーバーと柳田の異なるところといえる。

柳田の知の世界史的位相、その同時代的位相はこのようなものだった。

しかしながら、柳田自身、氏神に対する信仰をもっていたのか、氏神信仰が柳田自身の信仰でもあったかというと、そうはいいがたい。

柳田はみずからその点について次のように述べている。

私は宗教の必要性を認め、日本人の宗教的な慣習というようなものを、民俗学の立場から確認しようとしておりますが、……そういう資料によって実証される事実が、それでは私自身にどう反応するかということになると、実はぼんやりしているのです。……

私自身が死ねば果たして魂がこの辺の何処かにいると思っているかどうかについては、どうも確かなことはいえないけれども、もう思っていないのじゃないか知らんと、よほど危ぶんでいるところなのです。甚だ申訳ないことだとは思うけれども、これはどうも仕方ないのです。（「村の信仰」）

†倫理的なものの根拠を考える材料としての柳田学体系

そして、将来いずれは日本においても、この氏神信仰への宗教意識は消え去るだろうとみていた。たしかに柳田は氏神信仰を自覚的に維持していかなければならないとしている。だが、他方、新しいものの進展つまり近代化＝西欧化のさらなる進展のなかで、いずれは古いものは跡形もなく壊れてゆくであろうとみていた。それが良いことであれ悪いことであれ、そうなっていかざるをえない、と。

信仰も事実〔社会的事実＝社会的共同習慣〕である以上は、やがては消えてなくなる日が来るかもしれない。（『祭日考』）

学問は本来いたって寂寞なものである。殊にこの様な人を見る学問に至っては、久しい間の一国の同胞と、自分たちばかり対立したような地位になって、国民が「見る人」と「見らるる人」との二つの組に分かれなければならず、自分は彼等の群に混じって、浮かれたり酔ったりすることができなくなる。……今一段と社会が意識的になれば、再びこの差別も無くなって、同時にまた見られるに値する古代からの伝承も消え去るであろう。（『青年と学問』）

我々の「古くからの」気持ち、心持ち、さては古風な信仰というようなもの……これとても何れは消え変わっていくにきまっております。（『国史と民俗学』）

おそらく柳田は、相対的に短いタイムスパンでは、日本人のもっている氏神信仰や倫理意識などの遺産を持続させていかなければならないと考えていた。またそうせざるをえないとのスタンスだった。

だがより長いタイムスパンをとった場合、そのような信仰や倫理意識を人々がもち続けていくことができるとは考えていなかったのではないかと思われる。

では将来この信仰が消え去ったあとの日本人にとって、倫理的なものの内面的形成の根拠はいかなるものとしてありうるのか。

その点については柳田は黙して語っていない。おそらく現在の段階ではその点について語ることは不可能だと考えていたのであろう。

相当長いタイムスパンで将来を見通したとき、今後のさらなる近代化＝西欧化の進展のなかでこれまでのものは消え去っていくであろう。そのときに改めてまた世界の意味や生の意味の問題が、新しい時代の倫理的なものの根拠がいかにして可能なのかが、問われることとなる。

そのことを考える一つの材料としても、これまでの日本人がどのような信仰をもち、いかにして倫理的なものを基礎づけていたのか。いいかえれば世界をどのような意味をもつものとして捉えていたのかを、ある体系だったものとして残しておこうと柳田は考えたのではなかろうかと思われる。

そして、柳田の長期的な見通しは、今日現実のものとなってきている。

†時代をこえた子孫への思いが倫理をつくる

ところで、先日、新聞紙上である高名な識者が、信仰の重要性とその公教育による教化の必要を説いていた。

だが、柳田の観点からすれば、宗教的信仰そのものは、すぐれて内面的なものであり、公的な教育や外部からの教宣によって形成されうるものではない。また、非宗教化世俗化は二〇世紀的な高度産業社会では不可逆的に進展していかざるをえないものだった。その点は、ウェーバーやデュルケームなども同様にみていた。

この見方からすれば、いかなる意味での「神の国」の再興もまた、現代社会においては良くも悪くも不可能なこととなる。ある意味では、そこに問題の深刻さがあるといえよう。

柳田は、内面的な宗教意識が社会的にいったん消失したのちには、宗教的な方向で内面的な倫理意識を人々のあいだに再構築していくことは不可能だとみていた。それは、人々や社会のきわめて意識的な営為によるほかないと考えていた。そして、それには、おそらく日本のみならず広く世界史的視野からの見方が必要となるのだろう。

将来の方向について具体的には柳田は語っていない。ただ、それについて柳田が何を考えていたのかの一端を、ある程度推定してみることは可能である。

たとえば、さきに、氏神信仰の背景には、死してのちも子孫を愛護し何らかその役に立ちたいという人々の痛切な願いがある、との柳田の見方にふれた。柳田は、このような人々の願いは、ある特定の時期のもの、ある時代特有のものではなく、時代をこえた通時的な性格をもつものとみていた。つまり自分の子や孫、そして親類・縁者や親しい人々の子供たちがすこやかに育ち、その生活がそれほど大きな苦しみもなく充実したものとして営まれることを願うのは、ある時代に限らない、と。

そうすると、ほんとうにそれらの子供たちのことを考えようとすれば、彼らがおかれている社会や文化を、より良くしていくことを考えなければならない。そしてその社会や文化は、まさに他者や自然によって構成されているわけである。それゆえ当然、他者や自然との共生ということを意識的に考えていかなければならない。そこにやはり将来の倫理形成へのひとつの糸口があるのではないか。そう柳田は考えていたのではないのだろうか。

日向《ひゅうが》〔宮崎県〕の那須山では藤橋を掛けるのに、橋戸の四隅に大木の杉を見立て、最も長い藤蔓をその幹に縛りつけて釣るのであるが、その杉はどう見ても八九十年の物で、まだ大丈夫であるのにも拘らず、そのそばには早十年も前に仕付けたかと思う素性のよい杉の若木が四隅に各一本ずつ栽えてあった。

この木の役に立つ頃には、現在の村民はあるいは全部新陳代謝しているかもしれぬと思ったら、村の生活の悠久なことが深く身にしみて感ぜられた。

（『豆の葉と太陽』）

子供が父よりももっと幸福に活きんことは、父とても決してこれを望まぬことはあるまいが、母ほど痛切にこれを感じてはいない。……せめて我子らには同じ苦しみはさせたくないと思わずにいられぬのは母であった。……仮に自分はもう［その苦しみを］どうすることもならぬとしても、それは同時にまた次に来る者の経験であって、代わって彼等のために利用する望みはあった。

以前は祈願信念のただ一つの力にしか頼れなかったのであるが、現在は教育がまだいくつかの機会を供与する。果たして心身の発育がよく一生の艱難《かんなん》に堪えるだけでなく、さらによく疑いまたよく判断して、一旦これと信ずればこれを実行するだけの、個人の力というものを養うことができるかどうか。……いつまでたっても親々はその苦闘を中止せぬであろう。

（『明治大正史世相篇』）

おわりに

柳田国男については、さまざまなイメージがもたれている。

たとえば、『遠野物語』に代表されるような、山間僻地の厳しい生活のなかに生まれた伝承の卓越した記述者として。

あるいは、日本民族の起源について、かつて黒潮に乗って列島に移住してきたとするロマンあふれる仮説を提起した人物として。

また、しばしば国語の教科書にもとりあげられている『雪国の春』や『海南小記』にみられるような、陰影に富んだ印象深い紀行文の作者として。

さらには、各地の伝説や昔話に通暁し、カッパや天狗、一つ目小僧などの妖怪についても造詣が深い博識の人として。

そして、村々の祭やそれをめぐる信仰など人々の日常生活に関わる伝統的習俗についての最初の本格的な研究者として。

だが、柳田の知的な世界は、これらのイメージよりも、さらに広く深い。本書では、その広がりと深さを、できるだけ平明にお伝えするよう努めた。それが幾分なりともできているかどうかは、読者の皆様のご判断に俟《ま》つほかない。忌憚のないご意見、ご批評をいただきたい。

早いもので、大学院生時代に柳田の研究を始めてから、もう四〇年余りになる。その間、並行して昭和戦前期の政治や軍事についての研究にも着手したが、柳田への関心は持続し、関連する調べを続けてきた。その柳田研究の現時点でのまとめが本書である。

新書としては大部なものになったが、柳田国男の世界を、ゆったり楽しんでいただければと思う。

なお、参照した文献の主要なものは、ほとんど本文中に記してあるので、頁数の関係もあり、特に参考文献リストは付さなかった。

また、本書執筆に際して、日本福祉大学の野口定久さん、亀谷和史さん、中村信次さんから貴重なご教示を受けた。記して感謝の意を表したい。

最後に、編集を担当された松田健さんには、編集者の視点からさまざまなアドバイスをいただいた。また、常識外れの分量となったにもかかわらず、出版まで力を尽くしていただいた。心からお礼を申し上げたい。

二〇一六年初秋

川田　稔

年譜

一八七五　明治八	〇歳	七月三一日、兵庫県神東郡田原村辻川（現・神崎郡福崎町辻川）に父・松岡操（幼名・賢次）、母・たけの六男として生まれる。松岡家は代々医家。弟二人がある。
一八七九　明治一二	四歳	辻川の昌文小学校に入学。
一八八三　明治一六	八歳	昌文小学校を卒業。北条の高等小学校へ入学。九月、次兄死去。
一八八五　明治一八	一〇歳	高等小学校を卒業。県知事から褒状を受ける。約一年間、辻川の蔵書家、三木家に預けられ、同家の和漢の蔵書を濫読。
一八八七　明治二〇	一二歳	八月末、帝国大学医科大学在学中の三兄に伴われて上京。その後、茨城県北相馬郡布川町に開業した長兄の許に住む。上京に先立ち詩文集「竹馬余事」を作る。病身のため学校へ行かず、さまざまな書物を濫読して過ごす。二年後には両親、二人の弟も布川に住む。
一八九〇　明治二三	一五歳	下谷御徒町の三兄宅に同居。兄の友、森鷗外を知り、感化を受ける。「しがらみ草紙」に短歌を寄稿。また、松浦萩坪の門に入って歌を学び、田山花袋、宮崎湖処子らと交わる。
一八九三　明治二六	一八歳	第一高等中学校へ入学。寄宿舎に入る。「校友会雑誌」に寄稿。
一八九六　明治二九	二一歳	七月、母・たけ死去。肺尖カタルを患い、約一カ月、犬吠崎で保養。九月、父・操死去。
一八九七　明治三〇	二二歳	四月「抒情詩」（国木田独歩、田山花袋らとの共著）を民友社より刊行。七月、第一高等学校を卒業。九月、東京帝国大学法科大学政治科へ入学。
一九〇〇　明治三三	二五歳	七月、東京帝国大学を卒業。農商務省農務局に勤務。早稲田大学で農政学を講義。
一九〇一　明治三四	二六歳	二月、群馬県西南部の製糸会社を視察。同月、「めざまし草」に短歌を発表。五月、信州出身の大審院判事・柳田直平の養嗣子として入籍。

一九〇二	明治三五	二七歳	二月、法制局参事官に任官。田山花袋、国木田独歩らと談話会（土曜会）を開く。
一九〇四	明治三七	二九歳	四月、柳田直平の四女・孝と結婚。横須賀の捕獲審検所検察官となり、九州などを歩く。
一九〇八	明治四一	三三歳	一月、宮内書記官兼任となる。五月、九州、四国を歩く。
一九〇九	明治四二	三四歳	「後狩詞記」を自家出版。長女・三穂誕生。八月、遠野を歩く。
一九一〇	明治四三	三五歳	六月、内閣書記官室記録課長兼任となる。「石神問答」「遠野物語」「時代ト農政」を刊行。
一九一二	明治四五・大正元	三七歳	九月、次女・千枝誕生。
一九一三	大正二	三八歳	三月、雑誌「郷土研究」を創刊。
一九一四	大正三	三九歳	二月、南方熊楠を訪問。四月、貴族院書記官長となる。「山島民譚集」を刊行。
一九一五	大正四	四〇歳	五月、長男・為正誕生。一一月、京都で大正天皇の即位式に奉仕。
一九一七	大正六	四二歳	三月、三女・三千誕生。四月、台湾、中国、朝鮮を旅行。
一九一九	大正八	四四歳	一月、四女・千津誕生。五月、福岡、長崎、大分を歩く。一二月、貴族院書記官長を辞任。
一九二〇	大正九	四五歳	八月、朝日新聞社客員となる。「秋風帖」を「東京朝日新聞」に連載。一二月、沖縄旅行。
一九二一	大正一〇	四六歳	五月、国際連盟委任統治委員会委員となる。九月、ジュネーブの国際連盟会議に出席。
一九二三	大正一二	四八歳	春、イタリアを旅行。ロンドン、ニューヨークを経て一一月、帰国。
一九二四	大正一三	四九歳	慶應義塾大学で民俗学を講義（～一九二九年三月）。五月、朝日新聞社論説委員となる。
一九二五	大正一四	五〇歳	朝日新聞社の巡回講演で各地を歩く。「海南小記」を刊行。一一月、雑誌「民族」を創刊。

一九二六	大正一五・昭和元	五一歳	東北、関西旅行。「山の人生」を刊行。
一九二七	昭和二	五二歳	六月、第一回南島談話会を開く。八月、北多摩郡砧村（現・世田谷区成城）に新居完成。
一九二八	昭和三	五三歳	「雪国の春」「青年と学問」を刊行。五月、東北旅行。一二月、方言研究会成立。
一九三〇	昭和五	五五歳	「ことわざの話」「日本昔話集」「蝸牛考」を刊行。一一月、朝日新聞社論説委員を辞任。
一九三一	昭和六	五六歳	九州各地、岡山、大阪などを講演旅行。「明治大正史世相篇」「世間話の研究」を刊行。
一九三二	昭和七	五七歳	「秋風帖」「女性と民間伝承」などを刊行。
一九三三	昭和八	五八歳	「桃太郎の誕生」「地名の話その他」などを刊行。五月、比嘉春潮と雑誌「島」を発刊。
一九三五	昭和一〇	六〇歳	八月、自宅に民間伝承の会を創設。「民間伝承」第一号を刊行。
一九三九	昭和一四	六四歳	九州、四国などを講演旅行。「木綿以前の事」を刊行。
一九四〇	昭和一五	六五歳	一〇月、日本方言学会を創立。「妹の力」「野草雑記」「野鳥雑記」などを刊行。
一九四六	昭和二一	七一歳	七月、枢密顧問官となる。「笑の本願」「先祖の話」などを刊行。
一九四七	昭和二二	七二歳	三月、民俗学研究所を創設。七月、芸術院会員となる。
一九五一	昭和二六	七六歳	「島の人生」を刊行。秋、奈良、京都などを歩く。一一月、文化勲章を受章。
一九五三	昭和二八	七八歳	二月、国立国語研究所評議員会会長となる。「不幸なる芸術」を刊行。
一九五九	昭和三四	八四歳	「故郷七十年」を刊行。
一九六一	昭和三六	八六歳	「海上の道」を刊行。
一九六二	昭和三七	八七歳	「定本柳田国男集」を刊行開始。八月八日、心臓衰弱のため死去。

な行

は行

ま行

や行

ら行

わ行

人名索引

あ行

か行

さ行

た行

ちくま新書
1218

柳田国男《やなぎたくにお》
――知《ち》と社会構想《しゃかいこうそう》の全貌《ぜんぼう》

二〇一六年一一月一〇日　第一刷発行

著　者　川田　稔（かわだ・みのる）
発行者　山野浩一
発行所　株式会社　筑摩書房
東京都台東区蔵前二-五-三　郵便番号一一一-八七五五
振替〇〇一六〇-八-四一二三
装幀者　間村俊一
印刷・製本　株式会社　精興社

乱丁・落丁本の場合は、左記宛にご送付ください。
送料小社負担でお取り替えいたします。
ご注文・お問い合わせも左記へお願いいたします。
〒三三一-八五〇七　さいたま市北区櫛引町二-六〇四
筑摩書房サービスセンター　電話〇四八-六五一-〇〇五三

ISBN978-4-480-06928-3 C0239

ちくま新書

064 民俗学への招待 宮田登

なぜ私たちは正月に門松をたて雑煮を食べ、晴着を着るのだろうか。柳田国男、南方熊楠、折口信夫などの民俗学研究の成果を軸に、日本人の文化の深層と謎に迫る。

265 レヴィ＝ストロース入門 小田亮《まこと》

若きレヴィ＝ストロースに哲学の道を放棄させ、ブラジル奥地へと駆り立てたものは何か。現代思想に影響を与えた豊かな思考の核心を読み解く構造人類学の冒険。

1169 アイヌと縄文——もうひとつの日本の歴史 瀬川拓郎

北海道で縄文の習俗を守り通したアイヌ。その文化から日本列島人の原郷の思想を明らかにし、日本人にとって、ありえたかもしれないもう一つの歴史を再構成する。

660 仏教と日本人 阿満利麿

日本の精神風土のもと、伝来した仏教はどのように変質し血肉化されたのか。日本人は仏教に出逢い何を学んだのか。文化の根底に流れる民族的心性を見定める試み。

1017 ナショナリズムの復権 先崎彰容

現代人の精神構造は、ナショナリズムとは無縁たりえない。アーレント、吉本隆明、江藤淳、丸山眞男らの名著から国家とは何かを考え、戦後日本の精神史を読み解く。

1099 日本思想全史 清水正之

外来の宗教や哲学を受け入れ続けてきた日本人。その根底に流れる思想とは何か。古代から現代まで、この国のものの考え方のすべてがわかる、初めての本格的通史。

1213 農本主義のすすめ 宇根豊

農は資本主義とは相いれない。社会が行き詰まり、自然が壊れかかっているいま、あらためて農の価値を見つめ直す必要がある。戦前に唱えられた思想を再考する。